Ulrike Kadi
Brigitta Keintzel
Helmuth Vetter (Hg.)

TRAUM
LOGIK
GELD

Freud, Husserl und Simmel
zum Denken der Moderne

edition diskord

Dieser Band wurde gedruckt mit Unterstützung des
Bundesministeriums für Bildung, Wissenschaft und Kultur in Wien,
des Magistrats der Stadt Wien, Abteilung
Wissenschafts- und Forschungsförderung, sowie der
Österreichischen Forschungsgemeinschaft (ÖFG).

Die Deutsche Bibliothek – CIP-Einheitsaufnahme

Ein Titeldatensatz für diese Publikation ist bei
Der Deutschen Bibliothek erhältlich

Umschlagphoto: Bettina Frenzel

Druck: Fuldaer Verlagsagentur
ISBN 3-89295-712-6

Inhalt

Einleitung der HerausgeberInnen

Die Beiträge dieses Bandes gruppieren sich um das Jahr 1900, dem Ersterscheinungsjahr von Sigmund Freuds *Traumdeutung*, Husserls *Logischen Untersuchungen* und Georg Simmels *Philosophie des Geldes*. Von diesen drei Werken sind – bei aller doktrinären Zurückhaltung, die den drei Autoren gemeinsam ist – entscheidende Impulse für das moderne Selbstverständnis des Menschen und sein Verhältnis zur Welt ausgegangen. Das hundertjährige Jubiläum der dreifachen Erstpublikation war Anlaß für eine Tagung, die im Oktober 2000 in Wien veranstaltet wurde.

Als eine „besondere Form des Denkens" (S. Freud) läßt sich der Traum auffassen. Damit ist der Zugang zu einer modernen Sichtweise der psychischen Struktur des Subjekts eröffnet. Der Traum ist als psychischer Akt eine hochkomplizierte geistige Tätigkeit und ein Produkt der Seele. Traumanlässe sind somatische Reize, Tagesreste und verdrängte Kindheitsszenen, die die eigentlichen Traumquellen darstellen. Der Traum als via regia zum unbewußten Seelenleben fungiert als eine „(verkleidete) Erfüllung eines (unterdrückten) verdrängten Wunsches" (S. Freud). Er stellt eine Kompromißbildung zwischen dem Anspruch einer verdrängten Triebregung und dem Widerstand einer zensurierenden Macht im Ich dar. Die Unterscheidung zwischen manifesten und latenten Trauminhalten ermöglicht eine Differenzierung in der Psyche des Subjekts, die die Befreiung von zensurierenden Ich-Schranken zum Ziel hat. Über die Analyse eines Traums kann ein subjektiver Sinn eines situativen lebensgeschichtlichen Momentes erschlossen werden.

Husserls *Logische Untersuchungen*, 1900 und 1901 erschienen, gelten als „Grundbuch der phänomenologischen Bewegung" (D. Münch). Es sind, dem Selbstverständnis ihres Autors zufolge, Versuche zur Neubegründung der reinen Logik und Erkenntnistheorie und zugleich eine Revision seiner früheren Forschungen, in denen er eine psychologische Grundlegung der Erkenntnis in Angriff nahm. Ihre prinzipielle Bedeutung für ein genuines Verständnis des geistigen Seins gegenüber dessen „naturalistischer" Mißdeutung hat als einer der ersten Wilhelm Dilthey in seinen späteren

Arbeiten zur Grundlegung der Geisteswissenschaften erkannt. In der 5. und 6. Untersuchung entwickelt Husserl ein über Brentanos Ansatz hinausgehendes Konzept der Intentionalität und eröffnet damit der Phänomenologie eines der zentralen Felder ihrer künftigen Forschung. Auch Heideggers Frage nach dem Sinn von Sein erhält - nach dessen eigenem Zeugnis - dadurch erst festen Boden.

Simmel untersucht das Geld als Symbol für das veränderte Bewußtsein des modernen Menschen. Fortschreitendes Funktionsdenken und fortschreitende Objektivierung ermöglichen einen objektiveren und emotionsfreieren Umgang mit den Dingen. Alles trägt einen neuen (Tausch-) Wert, der das Abrechnen erleichtert. Parallel dazu greift eine geistige und gefühlsmäßige Entwurzelung um sich. Der Mensch unterliegt mehr und mehr stereotypen Verhaltensweisen, die im Machtgefüge von widersprüchlichen Sachzwängen Geltung erlangen. Die zunehmende Entfremdung zwischen dem Arbeitenden und seinen Produkten bestimmt das Leben in der Moderne.

Auf der Grundlage der drei genannten Werke vereinigt der Sammelband historische und aktuelle Sichtweisen auf Traum, Logik und Geld.

Wien, im Herbst 2001 — Die HerausgeberInnen

Die Logik der Freudschen *Traumdeutung*

Heinrich Deserno

I. Einleitung

Als Annäherung an das Thema kann man von zwei nicht nur unterschiedlichen, sondern auch gegensätzlichen Auffassungen über den Traum ausgehen: einer sinnverstehenden oder hermeneutischen und einer erklärenden oder wissenschaftlichen Traumauffassung (vgl. Bartels 1997). Hierbei steht die Hermeneutik für unsere Lebenspraxis, als deutende Verarbeitung unserer Erfahrungen, als interpretierende Auseinandersetzung mit unserer Lebenswelt im Dienste der Kontinuität unseres Selbsterlebens. Wissenschaft, vor allem für Naturwissenschaft, sieht dagegen von unseren lebenspraktischen Interessen ab, indem sie mit kontrollierten Beobachtungen in erster Linie Eigenschaften und Ereignisse untersucht.

Für diese wissenschaftspolitisch bedeutsamen Orientierungen war Freuds *Traumdeutung* ein Ärgernis, und sie ist weiterhin irritierend. Auch heute paßt die Psychoanalyse nicht in die übliche Zuordnung, was Wissenschaft ist und was nicht. Sie nimmt eine Zwischenstellung ein, indem sie die Ansprüche auf eine methodisch geleitete Beobachtung, ein Verstehen des Fremdpsychischen und eine verändernde Praxis miteinander verbindet. Ihre Position zwischen Hermeneutik einerseits und *science* andererseits (vgl. Strenger 1991) bringt Psychoanalytikern in Forschung und Praxis reichlich Kritik ein, bei der allerdings selten berücksichtigt wird, daß nicht nur bei der Psychoanalyse die spezifischen Daten, auf die sich die jeweilige Theoriebildung stützt, durch die Praxis erst hervorgebracht werden.

Die Logik psychoanalytischer Erkenntnis gründet in erster Linie auf intersubjektiv hergestellte Bedeutungen und Sinnzusammenhänge. Dieses tiefenhermeneutische Sinnverstehen (vgl. Lorenzer 1986) erzeugt ein Wissen, das mit den Veränderungen in Analysen zusammenhängt, weshalb man auch von Veränderungswissen sprechen kann. Die von der Psychoanalyse hervorgebrachten Daten können, wenn sie protokolliert oder technisch aufgezeichnet sind, auch mit quantitativen Methoden systematisch untersucht werden. So gesehen kann man der Psychoanalyse den Status einer Erfahrungswissenschaft schwerlich abstreiten, auch wenn ihre spezifischen Daten nicht in einem kontrollierten Experiment, sondern in einem interpersonellen Prozeß mit definierten Rahmenbedingungen gewonnen werden.

Mit dem gerade skizzierten Verhältnis von Wissenschaft und Hermeneutik in der Psychoanalyse sollte auf keinen Fall der Anspruch verbunden sein, der Psychoanalyse den Status einer Wissenschaft über den anderen Wissenschaften zu verleihen, etwa im Sinne einer dogmatischen Disziplin, die alle anderen belehren könnte. Statt dessen geht der spezifische Status der Psychoanalyse innerhalb der Wissenschaften mit der spezifischen Verpflichtung einher, sich immer wieder der eigenen Interessen und ihrer unbewußten Motivierungen reflexiv und selbstreflexiv zu vergewissern. Freuds Selbstanalyse ist eine Vergewisserung dieser Art; es läßt sich zeigen, daß sie mehr als eine selbstreflexive Begleitung des Projekts *Traumdeutung* ist, indem sie die spezifisch Freudsche Konzeptualisierung des Traumes erst ermöglicht hat.

Wie war Freuds Situation als Wissenschaftler vor der Entstehung der *Traumdeutung*? Welche Fragen bedrängten ihn, erschienen ihm unbeantwortbar? Hier geht es nicht nur um historische Fragen. Die gegenwärtige wie wohl auch die zukünftige psychoanalytische Traumforschung steht vor der heuristisch zentralen Frage: Was analysieren wir, wenn wir sagen, daß wir einen Traum analysieren?

In Freuds *Traumdeutung* war der Traum als Forschungsgegenstand ein *Stellvertreter*. Der Forscher Freud weist selbst auf eine entscheidende Strategie seiner Forschungspraxis hin: Ein bestimmtes Problem nicht lösen zu können, beantwortete er damit, daß er ein weiteres hinzunahm und dieses stellvertretend zu lösen versuchte. Freud scheute sich nicht, zur Veranschaulichung dieser Strategie von einer alltäglichen Problemlösung auszugehen, vom Beispiel, Nüsse ohne technisches Hilfsinstrument zu knacken, indem man zwei Nüsse kräftig gegeneinander drückt. Das Rätsel des Traumes zu lösen bzw. die eine Nuß zu knacken, steht bei Freud stellvertretend für eine andere Nuß, das Rätsel der neurotischen Symptombildungen. Dazu schreibt Freud: „Das Studium des Traumes ist nicht nur die beste Vorbereitung für das der Neurosen, der Traum selbst ist auch ein neurotisches Symptom, und zwar eines, das den für uns unschätzbaren Vorteil hat, bei allen Gesunden vorzukommen“(1916-17a, 79). Die neurotischen Symptombildungen waren ein Problem; ein weiteres – eine dritte Nuß – kam hinzu; es bestand darin, den unbewußten psychischen Prozessen, die Freud bei den Symptombildungen unterstellte, eine Örtlichkeit oder einen Raum zuzuordnen. Dabei ging er wiederum vom Traum aus: „Wir können einen psychischen Apparat entwerfen, wenn wir gemerkt haben, daß man durch die Traumdeutung wie durch eine Fensterlücke in das Innere desselben einen Blick werfen kann“ (1900a, 224). Eine Theorie des Traumes, die von unbewußten Wünschen ausgeht, ihre Übersetzung in latente Traumgedanken und die Entstellung letzterer zum manifesten Trauminhalt durch Traumarbeit annimmt, definiert Freud wie folgt: „Eine Aussage über den Traum, welche möglichst viele der beobachteten Charaktere desselben von einem Gesichtspunkt aus zu erklären versucht und gleichzeitig die Stellung des Traumes zu einem umfassenderen Erscheinungsgebiet bestimmt, wird man eine Traumtheorie heißen dürfen“ (1900a, 78). Für den bestimmten Gesichtspunkt, von dem aus möglichst viele Aspekte des Traumes erklärbar sein sollen, steht bei Freud die Wunscherfüllung, für das umfassendere Erscheinungsgebiet die neurotische Symptombildung.

Freud hat bei der Entstehung seiner *Traumdeutung* mit Fragen zu tun, die sich wissenschaftlich formulieren lassen, auf die sich auch wissenschaftliche, d. h. wiederholbare und damit verifizierbare Antworten geben lassen. Er findet diese Antworten, weil er die entsprechenden Fragen auch an sich selbst stellt. Dabei wird ihm schrittweise bewußt, daß hinter jedem gedanklichen Fortschritt die Überwindung eines Konfliktes steht und daß letzterer eine Art Kern hat, der in vielen Variationen oder Entstellungen wiederkehrt.

Der Fortschritt Freuds in der Erkenntnis wie auch in der Theoriebildung hing entscheidend davon ab, daß er sich so analysierte, als sei er sein eigener Patient oder Analysand. Aus der Sicht eines naturwissenschaftlich eingeengten Wissenschaftsverständnisses produzierte Freud, weil er bei seinem Verfahren, Träume zu deuten, hermeneutisch vorging, viel überschüssigen Sinn. Obgleich man sie ständig weitertreiben könnte – was in der vielfältigen Sekundärliteratur zu seiner Selbstanalyse auch geschehen ist (z. B. Kanzer Glenn 1979), sind Freuds Traumanalysen aus praktischen Gründen endlich. Sinnverstehende, hermeneutische Arbeit ist prinzipiell nicht endlich; erst durch einen praktischen Rahmen wird aus ihr ein begrenzter Prozeß. Wie Freud an sich selbst und an Behandlungen zeigte, tendiert jedoch das Interpretieren subjektiver Bedeutungen immer wieder zu einem Ende, indem es eine Gegenbewegung, einen Widerstand, hervorruft. Jeder, der versucht, einen Traum selbstanalytisch zu verstehen, kennt die Erfahrung, wie sich allmählich ein Widerstand in uns bildet, dessen Stärke so zunehmen kann, daß wir das Unternehmen Traumanalyse für einige Zeit ruhen lassen müssen, oft schon deshalb, weil wir keine Träume mehr erinnern können.

Freud sprach nicht von einem Selbstversuch, obgleich er sich leicht in die Reihe bekannter medizinischer Selbstversuche hätte einreihen können. In Beispielen berichtete er von seiner Selbstanalyse, oder auch kürzer, von seiner Analyse. Daß er dabei nicht allein war, belegt eindrucksvoll der Briefwechsel mit Wilhelm Fließ, dem ärztlichen Freund, dem er sich über die Jahre, die er an der *Traumdeutung* arbeitet, in einer so intimen Weise anvertraut, daß wir noch heute davon überrascht werden. Von Anfang 1895 bis August 1899 schrieb Freud rund 170 Briefe an Fließ. Eine sich ergänzende Lektüre der *Traumdeutung* (1900a), des Briefwechsels mit Fließ (Freud 1985c), der zweibändigen Monographie Anzieus über Freuds Selbstanalyse (1990) und der Untersuchung Grinsteins (1968) zeigt die hier angedeuteten Wechselwirkungen von Selbstversuch bzw. Selbstanalyse, konzeptueller Entwicklung und dem besonderen Verhältnis zu Fließ bis ins Detail auf.

Während vor Freuds *Traumdeutung* der Text eines Traumes eher mit Hilfe feststehender Übersetzungsregeln, wie sie sich in vielen sogenannten Traumbüchern finden, ausgelegt wurde, geht die Freudsche Methode einen anderen, neuen Weg. Aus den Elementen des manifesten Traumtextes, so heißt bei Freud der erinnerte, erzählte oder auch schriftlich fixierte Traum, wird durch spontane Einfälle und ihre Verknüpfungen, Freuds freie Assoziationen, ein Text gewonnen, der um ein Vielfaches umfangreicher als der erinnerte Traum ist und dessen Bedeutungsgeflecht den Ausgangstext als eine entstellte Darstellung latenter Traumgedanken erscheinen läßt. Die methodisch gewollte Überproduktion von Bedeutungen läßt uns erkennen, daß der Traum, wie Freud sagt, ein „vollgültiges psychisches Phänomen“ ist.

In der *Traumdeutung* gibt es rund 200 Traumbeispiele, 50

stammen von Freud selbst, und einige, wie z. B. der Traum von Irmas Injektion (Kapitel 2, mit dem Untertitel: Die Analyse eines Traummusters), sind wohl deshalb bekannt geworden, weil Freud an ihnen seine selbstanalytische Methode ausführlich demonstrierte. Da Freuds Selbstanalyse über den Aspekt des Selbstversuchs hinausgehend zum Vorbild oder Modell für Freuds spätere Behandlungstechnik wurde, nimmt die *Traumdeutung* in der Entwicklung der Psychoanalyse nicht nur methodisch eine Schlüsselstellung ein. Fast alle Begriffe der späteren Theoriebildung Freuds kommen im Traumbuch in einer ersten Fassung vor, und gerade hier kann der Leser die wissenschaftstheoretisch bedeutsamen Kontexte (vgl. Reichenbach 1938) von Entdeckung (externe Faktoren, soziale und ökonomische Ursachen) und Begründung (interne Faktoren, Gründe für die Rechtfertigung einer vorgeschlagenen Theorie) gut nachvollziehen.

Aus der Fülle der in Frage kommenden Wünsche hob Freud zwar die aus dem Bewußtsein verdrängten und aus der Kindheit stammenden Wünsche als Triebkräfte des Traumes hervor; den entscheidenden Akzent setzte er jedoch, was auch heute oft nicht ausreichend betont wird, auf die Traumarbeit und damit auf eine für den Schlafzustand spezifische psychische Verarbeitung. Mit der Beschreibung einer Arbeit des Psychischen sowohl im Wach- als auch im Schlafzustand entmystifizierte Freud die früheren Traumauffassungen. Ihn interessierten weniger die vielfältigen Möglichkeiten der *Verwandlung* psychischer Inhalte als vielmehr ihre besondere, das Psychische formende *Verarbeitung*: „Der Traum ist im Grunde nichts anderes als eine besondere Form unseres Denkens, die durch die Bedingungen des Schlafzustandes ermöglicht wird. Die Traumarbeit ist es, die diese Form herstellt, und sie allein ist das Wesentliche am Traum, die Erklärung seiner Besonderheit“ (1900a, 510, Anm. 2).

Unter Traumarbeit sind verschiedene psychische Operationen zu verstehen; Freud nennt sie Mechanismen. Sie bilden aus den Traumquellen, vor allem aus körperlichen Reizen und Tagesresten in Form von unerledigten Konfliktspannungen, und dem Einwirken einer zensierenden Instanz sowohl latente Traumgedanken als auch den manifesten Trauminhalt. Mit der Hilfe von Verdichtung, Verschiebung, Rücksicht auf Darstellbarkeit und sekundärer Bearbeitung wird ein unerledigter Wunschkonflikt nicht nur entstellt, sondern zugleich als erfüllt dargestellt, oder in Freuds Worten: „Der Traum ist die (verkleidete) Erfüllung eines (unterdrückten, verdrängten) Wunsches“ (1900a, 166). An anderer Stelle formuliert er diesen Sachverhalt so, daß der Traum nicht anders könne als einen Wunsch in einer Situation als erfüllt darzustellen (1900a, 241).

Die spezifische Logik der Traumarbeit, einen Wunsch sowohl entstellt als auch als befriedigt darzustellen, hängt eng mit der Bestimmung des Traumes als Hüter des Schlafs zusammen. Bei Freud sind Träume nicht das Ergebnis von Funktionen, die der Schlafzustand reduziert hat; sie sind keine Nebengeräusche oder Abfallprodukte, sondern sie erfüllen eine sinnvolle, auf psychische Identität und Integration zielende Funktion, indem sie einen spezifischen, zur Wunscherfüllung tendierenden Kompromiß zwischen den unerledigten Tendenzen des Wachlebens und den Besonderheiten des Schlafzustands bilden.

Die mit der *Traumdeutung* geschaffene theoretische Grundlegung ermöglichte Freud in kurzer zeitlicher Folge weitere wichtige Schriften: *Zur Psychopathologie des Alltagslebens* (1901b), *Der Witz und seine Beziehung zum Unbewußten* (1905c), *Drei Abhandlungen zur Sexualtheorie* (1905d) und das *Bruchstück einer Hysterie-Analyse* (1905e). Die letztgenannte Arbeit war schon 1901 fertig und sollte den Titel *Traum und Hysterie* tragen; heute ist sie als Dora-Fallgeschichte bekannt.

Im folgenden Teil wird die soweit skizzierte Forschungslogik und Begriffsbildung Freuds an einem selbstanalytischen Beispiel aus der *Traumdeutung* illustriert.

II. Freuds Traum vom „Abort im Freien“

Das folgende Traumbeispiel gehört zu einer Gruppe von drei Träumen („Hollthurn“, „Abort im Freien“ und „Graf Thun“). Anzieu erörtert sie in seiner Untersuchung zu Freuds Selbstanalyse (1988) unter der Überschrift: *Die großen Träume vom Sommer 1898.* Es ist die Zeit, in der Freud an der endgültigen Detailplanung seines Traumbuchs arbeitet, bevor er mit der Niederschrift begann. Gemeinsam ist diesen Träumen, daß sie vor allem anderen mit Auflehnung und analen Triebwünschen zu tun haben.

Sie finden sich im 6. Kapitel der *Traumdeutung*, das von Freud im Sommer 1898 konzipiert, im Frühjahr 1899 niedergeschrieben wurde und der Traumarbeit gewidmet ist. Ich werde Themen aus Freuds Selbstanalyse und aus seiner Biographie hinzufügen und Schlußfolgerungen ziehen, die über Freuds Frage nach dem Schicksal der Affekte im Traum, die er mit der Darstellung dieses Beispiels verfolgt, hinausgehen. Aber nicht, weil ich glaube, ich könne Freud besser analysieren als er selbst, sondern weil das einzelne Beispiel, wenn es für das ganze Freudsche Modell stehen soll, auch weiter ausgedeutet werden muß. Patloch (2000) hat kürzlich denselben Traum verwendet. Leider erliegt er der Vorstellung, den Traum besser als Freud selbst analysieren zu können, wenn er meint, Freud eine Gleichsetzung von Abortloch und Frauen nachweisen zu können. Wie das Thema Freud und die Frauen methodisch und differenziert abzuhandeln wäre, davon hätte sich Patloch am Beispiel von Kings Untersuchung (1995) über Adoleszenz und Geschlechterspannung in der Dora-Fallgeschichte einen Eindruck verschaffen können.

Der Traum mitsamt Freuds Kommentar und Einfällen findet sich im Abschnitt H: „Die Affekte im Traum“ (1900a, 471-474; der Traum wird in einer auf mehrere Zeilen ausgedehnten Form zitiert, in der die einzelnen Traumelemente deutlicher hervortreten). Es wird hinzugefügt, welche Bemerkung Freud seinem Traum vorausschickte bzw. nachfolgen ließ : „Ich will ein Traumbeispiel einfügen, in dem der indifferente Empfindungston des Trauminhaltes durch die Gegensätzlichkeit in den Traumgedanken aufgeklärt werden kann. Ich habe folgenden kurzen Traum zu erzählen, den jeder Leser mit Ekel zur Kenntnis nehmen wird“ (ebd.).

„Eine Anhöhe, auf dieser etwas wie ein Abort im Freien, eine sehr lange Bank, an deren Ende ein großes Abortloch. Die ganze hintere Kante dicht besetzt mit Häufchen Kot von allen Größen und Stufen der Frische. Hinter der Bank ein Gebüsch. Ich uriniere auf die Bank, ein langer Harnstrahl spült alles rein. Die Kotpatzen lösen sich leicht ab und fallen in die Öffnung. Als ob am Ende noch etwas übrig bliebe“.

Mit der Frage, warum er bei diesem Traume keinen Ekel empfand, schließt Freud seinen Traumbericht.

Wir stehen vor einer Entscheidung: Folgen wir der Freudschen Methode in der ursprünglichen, Schritt für Schritt vorgehenden

Weise, dann haben wir uns jetzt mit dem ersten Traumelement, der Anhöhe, zu befassen. Wir können aber auch einem späteren Hinweis Freuds folgen und die Analyse mit Hilfe der Assoziationen an einem besonderen Element beginnen.

Ekel bestimmt diesen Traum in einer nicht einfach zu verstehenden Weise. Dabei geht es nicht nur um Freuds Vorbemerkung, daß der Leser Ekel empfinden werde, und den Nachsatz, warum der Träumer Freud selbst keinen Ekel empfunden hat, sondern auch um Freuds Schilderung dazu, worin er selbst den Tagesrest dieses Traumes sieht. Mit Ekel zu beginnen, das heißt auch, gleich den Tagesrest in die Analyse einzubeziehen, was mit einer anderen Empfehlung Freuds zur Traumanalyse übereinstimmt. Freud spricht im Zusammenhang mit dem Traum vom Abortloch von der folgenden „wirksamen Veranlassung des Traums" (1900a, 473): „Es war ein heißer Nachmittag im Sommer gewesen, ich hatte in den Abendstunden meine Vorlesung über den Zusammenhang der Hysterie mit den Perversionen gehalten, und alles, was ich zu sagen wußte, mißfiel mir so gründlich, kam mir allen Werts entkleidet vor. Ich war müde, ohne Spur von Vergnügen an meiner schweren Arbeit, sehnte mich weg von diesem Wühlen im menschlichen Schmutz, nach meinen Kindern und dann nach den Schönheiten Italiens. In dieser Stimmung ging ich vom Hörsaal in ein Café, um dort in freier Luft einen bescheidenen Imbiß zu nehmen, denn die Eßlust hatte mich verlassen" (ebd.).

Obwohl Freuds Erinnerung, was dem Traum am Tage vorausgegangen sei, noch dicht gedrängt weitergeht, unterbreche ich hier. Freud erscheint sehr unzufrieden. Sein Zustand liegt in einer präzisen Beschreibung durch ihn selbst vor. Zu der Hitze, die er für bemerkenswert hält, kommt ein starkes Mißfallen an der eigenen Vorlesung hinzu. Es klingt, als dächte er: Alles Mist, Unrat oder Scheiße, was ich mache, aber so spricht und schreibt Freud nicht. Wenn er meint, daß er dem Menschlichen keine Spur von Vergnügen abgewinnen könne, daß er angewidert im menschlichen Schmutz wühle, dann sieht er sich genau so, wie ihn seine wirklichen und vorgestellten Kritiker sehen, eben als das Schwein, das im Schmutz wühlt. Das entspricht dem zweiten Teil des Mottos, das Freud der Traumdeutung voranstellte: Acheronta movebo – die Unterwelt bewegen oder aufwühlen. Der Leser der *Traumdeutung* und des Briefwechsels mit Fließ kennt diese Verfassung

Freuds, weil sie mehrfach erwähnt wird und mit besseren Stimmungen abwechselt. Mal scheint Freud in diesem Ekel eine Niederlage, ein Scheitern und eine Beschämung schon vorwegzunehmen, mal hebt sich seine Stimmung im Vorgefühl späterer Größe und Bedeutung.

In der *Traumdeutung* begegnen wir nicht nur dem kühnen Forscher, sondern zugleich, wie Schott feststellt ‚einem kranken Helden, einem von neurotischen Symptomen geplagten Menschen, der sich vergeblich verschiedenen Therapieversuchen befreundeter Ärzte unterzieht (z. B. einer Nasenoperation durch den Freund Wilhelm Fließ) und sich schließlich selbstanalytisch behandelt" (1985, 43). Auch Ellenberger (1970) sieht beide Seiten Freuds, das *Konquistadoren-Temperament*, von dem Freud selbst spricht, wie auch den von neurotischen Symptomen geplagten Menschen; er bringt diesen Gegensatz in seiner Vorstellung von einer schöpferischen Krankheit zusammen.

Dennoch scheint die Vorwegnahme des Scheiterns nicht alles zu sein, was Freud belastet und mißfällt. Er selbst schien das auch so zu sehen, denn er kommt von der Beschreibung seines Mißfallens, seiner Müdigkeit, des fehlenden Vergnügens an der Arbeit, der Sehnsucht nach Schönerem etc. zu folgender Szene:

„Aber einer meiner Hörer ging mit mir; er bat um Erlaubnis, dabei zu sitzen, während ich meinen Kaffee trank und an meinem Kipfel würgte, und begann mir Schmeicheleien zu sagen. Wie viel er bei mir gelernt, und daß er jetzt alles mit anderen Augen ansehe, daß ich den Augiasstall der Irrtümer und Vorurteile in der Neurosenlehre gereinigt, kurz daß ich ein sehr großer Mann sei. Meine Stimmung paßte schlecht zu seinem Lobgesang; ich kämpfte mit dem Ekel, ging früher heim, um mich los zu machen" (1900a, 473).

Bevor ich wiedergebe, was Freud am Vorabend des Traumes gelesen hat, halte ich fest, daß Freud auf diese Szene bei der weiteren Traumanalyse, obgleich er sie sehr genau schildert, nicht mehr eingeht. Während er bei der Analyse des Traumes sich selbst sofort als Herkules erkennt, scheint ihm die Analyse dieser Szene eher schwer zu fallen. Das führt zu einer Frage: Der Hörer spricht doch nur aus, was Freud gerne hört. Warum holt ihn das nicht aus seiner unguten Stimmung? Weil er ein noch größerer Mann werden will, als der Student schon in ihm sieht?

Hierzu ist Freuds Lektüre vom Vorabend aufschlußreich: „Ich

blätterte noch vor dem Schlafengehen im Rabelais und las eine Novelle von C. F. Meyer *Die Leiden eines Knaben* (ebd.). Gegensätzlicher kann die Lektüre nicht sein. Der Gegensatz betrifft aber genau die gegensätzlichen Vorgefühle, die zum Erfolg einerseits, zum Scheitern andererseits gehören: Triumph, Scham bzw. Ekel. Dieser Gegensatz durchzieht die Analyse des Traumes, und Freud versucht aufzuzeigen, was sein Traum mit diesem Gegensatz anfängt. Die vom Traum ausgehenden Einfälle gruppieren sich um diesen Gegensatz wie um die Pole eines Magneten: eine Gruppe von Einfällen hängt mit gehobener Stimmung, die andere mit Mißmut, und vor allem, mit Scham bzw. Beschämung zusammen. Schon die ersten Assoziationen weisen in Richtung der gewünschten Progression: „Die Analyse zeigt, daß an dem Zustandekommen dieses Traumes die angenehmsten und befriedigendsten Gedanken mitgewirkt hatten. Mir fällt in der Analyse sofort der Augiasstall ein, den Herkules reinigt. Dieser Herkules bin ich" (ebd.).

Zum Gargantua von Rabelais schreibt Freud: „Gargantua, der Übermensch bei Meister Rabelais, nimmt so seine Rache an den Parisern, indem er auf Notre-Dame reitend seinen Harnstrahl auf die Stadt richtet. In den Garnierschen Illustrationen zum Rabelais habe ich gerade gestern vorm Schlafengehen geblättert. Und merkwürdig wieder ein Beweis, daß ich der Übermensch bin! Die Plattform von Notre-Dame war mein Lieblingsaufenthalt in Paris; jeden freien Nachmittag pflegte ich auf den Türmen der Kirche zwischen Ungetümen und Teufelsfratzen dort herumzuklettern" (1900a, 472).

Halten wir fest, daß Freud nichts darüber sagt, warum Gargantua die Pariser derart unter Wasser setzt, daß ungefähr 200 ertrinken. Mit ihrer arroganten Art haben sie ihn gekränkt, haben sich über ihn, über seine Kleidung u. a. lustig gemacht. Wie Grinstein (1968) ausführt, lassen sich die Elemente des manifesten Traumes sehr gut mit eben jener Garnier-Illustration (Nr. 16) vergleichen. Vieles von der Illustration kehrt im manifesten Traum wieder: das Sitzen zwischen zwei Türmen (das im Text von Rabelais nicht vorkommt), die Kathedrale steht auf einer Anhöhe, kleine Gebäude in unterschiedlicher Größe scheinen den verschiedenen Kothaufen zu entsprechen, Gebüsche sind vorhanden und ein langer Harnstrahl ist zu sehen.

Zur thematischen Gruppe von Erfolg und Triumph gehört auch Freuds Einfall, daß er die Kindheitsätiologie der Neurosen aufgedeckt und damit seine Kinder vor der Neurose bewahrt habe. Was er damit meint, wird erst beim nächsten Einfall klarer. Die Bank im Traum erinnert ihn an ein ehrendes Geschenk einer Patientin, die ihm dankbar war. Auch seine Kinder sollten ihm dankbar sein und viele andere ebenfalls.

Assoziativ folgen weitere Hinweise auf Freuds dringlichen Wunsch nach Größe: In einem Atemzug mit Gulliver und Gargantua nennt er eine eigene künftige Schrift über die Therapie der Hysterie, der er das Motto: „Flavit et dissipati sunt", voranstellen will. Das heißt: „Er (Deus bzw. Jehova) blies und sie wurden zerstreut." So die Inschrift einer englischen Gedenkmünze, die nach dem Untergang der spanischen Armada 1588 geprägt wurde (Freud 1985, Briefe an Fließ, 232, Anm. 8; Schönau 1968, 77-80). Den zweiten Teil des Mottos, „Gott ist mit uns", läßt Freud verständlicherweise weg. Die geplante Verwendung des Mottos ist aber, wie Schönau plausibel zeigt, eher selbstironisch zu verstehen und nicht als unbegriffenes Zeugnis von Größenphantasien, wie der von Freud genannte „ungebetene Biograph" nahe zu legen versuchte (s. Freud 1900a, 219; gemeint ist Fritz Wittels, erst Mitstreiter, dann Gegner Freuds).

Freud legt selbst so häufig seine „Größensehnsucht" (1900a, 198) bloß, daß man ihm Selbstironie zutrauen darf. Von Erdheim (1982) kann deshalb aber auch ein enger Zusammenhang zwischen Größensehnsucht und Angst vor sozialem Tod hergestellt werden. Das später nicht verwendete Motto hat sowohl einen analskatologen, also übelriechenden Kontext: Sturmwind und Flotte gleich Flatus, als auch eine magische Bedeutung; beides hängt entwicklungspsychologisch zusammen. Freuds Formulierung, „daß aller Kot vor dem Strahle so rasch verschwindet", weist nicht nur auf die attraktive Bedeutung der Kothaufen hin, sondern auch auf eine mühelose, weil magische Geste: Wegblasen gleich Wegspülen, die, wie Schönau (ebd.) aufzeigt, auf die Hypnose als frühere Behandlungsmethode Freuds zurückweist. Zurück weist auch Freuds Kompromißbildung im Traum, nämlich vom Anspruch auf eigene Größe zur Selbstverunglimpfung, zur analen Entwertung.

An Freuds Traumanalyse fällt auf, daß er sie abschließt, obgleich er die zweite thematische Gruppe assoziativ weniger ausführlich dargestellt hat. Wir erfahren, daß es um einen „Kleinheitswahn“ geht. Den Konflikt, der vom Wachleben in den Traum kommt und dort sinnlich-konkret symbolisiert wird, beschreibt Freud selbst als Spannung zweier gegensätzlicher Stimmungen, der Tagesstimmung von Ekel und Überdruß und der nächtlichen Stimmung von „kräftiger und selbst übermäßiger Selbstbetonung“. Daraus schließt er: „Der Trauminhalt mußte sich so gestalten, daß er in demselben Material dem Kleinheitswahn wie der Selbstüberschätzung den Ausdruck ermöglichte. Bei dieser Kompromißbildung resultierte ein zweideutiger Trauminhalt, aber auch durch gegenseitige Hemmung der Gegensätze ein indifferenter Empfindungston“ (1900a, 473).

Zur thematischen Gruppe der übermäßigen Selbstbetonung gehören auch die Kotpatzen, die nicht ekelerregend sind, sondern mit einer guten Stimmung zusammenhängen. Es ist anzunehmen, daß es in Gestalt der Kotpatzen um Freuds Traumbuch geht, um die unterschiedlich großen, in verschiedenen Stadien der Fertigstellung befindlichen Abschnitte und Kapitel. Wie jeder andere so steht auch Freud vor der immer wieder starke Unlust weckenden Aufgabe, gute Gedanken, die man seit längerem hegt, in eine endgültige Fassung zu bringen, was in anal-symbolischer Konkretisierung heißen kann, Häufchen Kot in allen Größen und Stufen der Frische hervorzubringen. Es geht ums Detail, wie für jeden schöpferischen Prozeß, wenn er zum Abschluß kommen soll, um eine Trennung vom eigenen Produkt, um das Ertragen der Unvollkommenheiten desselben.

Die Kotpatzen sind konkret-symbolische Konglomerate, wie der Traum selbst, die Freud durch die ihm schicksalhaft erscheinende anatomische Verkettung der Sexualität und Generativität mit den Ausscheidungsorganen charakterisiert: „Das Exkrementelle ist allzu innig und untrennbar mit dem Sexuellen verwachsen, die Lage der Genitalien – inter urinas et faeces – bleibt das bestimmende unveränderliche Moment“ (1912d, 90). Anders gesagt, der Traum schert sich in seiner Festgelegtheit auf die symbolisch-konkrete Erfahrung wenig darum, ob es um Kapitel, Kapital, Konzepte, Kinder, Kot, Gott oder um den Teufel geht. Mit Hilfe des Kotsymbols kann der Traum Freuds vielfältigen Wunschkatalog ingeniös vereinheitlichen: Es geht ja nur um Kot, und ich müßte mich vor mir selbst ekeln. Aber warum ist es nicht so? In dieser vereinfachenden Weise, die noch dazu seine Stimmung hebt, gewinnt Freud Abstand zu seiner konflikthaften Produktivität, mit der er im Dauerzustand befaßt ist. Er braucht die Träume, die er produziert und analysiert. Der Zyklus von Produktion, aber auch Schmutzbildung, und Analyse, was auch Reinigung bedeutet, entlastet den schöpferischen Prozeß von potentiell neurotischem Ballast und akkumuliert Vorstellungen von Größe, Anerkennung und Berühmtheit.

Die zweite Themengruppe, die Freud in seiner Analyse weniger intensiv als die erste behandelt, könnte den Titel tragen: Die Leiden des Knaben und des Privatdozenten Sigmund Freud. Seit sein Vater Jakob 1896 im Alter von 82 Jahren gestorben ist, spürt Freud ein „recht entwurzeltes Gefühl", wie er Fließ mitteilt (1895c, 212-13). Er weiß noch nicht, was der Verlust des Vaters für ihn im einzelnen bedeutet, und je größer die Bedeutung ist, die er dem Verlust des Vaters beimißt – „das bedeutsamste Ereignis, der einschneidendste Verlust im Leben eines Mannes" (1900a, X) – desto stärker hat er mit gegensätzlichen Gefühlen, mit seiner Ambivalenz zu tun.

Die düstere Erzählung von C. F. Meyer, auf deren Lektüre Freud hinweist, kann hier nicht zusammengefaßt werden (s. dazu Grinstein 1968). Entscheidend ist für den Zusammenhang mit der zweiten Themengruppe des Traumes, daß sie inhaltlich mit dem zusammentrifft, was Freud seit seiner Kindheit befürchtet und wogegen er sich auf die verschiedenste Weise, auch als erwachsener Mann noch durch sein Werk auflehnt: Sein Vater Jakob soll über ihn gesagt hat, aus dem Jungen wird nichts werden; Anlaß war Urinieren am falschen Ort, im Elternschlafzimmer, und Beschämung war das Ergebnis.

Die Beschämung wiederholte sich, als Freud mit ansehen mußte, wie ein Gojim dem Vater nicht nur den Hut herunterschlug, sondern ihn auch noch des Trottoirs verwies. Als Freud 10 Jahre alt war, folgte eine weitere schwere Beschämung. Sein Onkel Josef wurde das schwarze Schaf der jüdischen Großfamilie. Die Geschichte steht hinter Freuds Traum vom Onkel mit dem gelben Bart. Vater Jakob bezeichnete seinen Bruder Josef als Schwachkopf, weil er 1866 wegen Hehlerei und Vertriebs falscher Rubelnoten zu 10 Jahren Gefängnis verurteilt wurde. Vielleicht waren auch noch Freuds ältere Halbbrüder Emanuel und Philip, die in

Manchester lebten, in die Angelegenheit verwickelt. Der erwähnte Onkel-Traum zeigt, wie viel Freud aufwendet, um Vaterfiguren vor seiner Aggression in Schutz zu nehmen, indem er die Aggression ins Gegenteil, in Respekt und Zärtlichkeit verkehrt.

Es gibt noch mehr Anlaß zur Scham über die eigene Herkunft: die ökonomische Katastrophe, durch die der dreijährige Freud von Freiberg nach Wien kam, aber auch die berufliche Situation des Vaters, der nach dem Weggang von Freiberg wirtschaftlich nie mehr unabhängig wurde; der Wunsch nach einem guten Einkommen in der Weltstadt Wien ließ sich nicht erfüllen. Auch Freud verblieb lange in finanzieller Abhängigkeit. Erst 1897, mit 41 Jahren, scheint er durch die Praxis so viel verdient zu haben, daß er davon seine Lebensführung bestreiten konnte. Einzelheiten von Freuds finanzieller Situation sind bei Harsch (1995) beschrieben. Bei genauerem Hinsehen kann man feststellen, daß Freud in finanzieller Hinsicht immer an einem Modell festgehalten hat, das vorkapitalistisch genannt werden könnte und eher am Tausch orientiert war. Schon im Studium war er von mehreren Professoren finanziell unterstützt worden; sein Mentor Breuer ließ ihm ungefähr 2300 Gulden zukommen. Auch als Student gab Freud wiederum einiges von diesem Geld an seine Mutter und seine Geschwister weiter, wie er später Mitstreiter der psychoanalytischen Bewegung finanziell unterstützte.

Nachdem jetzt oft die Rede davon war, daß Freud viel produziert, liegt die Analogie nahe, die er in der *Traumdeutung* selbst bereitstellt, als er fragt, woher die Triebkraft stamme, die der Traum für seine Produktion brauche. In seiner Antwort ist es die Energie, die aus dem Unbewußten, dem Verdrängten, also aus unbewußt Gewordenen stammt. Doch die kapitalistische Denkfigur, die er hier verwendet, obgleich sie in seiner Lebensführung eher außer Kraft gesetzt erscheint, überrascht den Leser:

„Es ist sehr wohl möglich, daß ein Tagesgedanke die Rolle des Unternehmers für den Traum spielt; aber der Unternehmer, der, wie man sagt, die Idee hat und den Drang, sie in die Tat umzusetzen, kann doch ohne Kapital nichts machen; er braucht einen Kapitalisten, der den Aufwand bestreitet, und dieser Kapitalist, der den psychischen Aufwand für den Traum beistellt, ist alle Male und unweigerlich, was immer auch der Tagesgedanke sein mag, ein Wunsch aus dem Unbewußten“ (1900a, 566). Freud erwägt auch Varianten des Verhältnisses von Kapital und Unternehmer (ebd.): „Andere Male ist der Kapitalist selbst der Unternehmer; das ist für den Traum sogar der gewöhnliche Fall. Es ist durch die Tagesarbeit ein unbewußter Wunsch angeregt worden, und er schafft nun den Traum“ (ebd.). Freud sieht die Wechselwirkung: Die Tagesreste entlehnen nicht nur vom Unbewußten etwas, sie „bieten ihm auch etwas Unentbehrliches, die notwendige Anheftung zur Übertragung“ (1900a, 569). Unbewußte Wünsche werden durch Tagesreste traumfähig, Tagesreste werden durch unbewußte Wünsche traumfähig. Das Ziel kapitalistischer Produktion ist der Gewinn. Der Gewinn, den Freud der Traumproduktion zuschreibt, ist die Wunscherfüllung, eine Lustmaximierung also.

Mit dem großen Aufgebot an Kotpatzen bekämpft Freud seine ökonomische Ohnmacht, auch die Verachtung für den Vater, der dem Sohn nichts zutraute und selbst versagte. Freud hatte diesen wunden Punkt vor allem in Adoleszenz und Studienzeit damit bekämpft, daß er sich mit sogenannten Übermenschen (vor allem Hannibal und Moses) identifizierte; später hat er diese Identifizierungen erkannt und zum Anlaß von Untersuchungen genommen.

Grinsteins Interpretation des Abort-Traumes (1968, 432) fügt die aufgeführten Einzelheiten in einem ödipalen Deutungsmuster zusammen. Nach seiner Auffassung kommt in enger Anlehnung an die Illustration von Garnier eine infantile Auffassung vom Koitus mit einer Mutter-Figur in Freuds Traum zum Ausdruck. Freud sei mit Gargantua identifiziert, und sein unbewußter ödipaler Wunsch drücke sich in bildhafter Form aus. Dazu passen sehr gut Freuds Erinnerungen, daß er, als er 13 Jahre zuvor, im Alter von Ende Zwanzig bei Charcot in Paris war, jeden freien Nachmittag auf den Türmen der Kirche Notre-Dame verbrachte.

Nach dieser Interpretation ist Freuds mißlicher Zustand auf ein verbotenes Vergnügen, auf einen ödipalen Triumph zurückzuführen. War ihm das Lob des beflissenen Hörers seiner Vorlesung deshalb so unerträglich, weil es die unbewußte Wahrheit traf? Nehmen wir an, Freud habe in seiner unguten Stimmung durchaus recht gehabt, wenn ihm das, was er in der Vorlesung zum Verhältnis von Hysterie und Perversion anzubieten hatte, mißfiel: denn es konnte eine Wahrheit sein, die ihm mißfiel, die er nicht akzeptieren mochte, obgleich der eigene Traum sie ihm sowohl entgegenhielt als auch erträglicher machte. In dieser Sicht wäre die ungute Stimmung das Pendant zur verbotenen Lust, die Mutter zu besitzen. Wir erkennen hier eine zweite unbewußte Strategie Freuds, gegen Ohnmacht anzukämpfen: Er hält sich an die Überzeugung, daß er der unumschränkte Liebling seiner Mutter gewesen sei, was in der Realität nicht selten den Erfolg nach sich zieht, wie er ein Mal behauptete. Wir ergänzen, daß es aber auch nicht ungefährlich ist, wenn die Mutter unbewußt als inzestuöses Liebesobjekt beibehalten wird. Das Höchste zu besitzen und aus dieser Position über den Vater zu triumphieren, bestimmt auch die Stärke der Angst vor dem Fall.

Die insgesamt aktive, kämpferische Tendenz Freuds behält die Oberhand. Im Traum ist sie in Form analer und urethraler Potenz ausgestaltet: „Die ganze hintere Kante der Bank ist dicht besetzt mit Kothaufen ...“, heißt es, und weiter: „Ich uriniere ... ein langer Harnstrahl spült alles rein.“ Mit der Stimmung vom Vortag und im Traum hätten wir regressive, die schöpferische Progression Freuds begleitende Pendants vor uns.

Freuds Traumbericht endet mit einem rätselhaften Satz: „Als ob am Ende noch etwas übrig bliebe.“ Er verliert etwas von seiner Rätselhaftigkeit, wenn man sich vorstellt, daß der Satz nicht nur zum Traum, genauer, zur Aktivität des Träumens gehört, sondern auch vom Aufwachen her bestimmt ist. Könnte es nicht sein, daß der Träumer Freud aufwacht, weil ihm sein Traum im Sinne einer Wunscherfüllung gelungen ist, und weil er dennoch weiß, daß ihm der Konflikt zwischen Erfolg und Scheitern, Triumph und Beschämung, vor allem bei der noch vor ihm liegenden Arbeit, erhalten bleibt?

III. Freuds *Traumdeutung* – ein Jahrhundertbuch?

Freuds *Traumdeutung* hat Wissenschaft und Kultur im 20. Jahrhundert in solchem Ausmaß beeinflußt, daß sie schon deshalb den Rang eines Jahrhundertbuchs einnimmt. Während Jahre nach dem Erscheinen nur ein paar Hundert Stück verkauft waren und Freud mit seiner neuen Wissenschaft eher isoliert als anerkannt war, wurde ihm später doch die Genugtuung zu teil, daß die Bedeutung seines Buches, das er selbst für seine wichtigste Arbeit hielt, anwuchs. Aus der Perspektive, die Freud seiner eigenen Kreativität gegenüber einnahm, war die *Traumdeutung* sein „Traumkind" (1985c, 444, Brief an Fließ vom 23. März 1900), was noch in der bekannten, nur englisch vorliegenden Formulierung Freuds mitzuschwingen scheint: „Insight as this falls to one's lot burt once in a life time" (Vorwort zur 3. engl. Auflage der *Traumdeutung* 1932).

Im ersten Teil wurde beschrieben und im zweiten durch das Beispiel illustriert, daß sowohl die Gewinnung als auch die Evidenz für Freuds zentrale Hypothese, nach der ein Traum einen Wunsch als erfüllt darstellt, vom Leser an den Wechselwirkungen zwischen dem forschenden Subjekt Freud, seiner Fragestellung, der angewendeten Methode und den Ergebnissen nachvollzogen werden kann. Im dritten Teil sollen zwei Aspekte hervorgehoben werden: die Besonderheiten von Freuds Theoriebildung und Erkenntnislogik.

Um seine Praxis zu theoretisieren, bedient Freud sich zweier unterschiedlicher Semantiken. Ricoeur (1965) hat sie als Sprache der Kraft und als Sprache des Sinns charakterisiert. Einerseits ist der Begriff der Traumarbeit und ihrer Mechanismen in energetisch-physikalische Analogien gefaßt, andererseits verweist die Art, wie Freud in der *Traumdeutung* von Übertragungen oder Übertragungsgedanken spricht, auf hermeneutisches Gebiet, auf Sinnzusammenhänge und Repräsentation. Entsprechend kann man in den beiden psychischen Prinzipien, die Freud am Ende des 7. Kapitels der *Traumdeutung* als Primärvorgang und Sekundärvorgang definiert, sowohl unterschiedliche Prozesse der Energieverteilung als auch verschiedene Modi der Symbolbildung erkennen.

Der Primärvorgang organisiert nonverbale Repräsentationen. Er zielt, wie Freud am Traum ausgeführt hat, auf Wahrnehmungsidentität ab: Traumgedanken werden so in die Bildsprache übersetzt, als seien sie unmittelbare Wahrnehmungen, wofür Freud auch den Begriff der Halluzination heranzieht. Unsere Erfahrung wird durch den Primärvorgang situativ und ganzheitlich organisiert. Übersetzt man Freuds Bestimmung des Primärvorgangs durch das Lust- (Unlust-) Prinzip in die Dimension von Repräsentation und Gedächtnis, dann ist der Primärvorgang das psychoanalytische Konzept für die triebhafte, oder allgemeiner, für die affektive Organisation unseres

Gedächtnisses. Moser und Zeppelin (1996) haben die affektive Regulierung in den Mittelpunkt ihres kognitionswissenschaftlichen Modells der Traumgenerierung gestellt. Im Unterschied zum Primärvorgang stellt der Sekundärvorgang Identität des Denkens her. Er organisiert innere Erfahrung sowohl begrifflich als auch im Sinne von Handlungskompetenz. Unter seinem Einfluß werden unbewußte Tendenzen strukturgerecht gestaltet.

Die Formulierung dieser beiden psychischen Prinzipien, vor allem die des Primärvorgangs, ist eine der wichtigsten Entdeckungen Freuds, die auch anderen Wissenschaften noch heute als Anknüpfungspunkt mit der Psychoanalyse dient. Die Mechanismen der Traumarbeit gehören zum größeren Teil, nämlich Verdichtung, Verschiebung und Rücksicht auf Darstellbarkeit, dem Primärvorgang an; der vierte Mechanismus, die sekundäre Bearbeitung, dürfte eher zum Sekundärvorgang gehören, da sie sich an dem vollzieht, was die anderen Mechanismen hervorgebracht haben, um das Traumerlebnis, das unserem Wachbewußtsein zunächst fremdartig erscheint, besser an dasselbe anzugleichen.

Bei der Frage, wie ein unbewußter Wunsch überhaupt zum Ausdruck kommen kann, griff Freud auf seine Kenntnis der Neurosen zurück: „Aus dieser erfährt man, daß die unbewußte Vorstellung als solche überhaupt unfähig ist, ins Vorbewußte einzutreten, und daß sie dort nur eine Wirkung zu äußern vermag, indem sie sich mit einer harmlosen, dem Vorbewußten bereits angehörigen Vorstellung in Verbindung setzt, auf sie ihre Intensität überträgt und sich durch sie decken läßt. Es ist dies die Tatsache der Übertragung ...“ (1900a, 586).

Der intrapsychische Mechanismus, den Freud hier beschreibt, kann man näher als Bedeutungsübertragung bestimmen. So gesehen erweisen Verdichtung und Verschiebung sich als Übertragungsmechanismen. Die Verdichtung stellt eine Überlagerung zweier oder mehrerer Bilder mittels eines Vergleiches dar, der selbst nicht in Erscheinung tritt, was Freuds auch so formuliert, daß die unbewußte Vorstellung sich durch die vorbewußte decken läßt. Palombo (1978) erinnert an Freuds Hinweise auf die Galtonschen Mischfotografien, definiert die Verdichtung als Überlagerung (*superimposition*) und sieht in ihrer vergleichenden Operation eine archaische kognitive Ich-Leistung.

Die Verschiebung wird von Freud auch als Übertragung des psychischen Akzentes bezeichnet. Mit Rücksicht auf Darstellbarkeit ist die Konkretisierung gemeint, die beim Traum in der Bildersprache besteht, z. B. in der Darstellung von Gedanken als Handlungen in Bilderfolgen. Es geht also um eine symbolische Konkretisierung.

Wiederholt wurde die Zweisprachigkeit der Freudschen Theorie als Problem gehandelt, so, als habe Freud unwissenschaftlich zwischen den Positionen gewechselt. Heute muß man eher die integrative Kraft würdigen, die in dieser theoretischen Bisemantik steckt. Man kommt nicht ohne sie aus, auch wenn man die eine oder die andere Semantik heute unterschiedlich formuliert, z. B. neurowissenschaftlich und kognitionspsychologisch die eine (Leuzinger-Bohleber, Mertens, Koukkou 1998; Leuzinger-Bohleber, Pfeifer 1998; Koukkou, Leuzinger-Bohleber, Mertens 1998), zeichen- oder symboltheoretisch die andere (Cassirer 1945; Langer 1942; Lorenzer 1970a, 1970b, 1986). Vermutlich kehrt in dieser anhaltenden theoretischen Bisemantik die unauflösbare Doppelung unserer psychischen Existenz zwischen Körper und Geist wieder.

Die *Traumdeutung* bietet den allem weitreichenden Entwurf einer neuen, sinnverstehenden Erfahrungswissenschaft. Die Koordinaten dieses Entwurfs wurden im gerade vergangenen 20. Jahrhundert in unterschiedlicher Weise ausgefüllt: als psychoanalytische Krankheitslehre, Behandlungstechnik, Entwicklungspsychologie, Sozialisations- und Kulturtheorie. Viele interdisziplinäre Kooperationen ergaben sich: zwischen Psychoanalyse und Psychologie, Humanmedizin, Philosophie, Informationstheorie, cognitive science, Sozialwissenschaften, Kunst. In alle diese Projekte hat der vermutlich entscheidende Beitrag der Psychoanalyse, wie ihn schon die *Traumdeutung* enthält, verändernd hineingewirkt und vor allem die Bedeutung der Subjektivität des Forschers herausgestellt. Damit wurde eine Neuorientierung und Neubestimmung des Forschungsprozesses über die eng gezogenen Grenzen des Experimentes hinaus möglich, die das Wissen des Forschers um seinen Einfluß auf das, was er erforscht, wissenschaftlich nutzt statt es zu negieren. Für diesen neuen psychoanalytischen Wissenstypus ist spezifisch, daß er als Reflexionswissen systematisch die Verbindung von bewußten und unbewußten Bereichen unserer Erfahrung erfaßt. Zum Stand der psychoanalytischen Literatur über den Traum wird auf die Übersichten und Sammelbände bei Alston, Calogeras, Deserno (1993), Danckwardt (2000) und Deserno (1999a) hingewiesen.

Was die Psychoanalyse mit der *Traumdeutung* in die anderen Wissenschaften, wenn auch gegen große Widerstände, verändernd hineingetragen hat, ist ein spezifisches Modell der Erkenntnis. Ein roter Faden, der in der *Traumdeutung* beginnt und sich durch Freuds gesamte Theoriebildung zieht, kann mit der Gegenüberstellung von Wunsch und Erkenntnis bezeichnet werden. Ohne Erkenntnis der eigenen Wünsche ist keine Veränderung möglich. Nicht das Wünschen selbst ist problematisch oder schon konflikthaft; erst die Alternative, die Wünsche zu erkennen, sie anzuerkennen und zu entscheiden, was wir mit ihnen tun, oder sie abzulehnen, ihre Existenz zu leugnen, führt in den Konflikt.

Freud hatte sich entschieden, die herrschende wissenschaftliche Auffassung vom Traum wesentlich zu verändern, ja, ihr geradezu den Kampf anzusagen. Er konnte in diesem Kampf nur erfolgreich sein, weil er im Kontakt zu seinen Konflikten, und damit zu seinen Wünschen einerseits und seine Ängsten andererseits blieb. Durch die Selbstanalyse hat er diesen affektiven Bezug zu sich selbst immer wieder erneuert und die anstehende Arbeit nicht nur entlasten, sondern auch in neue Richtungen lenken können.

Das selbstanalytische Beispiel im zweiten Teil weist schon darauf hin, daß die Erkenntnislogik als Selbstreflexion bei Freud an einen spezifischen Konflikt gebunden ist: an den Ödipuskomplex. Das hat zunächst biographische Bedeutung, die von Freud jedoch schon früh verallgemeinert wird. Wenige Tage nach dem Tod seines Vaters schreibt Freud an Fließ:

„Ganz ehrlich mit sich zu sein, ist eine gute Übung. Ein einziger Gedanke von allgemeinem Wert ist mir aufgegangen. Ich habe die Verliebtheit in die Mutter und die Eifersucht gegen den Vater auch bei mir gefunden.“ (1985c, 291f.) Zwei Jahre später verallgemeinert Freud diese Feststellung, weil er sich sicher ist, dass er den gleichen Sachverhalt auch bei den neurotischen Patienten rekonstruieren kann: „Es ist bei weitem wahrscheinlicher und wird durch gelegentliche Beobachtungen an normalen Kindern unterstützt, daß sie auch mit diesen verliebten und feindseligen Wünschen gegen ihre Eltern uns nur durch die Vergrößerung kenntlich machen, was minder deutlich und weniger intensiv in der Seele der meisten Kinder vorgeht“ (1900a, 267).

Aus heutiger Sicht ist der Ödipuskomplex durch die notwendig gewordene Relativierung seiner entwicklungspsychologischen Bedeutung keineswegs, wie manche meinen, ungültig geworden. Im Gegenteil, seine Anerkennung als spezifische Struktur menschlicher Erkenntnis ist noch auf dem Weg, während sein Ruhm als infantiler Konflikt, wie Loewald (1976) feststellte, eher verblaßt ist. Wie Reiche genauer ausführt (1990, 54f.), hat das Konzept des Ödipuskomplexes zumindest drei Bedeutungen: er ist ein Aspekt der (psychischen) Struktur, ein (methodisches) Konstrukt und dient der Repräsentation des Wissens (vgl. Deserno 1999, 98f.).

Beim Ödipuskomplex als Struktur geht es, aus der Perspektive individueller Entwicklung gesehen, um Bedingungen, die immer schon da oder vorgängig sind, von denen die konkrete Lebenswelt, die sich eine Persönlichkeit während ihrer Entwicklung erschafft, zu erkennen gibt, wie sie diese vorgängige Struktur von Lebensbedingungen in sich aufgenommen und verarbeitet hat, welche günstigen, fördernden oder ungünstigen, z. B. traumatisierenden Bedingungen dabei mitspielten. Struktur ist hier im Sinne einer strukturalistischen Perspektive gemeint, in der Lang (1992) von strukturaler Triade spricht.

Mit dem Ödipuskomplex als methodisches Konstrukt ist gemeint, daß die psychoanalytische Situation sich immer triadisch konstituiert. Die neueren Konzeptualisierungen der psychoanalytischen Situation haben sich von den früheren Auffassungen als quasi-experimenteller (oder Beobachtungs-) Situation entfernt; sie betonen im Sinne eines relativen Konstruktivismus, daß der Gegenstand einer Analyse, die psychische Oberfläche einer bestimmten Analysestunde, aber auch die Phasen eines analytischen Prozesses gemeinsam hergestellt werden. Die Triade Analytiker, Analysand und Analyse ist prozessual gedacht; die Analyse ist eine transitorische, von Analytiker und Analysand unter methodischen Bedingungen erzeugte und sich verändernde Realität.

Wenn Laplanche und Pontalis (1967) betonen, daß der Ödipuskomplex die Hauptbezugsachse der Persönlichkeitsstrukturierung, der Psychopathologie und einer psychoanalytischen Anthropologie sei, dann muß er auch für die Repräsentation unseres psychoanalytischen Wissens zentral sein. Diese Auffassung vertritt Reiche, wenn er im methodischen Abschnitt seiner Untersuchung zur Geschlechterspannung den Ödipuskomplex als

Triangulationspunkt des psychoanalytischen Wissens bezeichnet auffaßt (Reiche 1990, 54). Er schreibt: „Die psychoanalytische Betrachtungsweise will die biologische Dimension (*Generation*) und die historische Dimension (*Epoche*) in ihrem Schnittpunkt sichtbar machen ... Das Konzept des Ödipuskomplexes ist ein Verfahren des Sichtbarmachens Dieses Schnittpunktes. Es zwingt zu einer vereinheitlichenden, zentripetalen Sicht der einzelwissenschaftlich verfallenden *Sexualitäten* in soziosexuelle, psychosexuelle und biologische Bereiche“ (Reiche 1990, 55).

Zum Schluß ist festzuhalten, dass bereits in Freuds *Traumdeutung* eine mehrschichtige Erkenntnislogik angelegt ist, deren Entfaltung und Bestätigung Bestandteil psychoanalytischer Grundlagenforschung ist. Auch für die Anwendungen der Psychoanalyse in Sozialforschung und Kulturanalyse ist die Erkenntnislogik der Traumdeutung grundlegend, wofür die Beiträge Alfred Lorenzers (1986) beispielhaft sind. Wir haben es bei der *Traumdeutung* vor allem deshalb mit einem Jahrhundertbuch zu tun, weil die in ihr begründete Erkenntnislogik inzwischen viele Prüfungen und Herausforderungen bestanden hat, aus denen sie bestätigt in das neue Jahrhundert eintritt.

Literatur

Alston, T. M., Calogeras, R. C., Deserno, H. (1993) (Hg.), Dream Reader. Psychoanalytic Articles on Dreams. Madison/Conn.: International Universities Press.

Anzieu, D. (1988), Freuds Selbstanalyse und die Entdeckung der Psychoanalyse. Bd. 1, 1895-1898, Bd. 2, 1898-1902. München / Wien: Verlag Internationale Psychoanalyse 1990.

Bartels, M. (1997), Traum und Identität. Psychoanalytische Deutungskonzepte in hermeneutisch-historischer Sicht. In: Psychoanalyse im Widerspruch, 18, 17-31.

Cassirer, E. (1945), Versuch über den Menschen. Einführung in eine Philosophie der Kultur. Frankfurt: S. Fischer 1990.

Danckwardt, J. F. (2000), Traum ohne Ende. Buch-Essay. In: Psyche, 54, S. 1283-1296.

Deserno, H. (1999a), Männlichkeit und Ödipuskomplex. In: Brech, E., Bell, K. Marahrens-Schürg, C. (Hg.), Weiblicher und männlicher Ödipuskomplex, 81-110. Göttingen: Vandenhoeck & Ruprecht.

Deserno, H. (1999b) (Hg.), Das Jahrhundert der Traumdeutung.

Perspektiven psychoanalytischer Traumforschung. Stuttgart: Klett-Cotta.
Deserno, H. (1999c), Der Traum im Verhältnis zu Übertragung und Erinnerung. In: Ders. (1999a) (Hg.), Das Jahrhundert der Traumdeutung. Stuttgart: Klett-Cotta, S. 397-431.
Ellenberger, H. (1970), Die Entdeckung des Unbewußten. Bern: Huber 1973.
Erdheim, M. (1982), Die gesellschaftliche Produktion von Unbewußtheit. Frankfurt: Suhrkamp.
Freud, S. (1900a), Die Traumdeutung, Gesammelte Werke, Frankfurt: S. Fischer, G. W., Bd. 2/3.
Freud, S. (1901b), Zur Psychopathologie des Alltagslebens, G. W., Bd. 4.
Freud, S. (1905c), Der Witz und seine Beziehung zum Unbewußten, G. W., Bd. 6.
Freud, S. (1905d), Drei Abhandlungen zur Sexualtheorie, G. W., Bd. 5., S. 27 und S. 33-145.
Freud, S. (1905e), Bruchstück einer Hysterie-Analyse, G. W., Bd. 5, S. 161-286.
Freud, S. (1912d), Beiträge zur Psychologie des Liebeslebens. II. Über die allgemeinste Erniedrigung des Liebeslebens, G. W., Bd. 8, S. 78-91.
Freud, S. (1985c), Briefe an Wilhelm Fließ 1887-1904, ungekürzte Ausg., hrsg. V. J. M. Masson. Frankfurt: S. Fischer 1986.
Harsch, W. (1995), Die psychoanalytische Geldtheorie. Frankfurt: S. Fischer.
Kanzer Glenn (1979) (eds.), Freud and his Self-Analysis. New York: Aronson.
Koukkou, M., Leuzinger-Bohleber, M., Mertens, W. (1998) (Hg.), Erinnerung von Wirklichkeiten. Psychoanalyse und Neurowissenschaften im Dialog, Bd. 1. (Bd. 2 s. Leuzinger-Bohleber et al.). Stuttgart: Verlag Internationale Psychoanalyse.
Lang, H. (1992), Die strukturale Triade. Überlegungen zur Neubewertung des Ödipuskomplexes. In: Praxis der Psychotherapie und Psychosomatik, 37, S. 207-215.
Langer, S. K. (1942), Philosophie auf neuem Wege. Das Symbol im Denken, im Ritus und in der Kunst. Frankfurt: S. Fischer 1965.
Leuschner, W., Hau, S., Brech, E., Volck, S. (1994), Dissociation and reassociation of subliminal induced stimulus material. Dreaming, 4, S. 1-28.
Leuzinger-Bohleber, M., Mertens, W., Koukkou, M. (1998) (Hg.), Erinnerung von Wirklichkeiten. Psychoanalyse und Neurowissenschaften im Dialog, Bd. 2. (Bd. 1 s. Koukkou et al.) Stuttgart: Verlag Interna-

tionale Psychoanalyse.
Leuzinger-Bohleber, M., Pfeifer, R. (1998), Erinnern in der Übertragung – Vergangenheit in der Gegenwart? Psychoanalyse und embodied cognitive science: ein interdisziplinärer Dialog zum Gedächtnis. In: Psyche, 52, S. 884-918.
Loewald, H. W. (1978), Das Dahinschwinden des Ödipuskomplexes. In: Ders. (1980), Psychoanalyse. Aufsätze aus den Jahren 1951-1979. Stuttgart: Klett-Cotta 1986, S. 377-400.
Lorenzer, A. (1970a), Kritik des psychoanalytischen Symbolbegriffs. Frankfurt: Suhrkamp.
Lorenzer, A. (1970b), Sprachzerstörung und Rekonstruktion. Frankfurt: Suhrkamp.
Lorenzer, A. (1986), Tiefenhermeneutische Kulturanalyse. In: Ders. (Hg.), Kulturanalysen. Frankfurt: S. Fischer, S. 11-98.
Moser, U., Zeppelin, I. von (1996), Der geträumte Traum. Wie Träume entstehen und sich verändern. Stuttgart / Berlin / Köln: Kohlhammer.
Patloch, J. (2000), „Dieser Herkules bin ich". Eine Neuinterpretation des Traums vom Abortloch mit Kothäufchen. In: Psyche, 54, S. 1222-1250.
Reiche, R. (1990), Geschlechterspannung. Eine psychoanalytische Untersuchung. Frankfurt: S. Fischer.
Reichenbach, H. (1938), Experience and Prediction. Chicago: University of Chicago Press.
Ricoeur, P. (1969), Die Interpretation. Ein Versuch über Freud. Frankfurt: Suhrkamp.
Schönau, W. (1968), Sigmund Freuds Prosa. Literarische Elemente seines Stils. Stuttgart: Metzler.
Schott, H. G. (1985), Zauberspiegel der Seele. Sigmund Freud und die Geschichte der Selbstanalyse. Göttingen: Vandenhoeck & Ruprecht.
Strenger, C. (1991), Between Hermeneutics and Science. An Essay on the Epistomology of Psychoanalysis. Madison / Conn.: International Universities Press.

Das Unbewußte als Zentralbegriff der Freudschen Metapsychologie und seine philosophischen Wurzeln

Günter Gödde

In der *Traumdeutung*, seinem im Jahre 1900 veröffentlichten Hauptwerk, hat Freud das *Unbewußte* als psychoanalytischen Grundbegriff eingeführt und seither immer wieder betont, daß seine Lehre im wesentlichen eine Psychologie des Unbewußten sei. Auch heute noch gehört das Unbewußte, so unterschiedlich es auch interpretiert wird, zu den Zentralbegriffen der Psychoanalyse und der gesamten Tiefenpsychologie.

Bekanntlich hat Freud seine Psychologie des Unbewußten im *klinischen* Kontext der Neurosenforschung und Traumdeutung entwickelt. Erkenntnisleitend war die in der Patienten- und Selbstanalyse gewonnene Erfahrung, daß im Falle psychischer Konflikte peinliche und unlustbetonte Vorstellungen *verdrängt* werden Durch die Verdrängung wird das Seelenleben in mit dem Ich vereinbare und abgewehrte Anteile aufgeteilt. Die vom Ich nicht integrierbaren Anteile können unter ungünstigen Umständen zunehmend der Selbststeuerung entgleiten und zu einem immer weitere Kreise ziehenden Krankheitsherd werden. Freud erkannte, daß die Aufdeckung von Verdrängungen, also das Mittel der Wahrheitsfindung, befreiend und heilend wirke. Wie er später bemerkte, habe er den Begriff des Unbewußten aus der Lehre von der Verdrängung gewonnen: „Das Verdrängte ist uns das Vorbild des Unbewußten" (Freud 1923b, S. 241). Das eigentliche Unbewußte, das durch eine Verdrängungsschranke vom Bewußtwerden abgehalten wird, wurde als *dynamisches* bezeichnet und vom Unbewußten im deskriptiven Sinne unterschieden.

Parallel zu seiner klinischen Theorie hat Freud seit 1895 eine darüber hinausgehende allgemeine Theorie über das Psychische anvisiert, um die Wissenschaftlichkeit seiner neuen Psychologierichtung zu begründen. Im Rahmen dieses zweiten Projekts, der sogenannten *Metapsychologie*, wurde die Frage relevant, ob es denn überhaupt ein psychisch Unbewußtes gebe.

Wenn man nun Freuds Metapsychologie des Unbewußten eingehender studiert, stößt man auf eine ganze Reihe schwieriger Fragen. Ein erstes Problem ist die mangelnde Transparenz der Freudschen Konzeption des Unbewußten. Es ist alles andere als leicht, sich ein klares Bild vom Ursprung und Wandel dieses Begriffs allein schon in Freuds Werk zu machen. In der *Traumdeutung* teilte Freud den psychischen Apparat in drei Regionen auf: das Bewußte, das Vorbewußte und das Unbewußte. In diesem topischen Modell hat man sich das Unbewußte als ein System mit bestimmten Inhalten, Mechanismen und Energieverschiebungen vorzustellen: „Das Unbewußte schien uns anfangs bloß ein rätselhafter Charakter eines bestimmten psychischen Vorganges; nun bedeutet es uns mehr, es ist ein Anzeichen dafür, daß dieser Vorgang ... zu einem System psychischer Tätigkeit gehört, das unsere vollste Aufmerksamkeit verdient“ (Freud 1912g, 438). Als Freud dann in der Zeit von 1911 bis 1917 eine weitere Systematisierung seiner Metapsychologie vornahm, sprach er ausdrücklich von der „Vieldeutigkeit des Unbewußten“ (1915e, 270 ff.). Erst recht betonte er dessen „vieldeutige Qualität“ (1923b, 245), als er 1923 die neue Topik von Es, Ich und Über-Ich aufstellte. Fanden sich nunmehr die Hauptcharakteristika des Unbewußten in der Instanz des Es wieder, so wurde der Bereich des Unbewußten zudem auf Anteile des Ichs und Über-Ichs ausgeweitet. Vieldeutig ist das Unbewußte zumal dann, wenn man sich mit dessen Auslegungen im Rahmen der verschiedenen tiefenpsychologischen Schulen auseinandersetzt.

Um die hier bestehenden Differenzen erfassen zu können, sahen sich Autoren wie Ellenberger (1973), Schöpf (1982), Marquard (1987), Lütkehaus (1989), Hemecker (1991), Wucherer-Huldenfeld (1994), um nur einige zu nennen, veranlaßt, auf den *philosophiegeschichtlichen Hintergrund* der Metapsychologie zu rekurrieren. In diesem Kontext wurden vor allem die Philosophien der Aufklärung und Romantik, des Idealismus und Materialismus, des Mechanizismus und Vitalismus und nicht zuletzt die Metaphysik des Willens zum Leben bzw. zur Macht berücksichtigt (siehe auch Vetter und Nagl 1989; Nagl, Vetter & Leupold-Löwenthal 1990; Figl 1996).

An dieser Stelle tritt eine zweite Problematik ins Blickfeld: Welchen Stellenwert hat die Philosophie innerhalb der Metapsychologie? Hat sie überhaupt noch eine Existenzberechtigung im Rahmen einer wissenschaftlichen Psychologie? Der Positivismus des 19. Jahrhunderts hat große Anstrengungen unternommen, einen

Keil zwischen die empirische Forschung und das philosophische Denken zu treiben. Dementsprechend war Freuds Metapsychologie ein Gegenentwurf zur Metaphysik, der dazu beitragen sollte, die Philosophie endgültig zu überwinden. Freuds Einstellung wird in seinem Brief an Werner Achelis vom 30. Januar 1927 deutlich: „Im geheimen – laut darf man es ja nicht sagen – glaube ich daran, daß die Metaphysik einmal als ‚a nuisance', als Mißbrauch des Denkens, als ‚survival' aus der Periode der religiösen Weltanschauung verurteilt werden wird" (Freud 1960a, 389). Gegen diese Äußerung läßt sich allerdings einwenden, daß Freud hier dem Dreistadienmodell Comtes verhaftet geblieben ist (vgl. Freud 1989a, 111; 1912–13a, 96) und ein verkürztes Bild der Philosophie entworfen hat. Sein empiristisches Wissenschaftsverständnis und seine Suche nach der „historischen Wahrheit" im Stil eines Archäologen sind im Zeitalter des Konstruktivismus immer fragwürdiger geworden (vgl. Mertens & Haubl 1996; Kimmerle 1997; Gödde 2000).

Wenn man der Philosophie letztlich doch einen Stellenwert innerhalb der Metapsychologie einräumt, dann gelangt man folgerichtig zu einer dritten Frage: Welche Bedeutung hat speziell die *philosophische Tradition des Unbewußten* für Freuds Metapsychologie gehabt? In diesem Zusammenhang lassen sich drei große Traditionslinien unterscheiden:

– die Denktradition eines *kognitiven* Unbewußten, die aus der Ära des Rationalismus stammt,

– die Konzeption eines *vitalen* Unbewußten, die der Romantik nahe steht, und schließlich

– die Philosophie eines *triebhaft-irrationalen* Unbewußten, die ihre Wurzeln in der Metaphysik des Willens hat (vgl. Gödde 1999).

Sind diese Traditionslinien für die Psychoanalyse eher von peripherer Bedeutung gewesen oder sind sie als zentraler Bestandteil in die Metapsychologie integriert worden? Mit anderen Worten: Wie weit war Freud Aufklärer und wie weit Romantiker, war er eher Rationalist oder Irrationalist, wie nahe stand er Schopenhauer und Nietzsche?

Nach diesen Vorüberlegungen möchte ich vier Punkte behandeln: In einem ersten Teil werden die erwähnten philosophischen Traditionslinien skizziert (I), um danach auf Freuds ursprüngliche Konzeption des Unbewußten und ihre philosophischen Wurzeln einzugehen (II). In einem dritten Teil geht es um die Abwandlungen, die das Unbewußte in Freuds mittlerer und später Schaffensperiode erhalten hat (III), und abschließend um einige Hypothesen zur philosophiegeschichtlichen Einordnung von Freuds Konzeption des Unbewußten (IV).

I. Drei philosophische Traditionslinien des Unbewußten im 18. und 19. Jahrhundert

Die gegenläufigen Konzeptionen des Bewußtseins und des Unbewußten stammen aus der rationalistischen Philosophie von Leibniz und Christian Wolff. Wurde der Begriff des Bewußtseins erstmals 1720 von Wolff verwandt, so ist der Begriff des Unbewußten im Jahre 1800 von Schelling eingeführt worden. Man kann aber bereits bei Leibniz von einer Konzeption des Unbewußten sprechen, die zu einer ersten Traditionslinie führte.

Das kognitive Unbewußte aus der Ära des Rationalismus

In seinen *Neuen Abhandlungen über den menschlichen Verstand* schreibt Leibniz, daß wir in jedem Augenblick unendlich viele „unmerkliche Vorstellungen" besitzen, die uns nicht bewußt werden, weil sie „entweder zu schwach und zu zahlreich oder zu gleichförmig sind ... Aber mit anderen verbunden, verfehlen sie ihre Wirkung nicht und lassen sich in der Anhäufung wenigstens verworren empfinden" (Leibniz 1765, 24). Diese berühmte Lehre von den „*petites perceptions*" hielt Leibniz für hochbedeutsam: Jede auch noch so unklare und dunkle Kognition habe vielfältige Wirkungen auf die Wahrnehmung, das Denken, den Geschmack, die Gewohnheiten u.a. und gehe als Bestandteil in jede deutlich bewußte Vorstellung ein, was sich z.B. am Meeresbrausen und Volksgemurmel veranschaulichen läßt. Unmerkliche Vorstellungen können auch im Gedächtnis Spuren vergangener Seelenzustände hinterlassen, zu Unentschlossenheit und Zweifel führen oder den Willen aufstacheln, um seelischen Verstimmungen entgegenzuwirken.

Diese erste Traditionslinie des Unbewußten entwickelte sich aus einer Gegenposition zu Descartes' Philosophie, die auf Bewußtsein und Selbstbewußtsein fokussiert war. Von ihm stammt der zum Widerspruch reizende Satz: „Anima semper cogitans". Die Seele sei immer im Zustand des Denkens und damit des Bewußtseins. Descartes ging von einer strikten Trennung zwischen Körper und Seele aus und schrieb dem Körper als Materie bloß räumliche Ausdehnung und Bewegung („res extensa") zu. Die Funktionen in dieser Maschine würden „alle von Natur aus allein aus der Disposition ihrer Organe hervorgehen, nicht mehr und nicht weniger als die Bewegungen einer Uhr oder eines anderen Automaten von der Anordnung ihrer Gewichte und ihrer Räder abhängen" (zit. nach Schipperges 1972, 195). Es war dann nur konsequent, die Seele als reinen Geist aufzufassen und durch das Kriterium des Denkens („res cogitans") zu bestimmen. In diesem rationalen Seelenmodell blieb allenfalls für ein räumlich-materielles oder physiologisches Unbewußtes Platz, nicht aber für die unbewußte Empfindungs-, Vorstellungs- und Denktätigkeit und erst recht nicht für die Annahme einer teleologischen, d.h. vernünftigen und zweckgerichteten Entwicklung des Lebens, an der Leibniz unbedingt festhalten wollte. Hatte Descartes mit seinem Leib-Seele-Dualismus den Boden für mechanistische und *seelenlose* Anthropologien wie für La Mettries *L'homme machine* (1747) bereitet, so suchte Leibniz mit seiner Lehre von den Monaden, bei denen es eine Rangfolge von einfachen Monaden über Tierseelen und menschliche Geistmonaden bis hin zu Gott als absoluter Monade gibt, das ganze Universum zu beseelen. Mit seiner Lehre von den *„petites perceptions"* als grundlegenden seelischen Fähigkeiten der Monaden wandte er sich vor allem gegen das mechanistische Weltbild und den Atheismus.

Leibniz hat allerdings kein vom Bewußtsein gesondertes Unbewußtes angenommen. Er vertrat vielmehr ein Gesetz der *Kontinuität*, wonach es Abstufungen der Klarheit und Intensität des Bewußtseins bis hin zu winzig kleinen und unscheinbaren Vorstellungen gebe. Dennoch hat er eine Traditionslinie initiiert, die man als die des *kognitiven* (oder *perzeptiven*) Unbewußten bezeichnen kann (vgl. Pongratz 1984, 188 ff.). Sie wurde von Kant, Herbart, Fechner, Helmholtz, v. Hartmann u.v.a. weitergeführt. Dieser Denktradition liegt die Erfahrung eines schwer zu erklärenden Widerspruchs zwischen der hochgradigen Wirksamkeit und der fehlenden Erkennbarkeit unbewußter psychischer Prozesse zugrunde.

Das vitale Unbewußte der Romantik

Eine zweite philosophische Traditionslinie des Unbewußten entwickelte sich aus einer Gegenbewegung zur Aufklärung. Dieser Gegenentwurf wurde in der Epoche des Sturm und Drang bzw. der Vorromantik von Hamann, Herder und vom jungen Goethe initiiert, im weiteren stark von Schellings Naturphilosophie geprägt und erlebte ihre Blütezeit in der Romantik. Die Romantiker befürchteten, daß die Aufklärung in einem flachen Rationalismus zu erstarren drohte, und wandten sich daher dem in der Aufklärung ausgeschlossenen *Anderen der Vernunft* zu. Ihre Leitbegriffe waren *Natur* und *Leben*, womit die Konnotationen von Leib und Instinkt, Bild und Phantasie, Gefühl und Leidenschaft, Schöpferkraft und Daseinsfülle angesprochen waren (Pongratz 1984, 197). Man kann in diesem Zusammenhang von einem *vitalen* oder *romantischen* Unbewußten sprechen.

Als entscheidender Vorläuferbegriff des vitalen Unbewußten gilt das Konzept der *Lebenskraft* (vis vitalis), das 1774 von Friedrich Casimir Medicus als dritte Substanz neben Materie und Seele eingeführt wurde und sich in der Folge zu einem zentralen Topos der medizinischen Anthropologie entwickelte. Die Lebenskraft sei im Organischen die Quelle aller Bewegungen wie z.B. der Stoffwechselprozesse, Verdauung, Sekretion, Blutbildung, Herzschlag und Kreislauf, die ohne Einwirken der Seele ablaufen. Sie unterliege nicht der Entwicklung und vollziehe ihre Handlungen nicht mit Bewußtsein. Für Hufeland gehört die Lebenskraft „unter die allgemeinsten, unbegreiflichsten und gewaltigsten Kräfte der Natur. Sie erfüllt, sie bewegt alles, sie ist höchstwahrscheinlich der Grundquell, aus dem alle übrigen Kräfte der physischen, wenigstens organischen Welt fließen. Sie ist's, die alles hervorbringt, erhält, erneuert ... Sie ist's, die – verfeinert und durch eine vollkommene Organisation exaltiert – sogar die Denk- und Seelenkraft entflammt und dem vernünftigen Wesen zugleich mit dem Leben auch das Gefühl und das Glück des Lebens gibt“ (Hufeland 1797, 36 ff.). Die romantische Idealisierung der Natur als das Gesunde, Heile und Gute ist hier unverkennbar.

Die Schelling-Schule hat den Begriff des Unbewußten vornehmlich im Hinblick auf die „Nachtseite der Natur und der Seele“ gebraucht, wozu die Geisteskrankheiten, speziell der Wahnsinn, die

Träume, das Genie und parapsychologische Phänomene gehören (vgl. Orth 1914). Bei Carus findet sich dann die erste Systematisierung einer Psychologie des Unbewußten. Er hält an der Konzeption der Lebenskraft noch fest, ordnet sie aber seinem Seelenbegriff ein und unter. Die von ihm postulierte Einheit der „Psyche", wie er sein 1846 erschienenes Hauptwerk nennt, teilt er in drei Regionen auf: in das *absolut* Unbewußte als zentrale Region des Seelenlebens, in die „kein Strahl des Bewußtseins" dringt, das *relativ* Unbewußte als das vorübergehend unbewußt Gewordene, das jederzeit wieder ins Bewußtsein zurückkehren kann, und das *Bewußtsein*, das gleichbedeutend mit Gefühl, Erkenntnis und Handlung ist.

Bemerkenswert ist, daß Carus in der genaueren Bestimmung des Unbewußten und der Abgrenzung vom Bewußtsein weitgehend mit dem Konzept der Lebenskraft übereinstimmt und dabei einige Charakteristika des Freudschen Unbewußten vorwegnimmt:

Ein erstes sich auf die Zeitlichkeit beziehendes Merkmal ist die *Unermüdlichkeit* des Unbewußten. Im Unterschied zum Bewußtsein gebe es im Unbewußten kein Innehalten, keine Unterbrechung, kein Aufhören. Freud hat diesen Aspekt des Unbewußten als *Zeitlosigkeit* bezeichnet.

Ein zweites Merkmal kann man als *Unmittelbarkeit* des Unbewußten bezeichnen. Was in ihm vorgeht, bedürfe „keines mühsamen Erlernens, keiner Einübung, um es zur Fertigkeit zu bringen": „leicht und unmittelbar wird hier alles geübt und vollbracht, was die Wesenheit gerade dieses bestimmten Seins fordert". Auch der höhere Organismus brauche „für seine unbewußten Lebensvorgänge keine besondere Vorbereitung, vielmehr übt er sie ohne weiteres aus, weil sie eben nur so zu seiner Lebenseigentümlichkeit gehören" (Carus 1846, 54). Freud hat in diesem Zusammenhang vom Primärprozeß gesprochen.

Ein drittes Merkmal kann man *Verallgemeinerung* des Unbewußten nennen. Wenn Carus von „Einverleibtsein ins Allgemeine" spricht, so meint er, daß das Unbewußte die individuelle Seele enger an das allgemeine Leben der Welt binde und ihr einen innigeren „Rapport mit der gesamten äußeren Natur", mit dem Makrokosmos ermögliche: „es sei von tausend Regungen der Welt durchdrungen, die dem bewußten Geiste entgehen" (Carus 1846, 87).

Ein viertes Merkmal ist die *„ursprünglich unversiegbare Gesundheit“* des Unbewußten. Wie die Lebenskraft-Theoretiker spricht auch Carus von der *„Heilkraft der Natur“*. Sie zeige sich darin, „daß alle Bewegungen des Organismus, welche dem Prinzip der Krankheit sich entgegensetzen und welche das kranke Leben wieder zum gesunden Zustande zurückzuführen streben, nur dem unbewußten Seelenleben angehören“ (Carus 1846, 61 f.).

Angesichts dieser Abgrenzungsmerkmale kann man bei Carus von einer *Wesensgegensätzlichkeit von Bewußtem und Unbewußtem* sprechen, die sich aber deutlich abhebt von jenem *feindseligen* Dualismus von Bewußtsein und Unbewußtem, wie er sich später bei Schopenhauer, Nietzsche und Freud findet. Carus zeigt sich in dieser Hinsicht noch ganz der Romantik verhaftet; sein Naturbegriff hat einen weitgehend optimistischen Akzent.

Das Unbewußte wird hier – im Unterschied zu Leibniz – als abgegrenzter, mit dem Leiblichen aufs engste verbundener Bereich betrachtet. Da dem Unbewußten nunmehr ein zentraler Stellenwert im Seelenleben zuerkannt wird, kann man in diesem Zusammenhang von „Ersetzung bzw. Vereinnahmung der Lebenskraft durch das Unbewußte“ sprechen (Goldmann 1998, 163).

Mit seiner auf das vitale oder leibliche Unbewußte zentrierten Psychologie kämpfte der Spätromantiker Carus gegen jene konsequent materialistisch konzipierte *Psychologie ohne Seele* an, die damals sich durchzusetzen begann, wobei er letztlich auf die göttliche Vernunft rekurrierte.

Das triebhaft-irrationale Unbewußte der Lebensphilosophie

Die *dritte* Traditionslinie des Unbewußten ist aus einer Gegenposition sowohl zur idealistischen Vernunftmetaphysik als auch zur romantischen Naturphilosophie erwachsen. Ihre gemeinsame – philosophische – Problemstellung ist die Dialektik des Macht-Ohnmacht-Verhältnisses zwischen Ich (im Sinne von Vernunft, Intellekt, Bewußtsein) einerseits und Unbewußtem (im Sinne von Triebnatur, Wille, Es) andererseits. Schelling, der in erster Linie der romantischen Naturphilosophie zugerechnet wird, gehört auch zu denen, die eine kritischere Sicht der triebhaften und irrationalen Seiten der menschlichen Natur angebahnt haben. In seiner Freiheitsschrift (1809) gab er der Natur eine grundlegend neue Bestimmung, nämlich als Drang, Trieb, Begierde und Sucht, und diese irrationale Kraft bezeichnete er als *Wille*, ganz im Gegensatz zum traditionellen Verständnis des Willens als rationaler Fähigkeit. „Wille bedeutet Durchsetzungskraft und Impulsivität. Wille als Wille ist das Unaufhaltsame, das Vorwärtsstürmende, das Widerstände Niederreißende“ (Schulz 1972, 379). Nach Schelling sind wir immer beides: Rationales und Irrationales. Aufgabe des Menschen sei es, das „bewußtlos Vorhandene“ aus dem Dunkel in uns ans Licht zu bringen, seine Triebe nicht zu eliminieren, sondern sie vielmehr zu beherrschen und in den Dienst des Geistes zu nehmen (vgl. Marquard 1973).

An Schellings Neubestimmung des Willens haben seine Nachfolger Schopenhauer und Nietzsche angeknüpft. Die Natur wird von ihnen nicht mehr wie in der Romantik verzaubert, sondern als *Wille zum Leben* bzw. als *Wille zur Macht* postuliert, der zu immerwährendem Kampf und Streit in der Natur tendiere. Mit dieser *Wende zur Wirklichkeit* gelangte die Vorstellung von der gefährlichen *Triebnatur* zum Durchbruch im philosophischen Denken. Innerhalb dieser Wende verliert die Natur, wie Odo Marquard schreibt, „die Attribute der Harmonie, der Ichhaftigkeit, der Zweckmäßigkeit, des Vernünftig-Geschichtlichen und Organisch-Heilen; sie wird ästhetisch nackt. Diesen Vorgang kann man die ‚Entzauberung der Romantiknatur‘ nennen“ (Marquard 1987, 199). Egoismus, Aggression und Kampfbereitschaft – und damit auch das lange Zeit tabuisierte *Böse* – werden nunmehr der menschlichen Triebnatur zugerechnet.

Erinnert Schopenhauers *Wille* partiell an das vitale Unbewußte, so hat bei ihm die vital-triebhafte Dynamik doch ihre „geheimnisvolle irrationale Sinnhaftigkeit eingebüßt“ und ist „zu einem blinden, dämonischen, sinnlosen, ja sinnwidrigen Leben geworden“ (Brinkmann 1943, 44).

Auch Nietzsche war davon überzeugt, daß die Konzeption eines modernen Menschenbildes von den triebhaft-vitalen Bedürfnissen, Leidenschaften und Affekten und nicht vom idealistischen Postulat einer Geistvernunft auszugehen habe. Dem quietistischen Pessimismus Schopenhauers hielt er aber ein emphatisches „*Ja zum Leben*“ entgegen: Der Wille zur Macht sei seinem innersten Wesen nach auf Entwicklung, Persönlichkeitssteigerung und Machterweiterung gerichtet.

Im Hinblick auf Schopenhauers und Nietzsches Philosophie kann man von der Denktradition eines *triebhaft-irrationalen* Unbewußten sprechen. Dazu gehören in erster Linie die Themenbereiche Begehren, Wollen, Affekte, Leidenschaften, Bedürfnis und Trieb. Diese Denktradition, zu der auch Eduard von Hartmann mit Einschränkungen gerechnet werden kann, wird im engeren Sinne als *Philosophie des Unbewußten* bezeichnet.

II. Die Anfänge der Metapsychologie des Unbewußten im Kontext traditionell philosophischer Fragestellungen

Nach der Skizzierung dieser drei philosophischen Traditionslinien des Unbewußten stellt sich die weitere Frage, welche Verbindungen sich von hier aus zur Freudschen Metapsychologie herstellen lassen. Dabei ist von vornherein zu bedenken, daß es die *eine* Konzeption des Unbewußten bei Freud nicht gibt, da seine in der *Traumdeutung* entwickelte Ursprungskonzeption in den verschiedenen Phasen seines Werkes erheblichen Wandlungen ausgesetzt war.

Um zu zeigen, daß Freuds Ursprungskonzeption des Unbewußten von Anfang an eine implizite Philosophie enthielt, möchte ich sie im Kontext von zwei *traditionell philosophischen Fragestellungen* betrachten.

Die Grundfrage nach dem Unbewußten als Psychischem

Die für die Konstitution der Psychoanalyse zentrale Frage war, ob es neben dem bewußten überhaupt ein unbewußtes Psychisches gebe. Zur Klärung dieser Frage bedurfte es der kritischen Auseinandersetzung mit der damals vorherrschenden *Bewußtseinsphilosophie*. Deren Siegeszug im 19. Jahrhundert läßt sich auf die Nachwirkungen Descartes' und Kants zurückführen. Wenn man mit Descartes Bewußtsein und Cogitatio gleichsetzt, dann *hat* die menschliche Seele nicht Bewußtsein, sondern sie *ist* Bewußtsein. Wenn man mit Kant von einer strikten erkenntnistheoretischen Orientierung an den Phänomenen ausgeht, dann bleibt kein Platz mehr für jene damals weit verbreiteten Seelenlehren, die *hinter* dem Bewußtsein eine substanzielle Seele als Trägerin der psychischen Vorgänge annahmen.

Zu denen, die gegen Ende des 19. Jahrhunderts das Psychische mit dem Bewußten gleichsetzten, gehörten auch die beiden in Österreich maßgeblichen Philosophie-Schulen Johann Friedrich Herbarts und Franz Brentanos. Der Herbartianismus stellte damals noch die Main-stream-Psychologie in Österreich dar. Bemerkenswert ist, daß Herbart bereits die Dynamik von Vorstellungen erkannte, die durch konkurrierende Vorstellungen unter die Bewußtseinsschwelle „*verdrängt*“ werden und nur dann ins Bewußtsein zurückkehren können, wenn sie den „*Widerstand*“ ihrer Konkurrenten überwinden. Wenn man schon bei Herbart von einem Verdrängungs-Widerstands-Theorem sprechen will, so ist dieses allerdings im Bezugsrahmen einer rationalistischen und traditionell metaphysischen Philosophie zu sehen. Freud hat diese Abstraktionen nicht einfach übernommen, sondern sie im Kontext seiner klinischen Theorie und Praxis mit Leben erfüllt und damit entscheidend verändert (vgl. Gödde 1999, 172 ff.).

Zunehmend distanzierte sich Freud auch von der Erkenntnistheorie seines ehemaligen Lehrers Franz Brentano, der eine zweite große Psychologierichtung in Österreich begründet hatte. Brentano war grundsätzlich gegen die Annahme eines Unbewußten und behauptete, daß es neben dem Sachbewußtsein ein zweites auf die eigene Person bezogenes Bewußtsein gebe, das der „*inneren Wahrnehmung*“ zugänglich sei. Ja, die Urteile der inneren Wahrnehmung hätten jene „*unmittelbare untrügliche Evidenz*, die sonst keiner anderen Erkenntnis zukomme (Brentano 1874, 177). Eine derart optimistische Einschätzung stand im eklatanten Widerspruch zu Freuds klinischen Erfahrungen in der Neurosentherapie und Selbstanalyse.

Stattdessen begann sich Freud an Philosophen zu orientieren, die sich mit dem Problembereich des *kognitiven* Unbewußten auseinandersetzten. In seinen Briefen an Wilhelm Fließ aus den 1890er Jahren finden sich ausdrückliche Bezugnahmen auf den in Wien lehrenden Philosophen Wilhelm Jerusalem, auf Hippolyte Taine, auf den *alten Fechner* und vor allem auf Theodor Lipps, einen in München lehrenden Philosophieprofessor. Im Brief vom 31. August 1898 heißt es: „Bei Lipps habe ich die Grundzüge meiner Einsicht ganz klar wiedergefunden. Das Bewußtsein nur Sinnesorgan, aller psychischer Inhalt nur Vorstellung, die seelischen Vorgänge sämtlich unbewußt. Auch in den Einzelheiten ist die Übereinstimmung groß, vielleicht kommt später die Gabelung, von der aus mein Neues ansetzen kann“ (Freud 1985c, 356) Lipps wurde für Freud zum Kronzeugen für die *Wissenschaftlichkeit* der psychologischen Grundannahme des Unbewußten.

Der Versuch, das Unbewußte in ein mechanistisches Apparatemodell des Psychischen einzuordnen

Eine zweite Frage mit philosophischer Vorgeschichte betrifft die Annahme eines *Seelenapparats* und dessen Bedeutung für die psychischen Vorgänge, später auch für die Aufteilung in die drei Systeme des Bewußten, Vorbewußten und Unbewußten.

Wie sich wiederum den Briefen an Fließ entnehmen läßt, begann sich Freud 1895 mit dem Projekt einer *Psychologie für den Neurologen* zu beschäftigen. Bei diesem Projekt ging es um das Leib-Seele-Problem. Freuds Absicht war „nachzusehen, wie sich die Funktionslehre des Psychischen gestaltet, wenn man die quantitative Betrachtung, eine Art Ökonomik der Nervenkraft einführt“ (Freud 1985c, 130). War seine Arbeit Monate lang von starken Selbstzweifeln bestimmt, so schreibt er im Oktober 1895 voller Zuversicht: „In einer fleißigen Nacht ... haben sich plötzlich die Schranken gehoben, die Hüllen gesenkt, und man konnte durchschauen vom Neurosendetail bis zu den Bedingungen des Bewußtseins. Es schien alles ineinanderzugreifen, das Räderwerk paßte zusammen, man bekam den Eindruck, das Ding sei jetzt wirklich eine Maschine und werde nächstens auch von selbst gehen. Die drei Systeme von Neuronen, der freie und gebundene Zustand von Quantität, der Primär- und Sekundärvorgang, die beiden biologischen Regeln der Aufmerksamkeit und der Abwehr, die Qualitäts-, Real- und Denkzeichen ... die Sexualitätsbedingung der Verdrängung, endlich die Bedingungen des Bewußtseins als Wahrnehmungsfunktion – das alles stimmte und stimmt heute noch! Ich weiß mich vor Vergnügen natürlich nicht zu fassen“ (Freud 1985c, 149). Das Ergebnis dieser theoretischen Bemühungen war der *Entwurf einer Psychologie* (1950c), den Freud im Oktober 1895 als Manuskript an Fließ sandte.

Der *Entwurf* steht in einem materialistischen Kontext. Man

könnte hier eine Linie ziehen von Descartes über den französischen Aufklärer La Mettrie bis zum mechanistischen Materialismus des 19. Jahrhunderts. Richtungsweisend für Freuds Orientierung war in erster Linie die Physiologengruppe um Hermann Helmholtz, zu der auch Freuds Lehrer Ernst Brücke gehörte. Da sie konsequent nach einem materiellen Träger seelischer Prozesse suchte, trat sie jener bereits erwähnten Naturphilosophie entgegen, welche die ganze Medizin unter das Prinzip einer Lebenskraft stellen wollte. Unter dem Einfluß seines Lehrers Brücke hat Freud frühzeitig eine strikt anti-vitalistische Position bezogen.

Zwar distanzierte er sich schon bald nach der Niederschrift des *Entwurfs* von seinem *neurologisch* orientierten Apparatemodell des Psychischen und gab es 1898 ganz auf. Aber in der *Traumdeutung* konstruierte er einen zum physiologischen Apparat des Nervensystems parallelen *psychischen* Apparat. Er sprach nunmehr von psychischen statt physiologischen Energien, von einem psychischen statt physiologischen Konstanzprinzip, von einer psychischen anstelle einer anatomischen Topik. Weiter nahm er an, daß die psychischen Vorgänge bestimmte Systeme durchlaufen: vom Wahrnehmungssystem über die Erinnerungsspuren zum Unbewußten, evtl. zum Vorbewußten und schließlich zum motorischen Ende. Diese in der *Traumdeutung* vollzogene Wendung bedeutete keineswegs, daß Freud seine früheren mechanistischen Modellvorstellungen ganz aufgegeben hätte. Die dort benutzten Begriffe, Analogien und Metaphern lassen vielmehr erkennen, daß sein Apparatemodell des Psychischen grundsätzlich dem Vorstellungskreis jener materialistisch orientierten Denktradition verhaftet blieb, in dem es entstanden war.

Die Orientierung am Unbewußten als Weichenstellung für die Psychoanalyse

In der *Traumdeutung*, speziell im VII. Kapitel, wird das Unbewußte erstmals als wissenschaftlicher Grundbegriff vorgestellt und anhand des theoretischen Modells der Verdrängung begründet. Das verdrängte Unbewußte bestehe aus mit dem Ich unvereinbaren Vorstellungen, die aus dem Bewußtsein ausgeschlossen worden sind. Diese abgewehrten, aber weiter wirksamen und nachdrängenden Vorstellungen bildeten ein dynamisches Kraftzentrum, dessen Wirkung sich in Form psychischer Störungen, aber auch nicht-pathologischer Erscheinungen des Seelenlebens wie z.B. in Träumen und Fehlleistungen manifestiere.

In engem Zusammenhang mit dieser Verdrängungsdynamik steht Freuds Annahme, daß die aus dem Bewußtsein verdrängten Vorstellungen an einen bestimmten Ort gelangen. Im Rahmen seines ersten topischen Modells teilt er den psychischen Apparat in die Systeme des Bewußten, Vorbewußten und Unbewußten auf.

Wesentlich für Freuds Konzeption des Unbewußten im VII. Kapitel der *Traumdeutung* ist die Unterscheidung zwischen dem Vorbewußten und dem eigentlichen Unbewußten. Das *Vorbewußte* wird nur im Sinne einer Durchgangsstation betrachtet. Das *eigentliche Unbewußte* wird als Region der verdrängten Wünsche, Leidenschaften und Phantasien gesehen, die von sich aus ins Bewußtsein zurückdrängen. Ihm werden bestimmte Merkmale und Funktionsweisen zugeschrieben, die es im Bereich des Vorbewußten nicht gibt: vor allem die Verdichtungs- und Verschiebungsarbeit, die Eigenschaften der Unzerstörbarkeit und Widerspruchsfreiheit, die Regulation nach dem Lustprinzip und die Funktionsweise des Primärvorgangs.

Als Traumbildner erscheint das Unbewußte erstmals als eine Art psychisches Subjekt, das sich besonderer Darstellungs- und Symbolisierungsmittel, ja einer bewundernswerten Maskierungsaktivität bedient, um alle anstößigen Inhalte bis zur Unkenntlichkeit umzugestalten und sie unter Überlistung der Zensur ins Bewußtsein zu heben.

Zusammenfassend kann man sagen, daß sich Freuds Ursprungskonzeption des Unbewußten am Schnittpunkt zweier philosophischer Traditionen bildete: einerseits der Tradition des kognitiven Unbewußten, die das Unbewußte dem Psychischen zurechnet; und andererseits der materialistischen Denktradition, die das Psychische in ein Apparatemodell einzuordnen sucht. Schon hier wird deutlich, daß Freud gar nicht umhin kam, sich mit traditionell philosophischen Fragen zu beschäftigen – aber auch, daß er einen antivitalistischen Standpunkt quer zur bisherigen Philosophie des Unbewußten einnahm.

Die in der *Traumdeutung* vorgestellte Konzeption des Unbewußten stand im Zeichen der Verdrängungstheorie. Man kann von einem Verdrängungs-Unbewußten sprechen, das nur auf das *Psy-*

chische bezogen war. Das Somatische – sowohl im Sinne des *Entwurfs einer Psychologie* (1895) als auch im Sinne der späteren Triebtheorie – blieb ausgeklammert. Mit dieser strikten Trennung gehört Freud einer Bewegung an, welche die Psychologie als eigenständige Wissenschaft einerseits vom somatischen Denken der Medizin und der physiologischen Psychologie und andererseits von den metaphysischen Voraussetzungen der Philosophie zu *emanzipieren* suchte.

In diesem Kontext läßt sich dann auch verstehen, weshalb es für Freud so wichtig war, an Theodor Lipps anzuknüpfen. Lipps gilt neben Wilhelm Wundt als die bedeutendste Gestalt der deutschen Psychologie der Jahrhundertwende. Er hielt auf dem III. Internationalen Kongreß für Psychologie in München einen Vortrag zum Thema *Der Begriff des Unbewußten in der Psychologie* und vertrat darin die These, daß die Frage des Unbewußten in der Psychologie „weniger eine psychologische Frage als die Frage der Psychologie" sei (Lipps 1897, 146). Freud stimmte ihm mit „begeisterten Worten" zu. Noch in einer seiner letzten Arbeiten erinnert Freud daran, daß Lipps als erster den Begriff des Unbewußten im wissenschaftlichen Sinne zu „verwenden" wußte; die Psychoanalyse habe sich dann „dieses Begriffs bedient, ihn ernst genommen, ihn mit neuem Leben erfüllt" (Freud 1940b, 147).

Hinzu kam, daß Lipps zu den akademischen Psychologen gehörte, die aktiv für eine *Emanzipation* der wissenschaftlichen Psychologie von der als spekulativ abqualifizierten Mutterdisziplin Philosophie eintraten, und daß er eine psychologistische Position vertrat. Die Psychologie war für Lipps die Grundwissenschaft der Logik, Ästhetik und Ethik. So hielt er logische Schlüsse oder Urteile für psychische Phänomene: „Die Logik ist eine psychologische Disziplin, so gewiß das Erkennen nur in der Psyche vorkommt, und das Denken, das sich in ihm vollendet, ein psychisches Geschehen ist" (Lipps 1893, 1 f.).

An diesem Punkt läßt sich eine Brücke zu Edmund Husserl schlagen. Bemerkenswert ist nämlich, daß Lipps von Husserls Generalabrechnung mit dem Psychologismus in den *Logischen Untersuchungen* (1900) sehr beeindruckt war und umschwenkte. Der Kreis um Lipps wurde später sogar zu einem wichtigen Teil der deutschen phänomenologischen Bewegung. Die Logik bezeichnete er nunmehr als „apriorische Wissenschaft vom überindividuellen

Ich", die den Hauptfehler des Psychologismus, die Verwechslung von Inhalten und Gegenständen vermeide (vgl. N. Schmidt 1995, 90). Damit konvertierte er zu einer Art metaphysischem Psychologismus. Das nach 1900 beliebte „Gesellschaftsspiel deutscher Philosophen", alles unter Psychologismusverdacht zu stellen, machte Lipps aber nicht mit (vgl. N. Schmidt 1995, 92). Er hielt prinzipiell daran fest, daß die Psychologie als Grundwissenschaft fundierend für alle anderen Wissenschaften sei. Einen vergleichbaren Fundierungsanspruch vertrat Freud im Hinblick auf seine eigene Lehre: „Die Psychoanalyse ist ein Stück Psychologie, nicht medizinische Psychologie im alten Sinne oder Psychologie der krankhaften Vorgänge, sondern Psychologie schlechtweg, gewiß nicht das Ganze der Psychologie, sondern ihr Unterbau, vielleicht überhaupt ihr Fundament" (Freud 1925d, 289). Auf die Thematik der Psychologismus-Kritik Husserls ist Freud meines Wissens nie explizit eingegangen. Später machte er die schmerzliche Erfahrung, daß sein Freund Ludwig Binswanger sich zunehmend vom Naturalismus der Psychoanalyse distanziert und zu einem phänomenologischen Psychologen im Sinne Husserls entwickelt hat.

III. Die beiden Wandlungen der Freudschen Konzeption des Unbewußten aus philosophischer Sicht

Um die Abwandlungen deutlich zu machen, die Freud selbst an seiner Ursprungskonzeption des Unbewußten vorgenommen hat, kann man zum Vergleich zwei spätere Schriften heranziehen: *Das Unbewußte* aus dem Jahre 1915 und *Das Ich und das Es* aus dem Jahre 1923.

Die Erweiterung um das genetisch-triebhafte Unbewußte

Die Schrift *Das Unbewußte* ist die dritte von zwölf metapsychologischen Abhandlungen, die alle aus dem Jahre 1915 stammen und Freuds bisheriges Werk „in einer Art von Synthese" zusammenfassen sollten (Brief vom 25.12.1914 an Jones; Freud & Jones 1993, 18). Vergegenwärtigt man sich, daß die Psychoanalyse in der Phase zwischen 1900 und 1915 im Zeichen einer triebtheoretischen

Fundierung stand, so lag es nahe, daß es Freud in diesen metapsychologischen Schriften vorrangig um die drei Grundbegriffe von Trieb, Verdrängung und Unbewußtem ging.

Schon zu Beginn der Abhandlung wird die bisherige Gleichsetzung von Verdrängtem und Unbewußtem relativiert: Das Verdrängte decke nicht alles Unbewußte, sondern sei nur ein Teil desselben. Das Unbewußte habe einen weiteren Umfang.

Jeder psychische Akt durchlaufe zwei Zustandsphasen: „In der ersten Phase ist er unbewußt und gehört dem System *Ubw* an; wird er bei der Prüfung von der Zensur abgewiesen, so ... heißt (er) verdrängt und muß unbewußt bleiben“ (Freud 1915e, 251 f.). Von diesem Blickwinkel aus gibt es also neben dem verdrängten auch ein ursprüngliches Unbewußtes.

Weiterhin vergleicht Freud den Inhalt des Unbewußten mit einer „psychischen Urbevölkerung“ und spricht von „ererbten psychischen Bildungen“, die den Kern des Unbewußten ausmachen. Dazu komme später „das während der Kindheitsentwicklung als unbrauchbar Beseitigte“ hinzu (1915e, 294). Freud unterscheidet mithin einen phylogenetisch vererbten von einem ontogenetisch erworbenen Anteil am Unbewußten.

Einen weiteren Brennpunkt der Abhandlung bildet die Beziehung zwischen Unbewußtem und Trieb. Freud nimmt an, daß der Trieb nur im Sinne psychisch erlebbarer Vorstellungsrepräsentanzen der Verdrängung unterliegt. Wird eine Vorstellung verdrängt, so bleibe sie als „reale Bildung im Unbewußten“ bestehen. Sie könne sich dort sogar „ungestörter und reichhaltiger“ entwickeln, „wuchert dann sozusagen im Dunkeln und findet extreme Ausdrucksformen, welche, wenn sie dem Neurotiker übersetzt und vorgehalten werden, ihm nicht nur fremd erscheinen müssen, sondern ihn auch durch die Vorspiegelung einer außerordentlichen und gefährlichen Triebstärke schrecken. Diese täuschende Triebstärke ist das Ergebnis einer ungehemmten Entfaltung in der Phantasie und der Aufstauung infolge versagter Befriedigung“ (Freud 1915d, 251).

Demnach wird der „Kern des Unbewußten“ nunmehr über das Verdrängte hinaus als triebhaft und genetisch bestimmt. Man kann von einer bedeutsamen Erweiterung und auch Akzentverschiebung sprechen: von einer verdrängungszentrierten hin zu einer *genetisch-triebhaft* orientierten Sichtweise des Unbewußten.

Mit anderen Worten: Die bisherige Ausrichtung an einer reinen Psychologie wird zugunsten einer biologisch fundierten Entwicklungstheorie verändert.

Diese erste Wandlung des Unbewußten läßt sich wiederum im Rahmen einer traditionell philosophischen Fragestellung untersuchen. In der Abhandlung *Das Unbewußte* rückt die bereits erwähnte Auseinandersetzung zwischen *Mechanizismus* und *Vitalismus* ins Blickfeld. Das ursprünglich mechanistische oder genauer gesagt: psychophysiologische und -physikalische Modell, das von materialistischen Hintergrundannahmen geprägt war, verliert an Gewicht und tritt zugunsten eines zweiten, *biologischen* Modells zurück, das Sulloway als *biogenetisch* oder *evolutionär* bezeichnet hat. Von dieser Sichtweise seien Freuds „Theorien der infantilen Sexualität, der psychosexuellen Entwicklung, der Triebe, der pathologischen Fixierung, der Verdrängung, der Neurosen und des Menschen im Verhältnis zur Kultur – mit einem Wort: der gesamte dynamisch-genetische Kern der psychoanalytischen Theorie" geprägt (Sulloway 1979, 571).

Im folgenden sei eine Textstelle aus *Das Unbewußte* zitiert, in der Freud bestehende Mißverständnisse hinsichtlich der Relevanz des Unbewußten auszuräumen sucht: „Es wäre doch unrecht, sich vorzustellen, daß das *Ubw* in Ruhe verbleibt, während die ganze psychische Arbeit vom *Vbw* geleistet wird, daß das *Ubw* etwas Abgetanes, ein rudimentäres Organ, ein Residuum der Entwicklung sei. Oder anzunehmen, daß sich der Verkehr der beiden Systeme auf den Akt der Verdrängung beschränkt ... Das *Ubw* ist vielmehr lebend, entwicklungsfähig und unterhält eine Anzahl von anderen Beziehungen zum *Vbw* ... es ist den Einwirkungen des Lebens zugänglich, beeinflußt beständig das *Vbw* und ist seinerseits sogar Beeinflussungen von seiten des *Vbw* unterworfen" (Freud 1915e, 288 f.). An einer späteren Stelle wird die Möglichkeit „besonders vollkommener Leistungen", d.h. eigenständiger schöpferischer Fähigkeiten aus einem Zusammenspiel zwischen Vorbewußtem und Unbewußtem erklärt (1915e, 293).

Wenn man sich vergegenwärtigt, daß *Leben*, *Entwicklung* und *Schöpferkraft* ähnlich wie *Trieb*, *Natur* und *Leib* zu den Hauptbegriffen vitalistischen Denkens gehören, so ließe sich hier an eine Annäherung an die Konzeption des vitalen Unbewußten denken. Man könnte auch von einem *triebhaft-vitalen* Unbewußten sprechen, wenn man die von Freud genannten Qualitäten wie *lebendig*, *unruhig*, *drängend*, *affektiv* und *entwicklungsfördernd* berücksichtigt.

Bei aller Ähnlichkeit mit dem zugleich naturhaft-leiblichen und geistig überhöhten Unbewußten, wie es Schelling und Carus entwickelt haben, ist Freuds am leib-seelischen Grenzbegriff des Triebes orientierte Konzeption des Unbewußten jedoch nicht notwendig romantisch-vital: Das Organismisch-Seelische kann, wie Kaus und Heinrichs betonen, „auch ohne die romantische Prämisse von der Geist- oder Logoshaftigkeit der Natur, nämlich materialistisch-evolutionär verstanden werden". Hinzu komme, daß Freud vorrangig mit dem Konzept eines Verdrängungs-Unbewußten gearbeitet habe, „selbst wenn er das gesamte Vorstellungsleben naturwissenschaftlich als Abzweigung des psychophysischen Organismus interpretiert. Es sind die aus der Triebdynamik hervorgehenden verdrängten Vorstellungen, die Freud das Unbewußte nennt. Der Zusammenhang zwischen Verdrängungslehre und Unbewußtseins-Begriff ist bei Freud unlösbar" (Kaus & Heinrichs 1989, 136 f.). Während das Verdrängungskonzept in engstem Zusammenhang mit dem gesamten Aufklärungsanliegen der Psychoanalyse gesehen werden kann, fehlt ein solches in Schellings romantisch-vergeistigender Metaphysik.

Die Weiterentwicklung zur Annahme des Es und unbewußter Ich- und Über-Ich-Anteile

Freuds Schrift *Das Ich und das Es* von 1923 basiert auf der in *Jenseits des Lustprinzips* aufgestellten Eros-Todestrieb-Theorie, wonach es neben libidinösen auch aggressive und destruktive Triebtendenzen gibt. In der Instanzentheorie erscheint das Es als Ursprungsort sowohl der libidinösen als auch der aggressiven und destruktiven Triebe. Genetisch gesehen gibt es im Es neben einem konstitutionell festgelegten einen erworbenen Anteil. Die beiden Es-Anteile decken sich im wesentlichen mit dem genetisch-triebhaften und dem verdrängten Unbewußten.

Das Es ist für Freud der dunkle, schwer zugängliche und kaum zu beherrschende Teil unserer Persönlichkeit: „es hat keine Organisation, bringt keinen Gesamtwillen auf, nur das Bestreben, den Triebbedürfnissen unter Einhaltung des Lustprinzips Befriedigung zu verschaffen" (Freud 1933a, 80). Wesentlich ist auch, daß der bisherige Bereich der unbewußten psychischen Vorgänge um bestimmte Ich- und Über-Ich-Anteile erweitert wird, u. a. weil die vom Ich ausgehenden Akte der Verdrängung und des Widerstandes diesem selbst nicht bewußt würden und an deren Unbewußtbleiben auch das Über-Ich beteiligt sei.

Welchen Stellenwert hat nun die zweite Abwandlung, die in der Schrift *Das Ich und das Es* zum Ausdruck kommt? Von den Inhalten des Unbewußten her gesehen bilden nicht mehr die Psychosexualität bzw. die Lebenstriebe oder der Eros das alleinige Zentrum. Die Triebnatur des Menschen und die aus ihr entspringende Dynamik des Unbewußten seien noch mehr, als Freud bis dahin angenommen hatte, von lebensfeindlichen und irrationalen Kräften bestimmt.

Bemerkenswert ist auch, daß er nunmehr eine eigene organismische Konzeption des Unbewußten vertritt. Das von ihm vertretene Es ist nämlich der in der Biologie vertretenen Auffassung des Menschen als eines Organismus entlehnt. Freud weist ausdrücklich darauf hin, daß das Es „gegen das Somatische hin offen" sei, und auch dem Ich gibt er als „*Körper-Ich*" mehr Tiefe als bisher. So deutet er in seiner Instanzenlehre an, daß sich das seelische Erleben nicht nur aus körperlichen Bedürfnissen entwickelt, sondern selbst körperhaftes Erleben ist. Bereits am 5. Juni 1917 hatte Freud an Groddeck geschrieben: „Gewiß ist das *Ubw* die richtige Vermittlung zwischen dem Körperlichen und dem Seelischen, vielleicht das langentbehrte ‚missing link'" (Freud 1960a, 333 f.).

Auch die das Spätwerk bestimmende Dialektik zwischen Ich/Über-Ich und Es wurzelt in alten philosophischen Auseinandersetzungen. Die Gegenpole dieses existentiellen Spannungsfeldes bilden, wie Freud selbst schreibt, „Vernunft und Besonnenheit" und die „ungezähmten Leidenschaften" (Freud 1933a, 83). Während im 18. Jahrhundert Aufklärung und Idealismus die Möglichkeit menschlicher Autonomie optimistisch einschätzten, wurde diese Möglichkeit von den antiidealistischen Strömungen des 19. Jahrhunderts mit zunehmender Skepsis betrachtet. Als Freud das Es einführte, brachte er es ausdrücklich mit Nietzsche in Zusammenhang, „bei dem dieser grammatikalische Ausdruck für das Unpersönliche und sozusagen Naturnotwendige in unserem Wesen durchaus gebräuchlich ist". Wenn er dann weiter ausführt, das Ich pflege „den Willen des Es in Handlung umzusetzen, als ob es der eigene wäre“, so deutet diese Formulierung explizit auf jene philosophische Tradition hin, in welcher der Wille als steuernde Macht „hinter“ den seelischen Erscheinungen betrachtet wird (Freud 1923b, 251 Fn. 2).

Nach Schopenhauer wird der Primat des Willens deutlich, wenn dieser dem Intellekt „seine Oberherrschaft in letzter Instanz fühlbar macht, indem er ihm gewisse Vorstellungen verbietet, gewisse Gedankenreihen gar nicht aufkommen läßt ... er zügelt jetzt den Intellekt und zwingt ihn, sich auf andere Dinge zu richten ... offenbar ist hier der Herr der Wille, der Diener der Intellekt“ (Schopenhauer 1844, 242 f.). Die Charakterisierung von Schopenhauers *Willen* stimmt bis in die wörtlichen Formulierungen mit dem Freudschen *Es* überein, und ein entsprechender Vergleich kann zwischen Freuds *Ich* und Schopenhauers *Intellekt* gezogen werden (vgl. Zentner 1995, 87 f.). Das Ich sei, so Freud, „nicht nur der Helfer des Es, auch sein unterwürfiger Knecht, der um die Liebe seines Herrn wirbt. Es sucht, wo möglich, im Einvernehmen mit dem Es zu bleiben, überzieht dessen *ubw* Gebote mit seinen *vbw* Rationalisierungen, spiegelt den Gehorsam des Es gegen die Mahnungen der Realität vor, auch wo das Es starr und unnachgiebig geblieben ist ... und unterliegt nur zu oft der Versuchung, liebedienerisch und lügnerisch zu werden ...“ (Freud 1923b, 286).

Repräsentiert das Es die Abhängigkeit des Menschen von seiner bedrohlichen Triebnatur, so das Über-Ich die moralische, religiöse und ideologische Macht der Kultur. So reiht sich Freud im Kontext der Dialektik von Es und Ich/Über-Ich in die Tradition der großen Anthropologien des 19. Jahrhunderts – von Schopenhauer über Feuerbach, Marx, Darwin bis zu Nietzsche – ein.

IV. Synthese

Daß Freud an der Abgrenzung der Psychoanalyse von der Philosophie konsequent festgehalten hat, lag wohl in erster Linie an seiner positivistischen Wissenschaftstheorie, die nicht frei von unaufgelösten Widersprüchen zu sein scheint. Eine wichtige Rolle spielten hierbei auch wissenschaftspolitische Gründe. Freud befürchtete, eine philosophisch-hermeneutische Lesart der Psychoanalyse könnte einem *Subjektivismus* den Weg ebnen, „der nicht nur den von ihm stets betonten wissenschaftlichen Charakter seiner Schöpfung bedroht, sondern diese auch selbst ganz aushöhlt, indem sie dem subjektiven Belieben anheimgestellt wird“ (Lohmann 1998, 106). Mir scheint, daß die Frage nach dem systematischen Stellenwert der Philosophie in der Metapsychologie bisher ein peripheres Thema geblieben ist und daß hier einiger Klärungsbedarf besteht.

Die Vorstellung einer rein klinischen Theorie der Psychoanalyse, die von keinerlei Metapsychologie befleckt sei, erscheint als illusorisch. Es gibt keine Wissenschaft ohne philosophische Voraussetzungen und Hintergrundannahmen. In Freuds Metapsychologie war die philosophische Tradition des Unbewußten von Anfang an als wichtiger Bestandteil und Voraussetzung integriert und lebt latent in ihr weiter.

Dazu möchte ich drei Thesen zur Diskussion stellen:

1. In der Entstehungsphase der Psychoanalyse war Freuds Aufmerksamkeit auf die Aspekte der Wirksamkeit und der Erkennbarkeit des psychisch Unbewußten zentriert. In diesem Kontext war für ihn die Traditionslinie des kognitiven Unbewußten wichtig. Sein Hauptaugenmerk galt aber – und das war seine genuine Entdeckung – dem *dynamischen* oder Verdrängungs-Unbewußten, das ganz andere motivationale Hintergründe hat. Darum vertrat er im Unterschied zu Leibniz die Auffassung, daß das Prinzip der Kontinuität nicht auf das eigentliche Unbewußte anwendbar sei. Bei einer bloß kognitiven Auffassung bliebe die Erhellung und Aufklärung auf der Stufe des Vorbewußten stehen und wäre allzu sehr dem rationalen Modell des Bewußtseins verhaftet (vgl. Hegener 1997, 127).

2. In der mittleren Schaffensperiode führte Freud den Trieb als Grenzbegriff zwischen dem Somatischen und dem Psychischen ein und berücksichtigte den genetischen Aspekt frühkindlicher *Triebschicksale*. Dadurch erfuhr das Unbewußte eine erste Abwandlung in Richtung eines genetisch-triebhaften Unbewußten. Hier kam es zu einer gewissen Annäherung an die Tradition des romantisch-vitalen Unbewußten. Freud erkannte aber die damit verbundene Gefahr einer Ontologisierung, als er davon sprach, daß das Unbewußte für die (romantischen) Philosophen „etwas Mystisches, nicht Greifbares und nicht Aufzeigbares“ gewesen sei, „dessen Be-

ziehung zum Seelischen im Dunkeln blieb“ (Freud 1913j, 406). Zudem sah er die Macht des Unbewußten – im Anschluß an Darwin – in den grundlegenden Trieben der Selbst- und Arterhaltung. Daher ist Freuds triebpsychologische Konzeption in erster Linie materialistisch-evolutionär zu verstehen. Bereits in dieser Periode räumte er aber Übereinstimmungen mit Schopenhauer und Nietzsche, den Philosophen des triebhaft-irrationalen Unbewußten ein.

3. Im Spätwerk Freuds tritt an die Stelle der Dialektik von Bewußtem und Unbewußtem nunmehr diejenige von Selbst- und Fremdbestimmung. Die Autonomie des Ich wird angesichts des Es als gefährlicher Triebnatur und des Über-Ich als Vermittlers einer repressiven Kultur radikal in Frage gestellt. In diesem Kontext wird Freuds Affinität zum *Willen*, wie er in Schopenhauers und Nietzsches Lebensphilosophie vorgeprägt ist, immer deutlicher erkennbar.

Im Hinblick auf Arthur Schopenhauer konstatierte Freud eine Reihe wichtiger Übereinstimmungen. Schopenhauer habe „den Primat der Affektivität und die überragende Bedeutung der Sexualität vertreten“ (1925d, 86). Weiterhin finden sich in Schopenhauers Werk zahlreiche Anhaltspunkte dafür, daß das, was Freud *Verdrängung* nennen sollte, dort vorformuliert ist (vgl. Gödde 1998). Mit besonderem Nachdruck wies er selbst darauf hin, daß Schopenhauers „unbewußter ‚Wille‘ den seelischen Trieben der Psychoanalyse gleichzusetzen“ sei (Freud 1917a, 11 f.). Diese grundlegende Übereinstimmung hat besonders Max Horkheimer unterstrichen: „Freud selber hat es gewußt, daß er in mancher Hinsicht eigentlich Nachfolger Schopenhauers ist ... Das Unbewußte ist bei Schopenhauer eigentlich ‚die große Realität: der Wille‘; der Wille, den der Mensch im allgemeinen eigentlich nicht zu beschreiben wüßte. Aber beide sind insofern identisch, als man die Philosophie Schopenhauers, etwa seinen Schluß, wie er auf den Willen als das ‚Wesen des Menschen‘ kommt, auch psychologisch deuten kann, und umgekehrt, wie man den Begriff des Unbewußten bei Freud auch im Sinne der Philosophie deuten kann“ (Horkheimer 1972/1976, 454–456; vgl. A. Schmidt 1988, 393 ff.).

In Friedrich Nietzsche sah Freud einen Philosophen, „dessen Ahnungen und Einsichten sich oft in der erstaunlichsten Weise mit den mühsamen Ergebnissen der Psychoanalyse decken“ (Freud 1925d, 86). Dennoch blieb Nietzsche innerhalb der Psychoanalyse bis in die jüngste Zeit hinein der Andere, der Fremde, der schwer zu Integrierende (vgl. Gasser 1997). An zwei im Jahre 1908 stattfindenden *Nietzsche-Abenden*der Wiener *Mittwoch-Gesellschaft* wurde er als Nicht-Wissenschaftler eingestuft, und dies erwies sich als Weichenstellung mit Langzeitfolge, sehr zum Nachteil für die Psychoanalyse selbst. Wie Freud wandte sich Nietzsche gegen die aufklärerische Orientierung des Denkens allein am Bewußtsein, gegen die idealistische Überhöhung der Vernunft und gegen die christliche Ausrichtung am Heil der Seele. Bemerkenswert ist weiterhin, daß beide zeitweise in dieselben Diskurse involviert waren, z.B. über psychische Krankheiten wie Hysterie und Neurasthenie, über Aspekte einer physiologischen Psychologie, über das unbewußte Gedächtnis und seine Wirkungen sowie über Somato- und Psychotherapie des Einzelmenschen und der Kultur im Gesamten. Nicht zuletzt trug Nietzsche dazu bei, die Psychologie als *Herrin der Wissenschaften* und *Weg zu den Grundproblemen* aufzuwerten (Nietzsche 1886, 38f.). Seine entlarvende Psychologie bietet tiefe Einblicke in dynamische Abwehrvorgänge (Verdrängung, Projektion, Rationalisierung, Verinnerlichung, Wendung gegen das eigene Selbst) und kann in vieler Hinsicht als Vorstufe von Freuds Tiefenpsychologie betrachtet werden (Gödde 1996).

Erfreulicherweise sind in den letzten Jahren eine Reihe sehr zur Klärung beitragender Arbeiten erschienen, so daß man sich nunmehr den geistigen Verbindungen zwischen Freud und Nietzsche mit wesentlich weniger Voreingenommenheit als früher zuwenden kann (vgl. Gödde 2000).

Am Rande erwähnt sei noch, daß man auch Georg Simmel jener Traditionslinie zuordnen kann, die nach dem Zusammenbruch der idealistischen Systeme bei Schopenhauer einsetzt und über Nietzsche zur Moderne führt (vgl. Simmel 1907). Das Wesen der Moderne hat Simmel als *Psychologismus* bezeichnet: als „Erleben und Deuten der Welt gemäß den Reaktionen unseres Inneren“ und als „Auflösung der festen Formen in das flüssige Element der Seele, aus der alle Substanz herausgeläutert ist“ (Simmel 1919, 184).

Abschließend kann man festhalten: Aus dem Trennungsprozeß zwischen Psychologie und Philosophie, an dem Freud als Antimetaphysiker und Husserl als Antipsychologist beteiligt waren, haben sich beide Disziplinen nach Nicole Schmidt eine „Reflexionsblockade“ eingehandelt, an deren Folgen sie noch heute laborieren. Es gibt aber Anzeichen dafür, daß beide Disziplinen wieder in eine Bewegung der Annäherung gekommen sind. Daher darf man hoffen, „daß das gegenseitige Berührungstabu aufgelöst werden kann“ (vgl. N. Schmidt 1995, 9). Wichtig für die Zukunft wäre eine wechselseitig bereichernde Öffnung und Kommunikation zwischen diesen höchst bedeutsamen und doch so verschiedenen Denkwelten.

Literatur

Appell, R. G. (Hg.) (1998), Homöopathie und Philosophie & Philosophie der Homöopathie. Eisenach: Bluethenstaub.

Brentano, F. (1874), Psychologie vom empirischen Standpunkt. Hamburg: Meiner.

Brinkmann, D. (1943), Probleme des Unbewußten. Zürich u. Leipzig: Rascher.

Carus, C. G. (1846), Psyche. Zur Entwicklungsgeschichte der Seele, ausgew. u. eingeleit. v. L. Klages. Jena: Diederichs 1926.

Descartes, R. (1637), Discours de la méthode. Von der Methode des richtigen Vernunftgebrauches und der wissenschaftlichen Forschung, 2. Aufl.. Hamburg: Meiner 1997.

Ellenberger, H. F. (1973), Die Entdeckung des Unbewußten. Zürich: Diogenes 1985.

Fellmann, F. (Hg.) (1996), Geschichte der Philosophie des 19. Jahrhunderts. Reinbek: Rowohlt.

Figl, J. (Hg.) (1996), Von Nietzsche zu Freud. Übereinstimmungen und Differenzen von Denkmotiven. Wien: WUV-Univ.-Verl..

Freud, S. (1895d), Studien über Hysterie, Gesammelte Werke in 18 Bänden. Frankfurt/M.: Fischer, G.W., Bd. 1, S. 75–312.

– (1900a), Die Traumdeutung. G.W., Bd. 2/3.

– (1912g), Einige Bemerkungen über den Begriff des Unbewußten in der Psychoanalyse. G.W., Bd. 8, S. 430–439.

– (1912–13a), Totem und Tabu. G.W., Bd. 9.

– (1913j), Das Interesse an der Psychoanalyse. G.W., Bd. 8, S. 389–420.

– (1915d), Die Verdrängung. G.W., Bd. 10, S. 248–261.

– (1915e), Das Unbewußte. G.W., Bd. 10, S. 264–303.

– (1916–17a), Vorlesungen zur Einführung in die Psychoanalyse. G.W., Bd. 11.

– (1917a), Eine Schwierigkeit der Psychoanalyse. G.W., Bd. 12, S. 3–12.

– (1920g), Jenseits des Lustprinzips. G.W., Bd. 13, S. 1–69.

– (1923b), Das Ich und das Es. G.W., Bd. 13, S. 237–289.

– (1925d), „Selbstdarstellung“. G.W., Bd. 14, S. 31–96.
– (1933a), Neue Folge der Vorlesungen zur Einführung in die Psychoanalyse. G.W., Bd. 15.
– (1940b), Some Elementary Lessons in Psycho-Analysis. G.W., Bd. 17, S. 139–147.
– (1950c), Entwurf einer Psychologie. G.W., Nachtr., S. 387–477.
– (1960a), Briefe 1873–1939, hrsg. v. E. u. L. Freud, 3. korrigierte Aufl.. Frankfurt/M.: Fischer 1980.
– (1985c), Briefe an Wilhelm Fließ 1887–1904, ungekürzte Ausgabe, hrsg. v. J. M. Masson, Bearb. d. deutschen Fassung v. M. Schröter, Transkription v. G. Fichtner. Frankfurt/M.: Fischer 1986.
– (1989a), Briefe an Eduard Silberstein 1871–1881, hrsg. v. W. Boehlich. Frankfurt/M.: Fischer.
Freud, S. & Jones, E. (1993), Briefwechsel 1908–1939, hrsg. v. R. Paskauskas. Frankfurt/M.: Fischer.
Gadamer, H. G. & Vogler, P. (Hg.) (1972), Biologische Anthropologie, Zweiter Teil. Stuttgart: Thieme u. dtv.
Gasser, R. (1997), Nietzsche und Freud. Berlin – New York: de Gruyter.
Gödde, G. (1996), Nietzsche und Freud – Übereinstimmungen und Differenzen zwischen „Entlarvungs-“ und „Tiefenpsychologie“. In: Figl (1996), S. 19–43.
– (1998), Freud, Schopenhauer und die Entdeckung der „Verdrängung“. In: Psyche 52, S. 143–175.
– (1999), Traditionslinien des „Unbewußten“. Schopenhauer, Nietzsche, Freud. Tübingen: edition diskord.
– (2000), Die Öffnung zur Denkwelt Nietzsches – eine Aufgabe für Psychoanalyse und Psychotherapie. In: Psychoanalyse. Texte zur Sozialforschung, 4, H. 7, S. 91–122.
Goldmann, S. (1998), Von der Lebenskraft zum Unbewußten. Konzeptwandel in der Anthropologie um 1800. In: Appell (1998), S. 149–174.
Hartmann, E. von (1869), Die Philosophie des Unbewußten. Hildesheim-Zürich-New York: Olms 1989.
Hegener, W. (1997), Zur Grammatik Psychischer Schrift. Systematische und historische Untersuchungen zum Schriftgedanken im Werk Sigmund Freuds. Tübingen: edition diskord.
Hemecker, W. (1991), Vor Freud. Philosophiegeschichtliche Voraussetzungen der Psychoanalyse. München: Philosophia Verlag.
Horkheimer, M. (1972/1976), Das Schlimme erwarten und doch das Gute tun (Gespräch mit Gerhard Rein). In: Ders.: Gesammelte Schriften, Bd. 7. Frankfurt/M.: Fischer, S. 442–465.
Hufeland, Ch. W. (1797), Makrobiotik oder Die Kunst, das menschliche Leben zu verlängern. Frankfurt/M.: Insel 1984.

Husserl, E. (1900), Logische Untersuchungen, Bd. 1, 7. Aufl. Tübingen: Niemeyer 1993.
Kaus, R. & Heinrichs, J. (1989), Wandlungen des Unbewußten. Gedanken zu O. Marquards Werk „Transzendentaler Idealismus, Romantische Naturphilosophie, Psychoanalyse". In: Jahrbuch der Psychoanalyse 25, S. 124–166.
Kimmerle, G. (1997), Der Fall des Bewußtseins: zur Dekonstruktion des Unbewußten in der Logik der Wahrheit bei Freud. Tübingen: edition diskord.
Leibniz, G. W. (1765), Neue Abhandlungen über den menschlichen Verstand. Stuttgart: Reclam 1993.
Lipps, T. (1883), Grundtatsachen des Seelenlebens. Bonn: Cohen und Sohn.
– (1893), Grundzüge der Logik. Hamburg und Leipzig: Voss.
– (1897), Der Begriff des Unbewußten in der Psychologie. In: Int. Congr. Psychol. 3, S. 146–164.
Lohmann, H.-M. (1998), Sigmund Freud. Reinbek: Rowohlt.
Lütkehaus, L. (1989), „Dieses wahre innere Afrika". Texte zur Entdeckung des Unbewußten vor Freud. Frankfurt/M.: Fischer.
Marquard, O. (1973), Über einige Beziehungen zwischen Ästhetik und Therapeutik in der Philosophie des neunzehnten Jahrhunderts. In: Ders.: Schwierigkeiten mit der Geschichtsphilosophie. Frankfurt/M.: Suhrkamp, S. 85–106.
– (1987), Transzendentaler Idealismus, Romantische Naturphilosophie, Psychoanalyse. Köln: Dinter.
Medicus, F. C. (1774), Von der Lebenskraft. Mannheim.
Mertens, W. & Haubl, R. (1996), Der Psychoanalytiker als Archäologe. Stuttgart, Berlin, Köln: Kohlhammer.
Nagl, L, Vetter, H. & Leupold-Löwenthal, H. (Hrsg.) (1990), Philosophie und Psychoanalyse: Symposium der Wiener Festwochen. Frankfurt/M.: Nexus.
Nietzsche, F. (1886), Jenseits von Gut und Böse, Kritische Studienausgabe in 15 Bänden, hrsg. von G. Colli & M. Montinari, Bd. 5. München: dtv 1980, S. 9–243.
Orth, J. (1914), Der psychologische Begriff des Unbewußten in der Schelling'schen Schule (Novalis, Gotthilf Heinrich Schubert, Karl Friedrich Burdach, Carl Gustav Carus), Phil. Dissertation, Heidelberg.
Pongratz, L. (1984), Problemgeschichte der Psychologie, 2. überarb. Aufl.. München: Francke.
Schelling, F. W. J. (1800), System des transzendentalen Idealismus. In: Ders.: Ausgewählte Schriften, Bd. 1, Frankfurt/M.: Suhrkamp 1985,

S. 395–702.
– (1809), Philosophische Untersuchungen über das Wesen der menschlichen Freiheit und die damit zusammenhängenden Gegenstände. Frankfurt/M.: Suhrkamp 1975.
Schipperges, H. (1972), Anthropologien in der Geschichte der Medizin. In: Gadamer & Vogler (1972), S. 179–214.
Schmidt, A. (1988), Schwierigkeiten einer philosophischen Freud-Rezeption. In: Psyche 42, S. 392–405.
Schmidt, N. (1995), Philosophie und Psychologie. Trennungsgeschichte, Dogmen und Perspektiven. Reinbek: Rowohlt.
Schöpf, A. (1982), Sigmund Freud. München: Beck.
Schopenhauer, A. (1844), Die Welt als Wille und Vorstellung. Zürcher Ausgabe: Diogenes, Werke in zehn Bänden, Bde. III–IV.
Schulz, W. (1972), Philosophie in der veränderten Welt. Pfullingen: Neske.
Simmel, G. (1900), Philosophie des Geldes. Frankfurt/M.: Suhrkamp.
– (1907), Schopenhauer und Nietzsche. Ein Vortragszyklus. Hamburg o. D.: Junius.
– (1919), Philosophische Kultur. Gesammelte Essays, 2. Aufl.. Leipzig.
Sulloway, F. J. (1979), Freud, Biologe der Seele. Köln-Lövenich: Hohenheim 1982.
Vetter, H. & Nagl, L. (Hrsg.) (1989), Die Philosophen und Freud: eine offene Debatte. Wien: Oldenbourg.
Wolff, Ch. (1720), Vernünftige Gedanken von Gott, der Welt und der Seele des Menschen, auch allen Dingen überhaupt. Halle: Renger.
Wucherer-Huldenfeld, A. (1994), Ursprüngliche Erfahrung und personales Sein. Wien-Köln-Weimar: Böhlau.
Zentner, M. (1995), Die Flucht ins Vergessen. Die Anfänge der Psychoanalyse Freuds bei Schopenhauer. Darmstadt: Wiss. Buchges..

Faszinierte Distanz: Wittgenstein liest Freud

Ludwig Nagl

Nach hundert Jahren Freudlektüre und -kritik behält eine frühe, scharfsichtige Auseinandersetzung mit Freud – die weder, wie diejenigen von Karl Kraus und Karl Popper, nur ablehnend, noch, wie diejenigen der orthodoxen Freudschule, bloß affirmativ ist – diejenige Ludwig Wittgensteins (eines intimen Vertrauten der Wiener Diskurse der ersten Dekaden des 20. Jahrhunderts) große Aktualität. Wittgenstein hält, obzwar er fasziniert ist von Freuds „geistreichen“ Einsichten, sorgfältig Distanz zur Psychoanalyse. Dieser *doublebind* – schon in sich spannend – erhält seine besondere Relevanz durch die Argumente, die Wittgenstein im Zuge seiner kritischen Freudlektüren vorträgt.

In einem Brief an Norman Malcolm – dieser hatte gerade begonnen, die *Traumdeutung* zu lesen –, schreibt Wittgenstein 1945: „Auch auf mich machte es großen Eindruck, als ich Freud zum ersten Mal las. Er ist außerordentlich. – Natürlich ist er voll verdächtiger Gedanken & sein Reiz & der Reiz des Themas sind so groß, da er einen leicht zum Narren halten kann. Er betont immer, wie große Kräfte im eigenen Geist, welch starke Vorurteile gegen die Idee der Psychoanalyse arbeiten. Aber er sagt nie, was für einen ungeheuren Reiz diese Idee für die Leute hat, genau wie für Freud selbst. Es mögen starke Vorurteile dagegen bestehen, schlüpfrige Dinge aufzudecken, aber zuweilen ist es unendlich mehr anziehend als abstoßend. Wenn Du nicht ganz klar denkst, ist Psychoanalyse eine gefährliche und unsaubere Methode & sie hat unendlich viel Schaden angerichtet, &, vergleichsweise, wenig Gutes getan. (Wenn Du meinst, ich wäre eine alte Jungfer – überleg's Dir noch einmal!) – Alles das mindert natürlich Freuds außerordentliche wissenschaftliche Leistung um nichts. Nur haben es außerordentliche wissenschaftliche Leistungen heutzutage in sich, für die Zerstörung der Menschen verwendet zu werden (ich meine ihrer Leiber, ihrer Seelen, *oder ihrer Intelligenz). Also bleibe bei Verstand*“ (Malcolm o.J., 60f).

Dieser Brief dokumentiert sowohl, daß Wittgenstein von Freud fasziniert ist, als auch, daß er darauf achtet, größte Distanz zu wahren. Einige seiner Vorbehalte gegen die Psychoanalyse teilt Wittgenstein mit anderen Kritikern Freuds – er tut dies freilich meist mit sehr differenter Begründung. Gelegentlich spitzt er seine Vorbehalte extrem scharf zu, wie in einem Aphorismus aus den *Vermischten Bemerkungen* (1946), wo er schreibt: „Freud hat durch seine phantastischen pseudo-Erklärungen (gerade weil sie geistreich sind) einen schlimmen Dienst erwiesen. (Jeder Esel hat diese Bilder nun zur Hand, mit ihrer Hilfe Krankheitserscheinungen zu 'erklären')" (Wittgenstein 1977, 108). Das klingt bei weitem negativer als der zitierte Brief an Malcolm. Jacques Bouveresse, der in der komprehensiven Studie *Wittgenstein reads Freud. The Myth of the Unconscious* den Malcolm-Brief zitiert, verweist auf diese Unterschiede. „It is rather surprising", so Malcolm, „to see Wittgenstein evoke here what he calls '*Freud's extraordinary scientific achievement*', since his remarks on Freudian theory generally tend to emphasize how far removed it is from science and how close to mythology. We must no doubt conclude that, like many other critics of Freud (Karl Kraus, for example) who were disturbed by the way psychoanalysis had begun to conquer the world, Wittgenstein, too, hesitated over whether the real problem with psychoanalysis was psychoanalysis itself or rather how it was used... Wittgenstein seems to allow that a good use of Freudian theory might exist" (Bouveresse 1995, XIX). Wie sind die großen Differenzen in der Wittgensteinschen Einschätzung Freuds zu verstehen?

Im folgenden wird ein dreischrittiges Argument entwickelt, in dem – zunächst – unter dem Titel „Wittgenstein, ein Schüler Freuds", Elemente der primären Attraktion Wittgensteins (daß Freud – wie Wittgenstein sagt – einer der wenigen Autoren ist, die es wert sind, gelesen zu werden) zum Gegenstand der Erwägung werden (1), dann aber, (2), die zentralen Einsprüche Wittgensteins gegen Freud zur Darstellung kommen – a) daß Freud (im triebdynamischen Modell des Unbewußten) „Verursachungen" und „Begründungen" d.h. kausale Erklärungsmuster und Motive kontaminiert; b) daß dort, wo in der Psychoanalysetheorie die Analogie Sprache-Unbewußtes stark gemacht wird: im Theorem „daß das Unbewußte strukturiert sei wie eine Sprache", der Charakter des Sprachgebrauchs, „regelgeleitet zu sein", außer Sicht bleibt – was heute für die Lacansche Ansprüche, den „orthodoxen Freud" linguistisch- sprach„wissenschaftlich" zu rekonstruieren, größte - kritische – Relevanz hat; worauf schließlich, (3), in einem kurzen Ausblick Nähe und Differenz der Sprach„therapien" Wittgensteins und Freuds untersucht werden: in beiden, so Wittgenstein, geht es um „Überredung" – um die Einübung einer neuen „Übersicht": beides sind „Denkstile", und „Denkstile" in Konkurrenz. Wittgenstein votiert (gegen bestimmte essentialistische Elemente der Theorie Freuds) für eine offene Erkundung unserer pluralistisch verfaßten Sprachspiele: dieses Votum terminiert jedoch keineswegs im indifferenten Pluralismus des „anything goes": es gibt viele „Denkstile", schlechte und gute; solche, die uns zu bessern in der Lage sind (d.h. die unsere Handlungsweisen „sensibilisieren"), und solche, die uns ruinieren können: Freud, trivial gelesen, – so Wittgenstein – ist nicht „jenseits" dieser Gefahr: eine kultur-popularistisch re-situierte Psychoanalyse kann durchaus „the destruction of body, soul and intelligence" befördern: nur „a very clear thinking" kann mit Gewinn (Elemente aus) Freud bei der Selbsterkundungen heranziehen – d.h. beim Versuch, jene (schonunglosen) „Bekenntnisse" weiterzuführen, die Wittgenstein an Augustinus so sehr bewunderte: bei jenen – ethisch aufgeladenen – „Denkbewegungen", die die Tiefendimension des Wittgensteinschen Philosophierens bilden und die – so Stanley Cavell, sensibler Leser Wittgensteins – Wittgensteins Spätwerk in die Tradition des „moral perfectionism" einreihbar machen: in eine Tradition, die von Augustinus über Rousseau und Kierkegaard zu Emerson (und, freilich nur in einiger Hinsicht, auch zu Freud) reicht.

1) Wittgenstein, ein „Schüler Freuds"?

Rush Rhees berichtet in der Niederschrift jener Gespräche, die er zwischen 1942 und 1946 mit Wittgenstein führte, daß Wittgenstein in seinen ersten Jahren in Cambridge Psychologie für „Zeitverschwendung" hielt. „Dann las ich einige Jahre später zufällig etwas von Freud", so Wittgenstein, „und setzte mich vor Erstaunen auf. Hier war jemand, der etwas zu sagen hatte" (Wittgenstein 2000a, 61). Rhees berichtet weiter: „Für den Rest seines Lebens blieb Freud für [Wittgenstein] einer der wenigen Autoren, die er für lesenswert hielt. Er sprach zum Zeitpunkt dieser Diskussionen von sich als einem 'Schüler Freuds' und 'Anhänger Freuds'" (ebd. 61). „Selbst da, wo er [...] falsch lag", habe Freud „etwas zu sagen" (ebd.). Freilich: es gibt es bei Wittgenstein nirgendwo eine systematische Lektüre (oder Kritik) der Psychoanalyse, alle seine Äußerungen zu Freud stammen aus Vorlesungsmitschriften seiner Hörer, aus Gesprächen und Aphorismen. Obwohl Wittgenstein von Freud fasziniert war, war ihm die allgemeine Einwirkung der Psychoanalyse auf die Kultur nicht geheuer. Rhus Rhees berichtet: Wittgenstein „hielt den enormen Einfluß der Psychoanalyse in Europa und Amerika für schädlich – 'obwohl' [wie er sagte] 'es lange dauern wird, bis wir unsere Unterwürfigkeit ihr gegenüber verlieren.' Um von Freud zu lernen, muß man kritisch sein; und die Psychoanalyse verhindert das normalerweise." (Wittgenstein 2000a, 61)

Dieser „doublebind" – daß sich Wittgenstein, zum einen, als „Schüler Freuds" versteht, zum anderen aber (wie wir noch hören werden) zentrale Geltungsansprüche der Psychoanalyse zurückweist – gibt Rätsel auf. Jacques Bouveresse schreibt dazu: „That Wittgenstein might have considered psychoanalysis both important and mistaken is at first difficult to understand. Yet this is the same attitude he displayed toward philosophical theories he criticized (beginning with the theory he himself had developed in the *Tractatus*)" (Bouveresse 1995, 4). Geht es vielleicht – in Wittgensteins Kritik an Freud – um Rekonfigurationsmodi genau jener Fragen, die auch in Wittgensteins Selbstkritik eine wichtige Rolle spielen? Wir können die Vermutung eines sochen Zusammenhangs, einleitend, auf zwei Ebenen artikulieren: erstens, indem wir fragen, worin sich die Psychoanalyse und Wittgensteins „Sprachtherapie" berühren; zweitens aber, indem wir untersuchen, welche Idee des „Selbst" Freuds Theoriebildung und welche Wittgensteins „philosophischer Tätigkeit" zugrunde liegt.

Hören wir zum ersten Aspekt zunächst Bouveresse: „As irritating as Wittgenstein may have found the reduction of philosophy to a form of psychoanalysis, we must admit it may have seemed justified by some of his remarks on the nature of philosophy and philosophic work. He explicitly compares philosophy with a kind of self-analysis that must triumph over certain specific restistances: 'Working in philosophy – like work in architecture in many respects – is really more working on oneself. On one's own interpretation. On one's way of seeing things. (And what one expects of them.)' (Culture and Value, p. 16) And this work on oneself is essential work against oneself.“ Philosopieren als Arbeit an sich selbst ist denkend-kritische Arbeit an falschen Theorien und Selbstexplikationsversuchen des Selbst. Dieser Aspekt verbindet, so scheint es, die Frageebenen 1 und 2. Denn Freud ist für Wittgenstein unter anderem deshalb von so großem Interesse, weil Wittgenstein Freuds theoretische Konzeptualisierungsversuche des Ich ganz und gar *nicht* teilt – weil er zwar bewundert, wie hellsichtig und „geistreich“ Freud „Verbindungen aufzeigt, [die]“, wie Wittgenstein sagt, für die Menschen „einen Reiz“ haben: „Denn es ist reizvoll, Vorurteile zu zerstören“ (Wittgenstein 2000b, 40) – Freuds Reden von einem „Seelenapparat“ jedoch nirgendwo plausibel findet.

Diese Leitdifferenz, an der sich Wittgensteins ambivalenter „doublebind“ gegenüber Freud konfiguriert, bestimmt Hans Sluga – mit Blick auf die gewichtigen Unterschiede zwischen Wittgensteins und Freuds Lesart des Ich – so: „Rush Rhees reports that during the 1940s Wittgenstein spoke of himself as a 'disciple' and 'follower' of Freud, but throughout this period he remained hostile to Freud's theoretical claims ... When he spoke of his own enterprise as therapeutic he was, no doubt, thinking of similarities to the kind of therapy promised in psychoanalysis. But he never bought into Freud's belief that the self was a *causal* construct whose characteristics and principles of constructions could be the subject matter for a new kind of science.“ (Sluga 1996, 352f). Wittgenstein lehnt jede objektivistische Konzeption des Selbst ab – und vor allem: jeden geschlossenen Determinismus am Ort des Selbst. Diese Ablehnung ist zentral nicht nur für Wittgensteins Reflexionen über Ethik, sondern auch für seine (vorsichtig indirekten) Erkundungsversuche des „religious belief“. Sie kommt im ersten der Gespräche mit Rush Rhees so zum Ausdruck: „Nimm an, du willst über Kausalität bei der Wirkung von Gefühlen sprechen. 'Der Determinismus gilt für den Geist genauso wie für physikalische Dinge.' Das ist obskur, denn wenn wir an Kausalgesetze in bezug auf physikalische Dinge denken, denken wir an Experimente. Wir haben nichts dergleichen in Verbindung mit Gefühlen und Motivationen. Und doch wollen Psychologen sagen: 'Es muß ein

Gesetz geben', obwohl kein Gesetz gefunden worden ist. (Freud: 'Wollen Sie sagen, meine Herren, daß Veränderungen mentaler Phänomene vom Zufall geleitet sind?') Mir dagegen", so Wittgenstein, „erscheint die Tatsache, daß es solcherlei Gesetze nicht gibt, wichtig" (Wittgenstein 2000a, 62). Wittgenstein lehnt, so Bouveresse, jede psychoanalytische Konzeption einer „mechanics of mind" strikt ab: sowohl in der Form eines (physikalismusnahe verfaßten) „psychic determinism" (Bouveresse 1995, 69), als auch in der quasi-hermeutischen Form einer teleologisch totalisierten Sinn-hypothese (d.h. „in a noncausal version of psychic determinism, which holds, roughly, that everything in mental life has a meaning or finality [...], has a certain function.") (Bouveresse 1995, 94). Die Psychologie – aber auch Freuds Psychoanalyse, die antritt, den defizitären Rationalismus der akademischen Psychologie schneidend zu kritisieren – sind beide, so Wittgenstein, „durch die im 19. Jahrhundert herrschende Vorstellung der Dynamik" beeinflußt (Wittgenstein 2000a, 69). Dieser Einfluß ist überaus abträglich. Er belastet alle Theoriebildung am Ort der „Seelenkunde": „Wenn wir Psychologie studieren" – so Wittgenstein 1942 – „fühlen wir vielleicht, daß etwas unbefriedigend ist, wir fühlen eine Schwierigkeit des ganzen Objekts unseres Studiums – weil wir die Physik für die ideale Wissenschaft halten." (Vor diesem „unifikatorischen" Zwangsbild – dem „falschen Bild", daß Wissenschaft idealiter „Einheitswissenschaft" sein soll – geraten die Spezifika des Psychischen außer Sicht). „Wir denken daran", fährt Wittgenstein fort, „Gesetze zu formulieren, so wie in der Physik. Und dann erkennen wir, daß wir nicht dieselbe Art von 'Metrik', dieselben Vorstellungen von Messung haben wie in der Physik." Insofern die Psychoanalyse sich als eine determinstische Triebdynamik auszulegen sucht, gerät sie in Gefahr – wie Jürgen Habermas später (in den Freud-Kapiteln von *Erkenntnis und Interesse*) sagt –, einem „szientistischen Selbstmissverständnis" aufzusitzen. In seinen zahlreichen kritischen Erwägungen zu Freud beschreibt Wittgenstein genau dies: die Differenz zwischen physikalischen Experimenten und psychoanalytischen Erkundungen. Dabei ergreift er jedoch nirgendwo – von der Unüberbietbarkeit des „einheitswissenschaftlichen" Rationalitätskonzepts überzeugt – einfachhin die Partei der Physik (wie dies heute Adolf Grünbaum in seiner extrem polemisch zugespitzten Freudkritik tut). Ganz im Gegenteil: Wittgenstein argumentiert, 1) daß Freuds Methode physikalistisch-deterministische Verwerfungen inkludiert, 2) daß das Psychische sich jeder (verabsolutiert) deterministischen Erkundungslogik entzieht (also gerade nicht: soweit es „verwissenschaftlicht“ werden kann, einer solchen subsumiert werden muß, und 3) daß Freud seine wirklichen Entdeckungen im Feld des Psychischen die „newly discovered psychological reactions“ (Wittgenstein 1958, 57), nicht einfachhin als Entdeckungen, die für weitere Untersuchungen/Bestätigungen/Widerlegungen offen sind, in den Raum stellt, sondern diese auf prekäre, ja – so Wittgenstein – „zum Kampf herausfordernde“ Weise – in einer „neuen Mythologie, die angeboten und aufgezwungen wird“ (die sich aber nicht als solche, als Mythologie, weiß und ausspricht) (Wittgenstein 2000a, 74). bündelt. Sich mit der Psychoanalyse intellektuell – d.h. nicht nur als willfähriger Konsument oder apologetischer Praktiker – befassen, erfordert, gerade weil man im Verlauf der Analyse „einige Dinge über sich selbst entdecken kann“ – „einen sehr starken, scharfen und beharrlichen, kritischen Verstand“ (Wittgenstein 2000a, 74).

War Wittgenstein, wie Grahame Lock schreibt, „a disciple [of Freud] who seems to do nothing but raise objections to his master“? (Lock 1987, 176) Das ist, obzwar nicht ganz falsch, doch wohl übertrieben. Denn zugleich mit seiner Kritik, so Rhees, stellte Wittgenstein stets heraus, „daß viel von dem, was Freud gesagt hat, beachtenswert ist“ ... vor allem „sein Hinweis darauf, daß ich im Traum – in gewissem Sinn – 'etwas sage'“.

Wittgenstein beschäftigte sich mit einer Reihe von Freudschen Schriften, primär jedoch (und immer wieder) mit der *Traumdeutung*. In seinem zweiten Gespräch – aus dem Jahr 1943 – sagte er zu Rhees: „Es ist charakteristisch für Träume, daß sie dem Träumenden oft nach einer Interpretation zu verlangen scheinen. Man ist kaum je geneigt, einen Tagtraum aufzuschreiben oder ihn jemandem zu erzählen oder zu fragen: 'Was bedeutet er?' Aber Träume scheinen etwas Rätselhaftes und auf besondere Weise etwas Interessantes an sich zu haben – so daß wir sie gedeutet haben möchten. (Sie wurden oft als Botschaften betrachtet.) Es scheint etwas in den Traumbildern zu geben, das eine gewisse Ähnlichkeit mit den Zeichen einer Sprache hat“ (Wittgenstein 2000a, 66).

Diese Ähnlichkeit ist stimulierend – reicht sie jedoch aus zur

Formulierung einer strikten Analogie? Führt sie Freud (und uns) zum anderen Pol der Psychoanalyse: zum sprachanalytisch-hermeneutischen, der die mechanisch-triebdynamischen Denkmodelle konterkariert? In gewissem Sinn ja. Freilich, aller Fortschritt, der im Umfeld dieser Analogie erzielt werden kann, erweist sich – zuletzt – als unstabil. Denn wie Wittgenstein zeigt, ist die Psychoanalyse nicht allein durch das unifikatorische Zwangsbild der Physik in ihrem Selbstverständnis irregeleitet; sie hat auch dort Probleme, wo sie die Traumlogik mit Blick auf eine Konzeption der Sprache aufzuschlüsseln sucht (Probleme, die so weitreichender Natur sind, daß sie sich – wie Bouveresse jüngst zeigte – hineinziehen bis in Jacques Lacans Versuche, Freud von seinen reduktiven, physikalistisch-triebdynamischen Fesselungen „linguistisch" zu befreien).

2) Probleme mit „dem Unbewußten": mechanisch-triebdynamische versus sprach-analytische Konzeptionen

Wittgenstein beschreibt den Reiz der Psychoanalyse so: „Das Bild vom Menschen mit unbewußten Gedanken ist reizvoll. Die Vorstellung einer Unterwelt, eines Geheimkellers. Etwas Verstecktes, Unheimliches. Vgl. die beiden Kinder bei Keller, die eine lebende Fliege in den Kopf einer Puppe stecken, die Puppe beerdigen und dann fortlaufen. (Warum tun wir so etwas? Wir tun so etwas.) Man ist bereit, eine Menge zu glauben, weil es unheimlich ist" (Wittgenstein 2000b, 41). Und, in weiterer, paradoxer Erläuterung dieser (verführerischen) Faszination: „Freud liefert in seiner Analyse Erklärungen, die viele Menschen anzunehmen geneigt sind. Er betont, daß die Menschen sie nicht annnehmen wollen." Aber – so Wittgenstein – das Gegenteil ist der Fall, denn: „Wenn eine Erklärung so geartet ist, daß die Menschen nicht geneigt sind, sie anzunehmen, dann ist es sehr wahrscheinlich, daß sie auch so geartet ist, daß die Menschen geneigt sind, sie anzunehmen" (Wittgenstein 2000a, 63). Müssen wir die Rede vom Unbewußten – die Faszination des „Geheimkellers" – diesem Seduktionsparadigma zuordnen, oder läßt sie sich, ganz im Gegenteil, stimmig theoretisieren?

Wie die meisten Autoren anmerken, die über Freuds Theorien genauer nachgedacht haben, gibt es bei Freud – was die Theorie des „Selbst" (und ihre Ausdifferenzierung in Modelle wie dasjenige von Es / Ich / Überich) betrifft – ein unruhiges Schwanken zwischen zwei Paradigmen: zwischen einem mechanisch-szientistischen und einem sprachbezogen-hermeneutischen. Bouveresse beschreibt dieses Schwanken so: „[O]ne of the basic reasons for [Freud's] difficulty in constructing a stable and satisfying representation of the nature of mind is the frequent oscillation and constant tension between two analogies or paradigms, one of which, the mechanical, seems to him to correspond to what must be an impersonal, scientific approach to the phenomena in question, while the other, the anthropomorphic, regularly leads him to the realm of what Wittgenstein calls mythology" (Bouveresse 1995, 38).

Mit dieser prekären Situation wurde – in den philosophisch-wissenschaftstheortischen Freudlektüren nach Freud – auf recht unterschiedliche Weise umgegangen: es gab Autoren, die den Szientismus Freuds (gegen die Hermeneutik) stark zu machen suchten[1]: Für die meisten Wissenschaftstheoretiker des „analytic mainstream" war diese – intiale – Affirmation des szientistischen Selbstverständnisses Freuds freilich der erste Schritt in die schneidende Freudkritik: Adolf Grünbaums Attacke auf die Validität der Psychoanalyse ist ein neuer Beleg für diese erste, „wissenschaftstheoretische" Desillusionierungs-Route, die einsetzt beim naturwissenschaftsnahen Wissenschaftsverständnis Freuds (Poppers Kritik stellt eine frühere Version dieses Wegs dar). Die zweite, philosophische Lesart affirmiert demgegenüber jene Elemente der Freudschen Theorie, die eine hermeneutisch-sprachbezogene Struktur haben, und versucht, die szientistisch verfaßten trieb„mechanischen" Aussagen Freuds (sowie die metaphysischen Reifikationen am „Ort" des Unbewußten – das bei Freud gelegentlich zu einer Quasi-Entität – zu einem „Geheimkeller", so Wittgenstein ironisch – hypostasiert wird) als „szientistisches Selbstmißverständnis" Freuds zu interpretieren: die Freudlektüre von

1 Elemente dieses ersten Lektüremodells der Freudschen Theorie finden sich heute in den avancierten neurowissenschaftlichen Freudlektüren, freilich – im Vergleich mit dem älteren Szientismus – eher undogmatisch und pragmatisch geöffnet; siehe Solms 2000.

Jürgen Habermas mag für diese zweite Option stehen. (Paul Ricoeur baute diese Option weiter aus durch die These, daß – in einem hermeneutischen „frame of reference“ resituiert – die „mechanistischen“ Theorieelemente Freuds nicht naturalistisch-szientistisch gelesen werden dürfen, sondern – im Modus einer Handlungssprache betrachtet – „entfremdete“ Praxisstrukturen darstellen. Freud gehört für Habermas und Ricoeur so – als „emanzipatorischer Praktiker“ – in die neuzeitliche Ausdifferenzierungsgeschichte der „praktischen Vernunft“. Gegen diese zweite Lesart hat sich im innerpsychoanalytischen Diskurs – darüber hinaus für die zeitgenössischen philosophische Debatte folgenreich – ein drittes Lektüreparadigma in den Vordergrund geschoben – dasjenige von Jacques Lacan: ein Paradigma, in dem beide Theoriestränge Freuds – die in den Lektüren eins und zwei als gegeneinandergerichtet, ja mutuell exklusiv verstanden wurden – ohne abmindernde Vermittlung – affirmiert werden sollen. Lacan zufolge – der den Anspruch erhebt, gegen jede „humanistische“ Verkürzung Freuds zurückzukehren zu einer „Freudschen Orthodoxie“, die beides verteidigt: Freuds Anspruch auf „Wissenschaftlichkeit“ und seine Insistenz auf die „sprachliche“ Verfaßtheit des Unbewußten – irren sowohl die „wissenschaftstheoretischen“ Kritiker Freuds als auch seine hermeneutisch-„humanistischen“ Interpreten.

Wie kommt hier Wittgenstein ins Spiel? Wie neuere Rezeptionen seiner Freudlektüren (Cioffi 1998; Bouveresse 1995) zeigen, lassen sich Wittgensteins kritische Annotationen zu Freud oft als Einsprüche („avant la lettre“) gegen jene – heute dominante – dritte Lektüreoption, die Lacansche, lesen. Denn Wittgenstein erhebt gegen beide Geltungsansprüche Lacans gravierende Einwände: nicht nur gegen den ersten, daß Freud naturwissenschaftliche Hypothesen aufstelle; sondern auch gegen den zweiten, daß „das Unbewußte strukturiert sei wie eine Sprache“. Bouveresse beschreibt diesen doppelten Anspruchs Lacans so: „It is sometimes suggested that Lacan resolved the difficulty inherent in Freud“ (d.h. die Zerrissenheit seiner Theoriebildung in mechanistische und hermeneutische Theorieelemente) „by abandoning once and for all the concessions to vulgar materialism, to reductionism and biologism, and the 'unfortunate borrowings' from the language of energetics and crude causality as to concentrate solely on the properly linguistic nature of the unconsciousness.“

Dieser Schachzug – so Bouveresse mit Blick auf Wittgenstein – gelingt freilich, genauer betrachete – nicht. Denn das Sprachkonzept, das Lacan – gegen krudere Versionen des Materialismus/Mechanismus – ins Spiel bringt, ist defizitär; die gleichen Aporien, die er zu überwinden sucht, kehren innerhalb der Lacanschen Sprachkonzeption wieder, denn Sprache, als Konstituens des Unbewußten, wird bei Lacan – nolens volens – zum abstrakt „szientistischen" Ort, in dem – so läßt sich mit Wittgenstein zeigen – das Hauptcharakteristikum unserer Sprach„gebräuche" verkannt ist:(auf eine offen bleibende Weise) „regelgeleitet", nicht aber bloß „regel-mäßig" zu sein. Bouveresse beeinsprucht – mit Wittgenstein – die Leitthese des Lacanianismus, daß sich die Probleme der Freudschen Theoriebildung im Blick auf „the linguistic nature of the unconscious" lösen lassen: „I believe that [Lacan] has done nothing of the kind", so Bouveresse, „for Lacan uses the phrase the 'language of the unconscious' to refer to something that either is not yet a language or simply provides us with a somewhat more sophisticated linguistic version of the same basic aporia" (Bouveresse 1995, 39). Die Sprachkonzeption des Lacanianismus, so Bouveresse, ist – insofern sie elementar-„phonetisch" einsetzt – so abstrakt, daß sie, in der Optik einer Wittgensteinschen oder post-Wittgensteinschen Sprachphilosophie betrachtet, ins Vorfeld heutiger, komplexer verfaßter Sprachtheorie verwiesen wird; denn sie wiederholt intern – im Versuch, den älteren, abstrakten Sprachbegriff auszudifferenzien – die Freudsche Grundaporie zwischen Kausalismus und interpretatorischer Freiheit. Ihre Abstraktheit zeigt sich dort, wo Lacan seine Leitthese von der Signifikantendominanz (daß die Wörter – die „Signifikanten" – von dem, was sie „bedeuten" – dem „Signifizierten"' – trennbar sind) in *phonetisch-syntaktischer* Restriktion „wissenschaftlich" (nicht etwa aber „pragmatisch") auszulegen beginnt. „If the famous 'primacy of the signifier over the signified' means", so Bouveresse, „that the unconscious is sensitive only to the purely phonetic and syntactic properties of signifiers as such, and manipulates them in a way that corresponds to what might be called a purely formal (and mechanical) treatment, the normal concept of signification is not applicable on this level" (Bouveresse 1995, 40). Denn, so fährt Bouveresse fort, „meaning cannot result simply from the unstable [...] movements of signifiers considered only as signifiers" (ebd.).

Wir können diesen Einspruch näherhin auch so erläutern: Schon Charles Sanders Peirce, der „founding father" der Semiotik, hat darauf hingewiesen, daß der „Objektpol" des Zeichens nicht – im Blick auf das Zeichen „als Zeichen" (und auf dessen – strukturale – Verknüpfung mit anderen Zeichen) einfachhin „eingezogen", d.h. durch die Quasi„nezessität" „strukturell-kausaler" Signifikantenverbindungen (ohne – eigenständig bleibendes – Signifikat) ersetzt werden kann: Zeichen, die nur Bestandteile eines endlosen Viadukts von Zeichenübertragung wären sind nach Peirce gar keine Zeichen.[2] Lacans „phonologisch" einsetzender Sprachbegriff, demzufolge Zeichen primär mit Blick auf ihre Signifikantenrolle aufgeschlüsselt werden müssen, soll der Explikation jener – von allem „Humanismus" gereinigten – Grundannahme dienen, daß „das Unbewußte strukturiert ist wie eine Sprache"; dieser Neueinsatz prätendiert, die Auflösung des ursprünglichen Freudschen Dilemmas (des instabilen Schwankens zwischen „wissenschaftlicher" Kausalität einerseits und sprechaktbezogener „Hermeneutik" andererseits) bewirken zu können. Bouveresse kritisiert diese Lacansche Prätention und insistiert darauf, daß Lacans einflußreiches, drittes Lektüreprojekt der Freudschen Theorie – in der Optik Wittgensteins betrachtet – kollabiert. Er teilt darin die Einschätzung von Grahame Lock „that Wittgenstein (who died in 1951) may be called an anti-Lacanian avant la lettre" (Bouveresse 1995, 41). Denn die Schwachstelle der Lacanschen Freudlektüre werden manifest im Blick auf das, was Lacan – der unter dem Anspruch antritt, die „vulgär"-mechanistische, biologistisch lesbare Energetik Freuds durch ein „linguistisches" Konzept des Unbewußten zu ersetzen – unter Sprache versteht. Lacan, so Bouveresse, re-importiert in seinem (bei Saussures Phonetikkonzept einsetzenden) Begriff einer wissenschaftlichen „Linguistik" all jene Probleme, die die (weitgehend ungeschützte) Rede vom „Kausalismus" schon im älteren „mechanischen" Triebmodell Freuds nach sich zog: „To replace 'vulgar' energetics with a linguistic dynamic of metaphor and metonymy, shifts and slippages of meaning, etc., and physical or psychological causality with a more abstract and

[2] Dies hat Implikationen nicht nur für Lacans Theorem der „Signifikantendominanz", sondern auch für Derridas „Dekonstruktion". Vgl. dazu „Peirce im aktuellen Kontext", Nagl 1992, S. 136-150.

ethereal form of 'structural causality', brings us no closer to the level where we can really introduce notions such as intentionallity and signification, properly speaking" (ebd. 40). Hauptgrund dafür ist, daß Lacans „strukturalistisch-kausal" verfaßtes Sprachkonzept der zentralen – alle Wittgensteinsche und post-Wittgensteinsche Sprachphilosophie informierenden – Einsicht nicht Rechnung tragen kann (die z.Z., an prominentester Stelle, in Robert Brandoms Versuch, Pragmatik und Semantik zu verschränken [Brandom 2000], debattenbestimmend ist): der Einsicht nämlich, daß Sprache „regelgeleitet" ist und nicht bloß „regelmäßig"; d.h. nicht bloß „strukturell"-kausal determiniert. Lacan unterschätzt – aufgrund seines ausgeprägten „Anti-humanismus" – den *pragmatischen Umraum*, in dem Zeichengebrauch jederzeit eingebettet bleibt (so wie Freud – versessener Monokrat der „gültigen" Interpretation – den pragmatischen Spielraum unterschätzt, in dem, so Wittgenstein, jedes [Traum]symbol ins Offene, d.h. *offen* Lesbare verweist; doch davon später). Bouveresse beschreibt das zentrale Defizit des Lacanschen Überwindungsversuchs von Freuds innertheoretisch generierten Antagonismen wie folgt: „If we consider that it is the essence of language to be an activity governed by rules, the formal language of the unconscious is not a language, because the 'linguistic laws' it obeys can be only laws of the causal type and not rules. What Lacan needs is a system that functions 'like a language' *by the application of rules*; what he proposes is in fact only *a causal mechanism of a particular sort.* The concept of rules, for Wittgenstein, cannot be completely separate from the idea of a user who knows and applies the rules. And this means that either the unconscious applies no rules and speaks no language (vgl. Wittgenstein, unten), or the rules in question ... are applied by an agent who knows them or is in principle capable of recognizing them" (d.h. „who is able to 'make them explicit'", wie wir, mit Robert Brandom, sagen können). „Regelgeleitetheit" führt niemals *in toto* weg vom Sprachhandeln: Regeln, die nicht bloße „Regelmäßigkeiten" sind, sind dem Handelnden (im Prinzip) selbst zugänglich: d.h. sie sind nicht ausschließlich erkundbar im „privileged access", sei es einer „strukturalistischen" oder einer „psychoanalytischen" Methode (die beide, monokratisch, *exklusiven* Zugang zum Unbewußten prätendieren).

Wittgenstein ist in beiden Hinsichten – sowohl was das Probleme, das Unbewußte „wie eine Sprache“ zu deuten, betrifft, als auch was den Interpretationsmonokratismus Freuds (und Lacans) angeht – von wünschenswerter Explizitheit.

Zur Frage, wie Traum und Sprache zusammenhängen, gibt es im dritten der „Gespräche über Freud“ (Wittgenstein 2000a). die folgende Erwägung, in der Wittgenstein jede lineare Applikation der metaphorischen Rede von einer „Sprache des Traums“ kritisch durchstreicht:

„Ob ein Traum ein Gedanke ist. Ob Träumen Nachdenken über etwas ist. Angenommen, man betrachtet einen Traum als eine Art von Sprache, als eine Art, etwas zu sagen oder eine Art etwas zu symbolisieren. Es könnte einen geordneten Symbolismus geben, nicht notwendigerweise alphabetisch, er könnte, sagen wir, wie Chinesisch sein. Wir könnten dann einen Weg finden, diesen Symbolismus in die Sprache der gewöhnlichen Rede, des gewöhnlichen Gedankens, zu übertragen. Aber dann sollte die Übertragung in beide Richtungen möglich sein. Durch Anwendung der gleichen Technik sollte es möglich sein, gewöhnliche Gedanken in die Traumsprache zu übertragen. Wie Freud erkennt, geschieht das nie und kann nicht geschehen. Wir können darum bezweifeln, daß Träumen eine Art Denken ist, daß es überhaupt eine Sprache ist“ (Wittgenstein 2000a, 69f).

Die Analogie trägt nicht; sie ist nur von limitiertem Wert: zwar gibt es „gewisse Ähnlichkeiten zur Sprache“, aber keine wirkliche Strukturidentität. Wittgenstein argumentiert von innen; er kehrt die Metapher gegen sich selbst: Das „Unbewusste“ hat deshalb keine Sprachstruktur, weil zwischen unseren alltäglichen Kommunikationsformen und unseren Träumen nirgendwo – wie zwischen differenten Formen von Einzelsprache – ein (hinlänglich funktionierendes) Hin- und Herübersetzen möglich ist. Die Metapher, daß „das Es spricht“, läßt sich somit – im Rahmen einer Sprachtheorie, die bei unserem realen Sprachgebrauch einsetzt – nirgendwo genauer „präzisieren“.

Wittgenstein glaubt weder, daß Freuds Traumanalysen einen Status, der dem des naturwissenschaflichen Hypothesenbildens und Experimentierens entspricht, erreichen können, noch daß Freuds (und später Lacans) Einsatz bei der Sprache das Hin- und Herschwanken zwischen zwei Interpretationsmodi theoretisch „schlüssig“ aufzulösen in der Lage wäre. Für die Lacansche Theoriebildung ergibt sich im übrigen das Problem, daß Lacans Sprachbegriff – aus der Optik einer post-Wittgensteinschen Sprachphilosophie betrachtet – weit unter dem Differenzierungsniveau avancierterer sprach„pragmatischer“ Theorien einsetzt: bei phonetischen „Elementen“ und deren Strukturcharakteristik, statt beim Leitbegriff des (Intersubjektivität jederzeit schon implizierenden) „Regelfolgens“.

Träume haben – das macht Freud (im Gegenzug zu seinen Versuchen, die „Traumlogik“ theoretisch-„triebenergetisch“ zu begründen) *auch* deutlich – *keinen primär „theoretischen“* Status: ihr Geltens- und Interpretationsraum ist *jederzeit praktischer Natur.* Das zeigt sich in zweierlei Hinsicht: erstens (und selbst noch auf „theoretizistisch“ verfaßte Weise) in der Freudschen These, daß Träume jederzeit „Wunscherfüllungen“ sind (und d.h. auf einen handlungsleitenden Erwartungshorizont bezogen bleiben); und zweitens darin, daß die Psychoanalyse darauf abzielt, ein durch Neurosen gestörtes Handlungssystem durch Interventionen zu kurieren. Diesen Primat der Praxis (der die theoretischen Prätentionen Freuds – eine [privilegierte] Theorie „des Unbewussten“ zu begründen – jederzeit einbettet) untersucht Wittgenstein in zwei Richtungen.

Zunächst problematisiert Wittgenstein (den selbst noch „theoretizistisch“ verfaßten) *ersten* der Freudschen Ansprüche. Bei aller Affirmation des *teilweisen* Rechts, (manche) Träume als Wünscherfüllungen anzusehen, hinterfragt er den *generellen* Duktus dieses Freudschen Theorems – und zugleich damit: die Validität der Rede von einer „Traumzensur“. *Sodann* deutet er die Psychoanalyse (nach dem Kollaps des Versuchs, sie als eine Wissenschaft verstehen zu können, die im naturwissenschaftlichen Sinn „experimentiert“) als eine „mächtige Mythologie“ (Wittgenstein 2000a, 74), die unser gesamtes Weltorientierungssystem betrifft. („Mythologie“ ist dabei, für Wittgenstein, keineswegs ein *in toto* negativer Begriff: anders als die Positivisten/Szientisten – als Comte z.B. oder Frazer –, ist Wittgenstein nicht der Meinung, daß wir – als Resultat eines universellen „Verwissenschaftlichungs“prozesses – *totaliter* aus dem Raum „mythischer“ (und religiöser) Weltorientierungen heraustreten können: diese These hält er für so überheblich wie naiv. Mythos ist für Wittgenstein – wie seine schneidend kritischen Anmerkungen zu Frazers „wissenschaftlichem" Entlarvungsgestus am Denkort der Ethnologie deutlich machen – kein (mit Notwendigkeit) pejoratives Charakteristikum. Freilich: nicht jede „Weltorientierung", so Wittgenstein, ist gleichermaßen akzeptabel. Das Problem transformiert sich, in dieser zweiten, praxisbezogenen Hinsicht, somit in die Frage, wie ethisch stimmig, d.h. wie handlungsdifferenzierend Interpretamente wirklich sind. Auch hier hält Wittgenstein – bei allem Interesse an Freuds neuen, „geistreichen Analysen" am Denkort von Sexualität und Neurose – kritische Distanz zu jeder Universalaffirmation Freuds: die Psychoanalyse hat ihre praktischen Meriten; zugleich ist sie – als weit ins tägliche Bewußtsein einsinkendes Kulturgut – zweifellos ein Phänomen des 20. Jahrhunderts: ein Ausdruck „jenes großen Stroms der europäischen und amerikanischen Zivilisation", dem Wittgenstein (wie er im Entwurf zum Vorwort der *Philosophischen Bemerkungen* schreibt) „ohne Sympathie zusieht" (Wittgenstein 1977, 6 [1930]): ob sie – als nützliche, reorientierende Unterwerfung unter die symboldefinierende Autorität des Analytikers (ja als deren internalisierte Affirmation) der Differenzierung unserer ethischen Sensibiltät in der Tat dient, das – vorsichtig gesprochen – *bezweifelt* Wittgenstein an vielen Punkten.

Zunächst jedoch zurück zur *ersten* Form der Handlungsverankertheit der Analysen Freuds: zur These, daß Träume (verdeckter) Wunscherfüllungen sind. Hören wir dazu Passagen aus Wittgensteins zweitem Gespräch über Freud. Es heißt dort: „Zu sagen, daß Träume Wunscherfüllungen sind, ist sehr wichtig, hauptsächlich, weil das auf die Art von Interpretationen hinweist, die gewünscht wird – auf die Art von Ding, die als eine Interpretation des Traumes gelten würde" (Wittgenstein 2000a, 68). [Hier, in dieser Entscheidung, wird der – jederzeit praktisch-*zukunfts*bezogene – Möglichkeitsraum der Traumanalyse „konstituiert".] Wittgenstein erläutert diese temporal-pragmatische Konstitution (die zugleich eine Exklusion ist) so: Freuds These steht „[i]m Gegensatz zu einer Interpretation, die sagt, daß Träume nur Erinnerungen an Vergangenes sind ... (Wir haben nicht den Eindruck, daß Erinnerungen in gleicher Weise nach einer Interpretation verlangen, wie Träume)" (Wittgenstein 2000a, 68). [Die Traumlogik setzt, so können wir sagen, latent das Gesamtgefüge der zeitlich dimensionierten, praktischen Orientierungsleistungen handelnder Subjekte immer schon voraus.]

Aber – sind Träume in der Tat *jederzeit Wunsch*erfüllungen? Oder gibt es ein *eindeutiges* Definiens dieser Art nicht? Und wie stimmig ist der „Mechanismus“ dieser „Funktion“ (verdeckte) Wunscherfüllung wirklich? Hören wir dazu Wittgenstein: „Einige Träume sind ganz offensichtlich Wunscherfüllungen wie die sexuellen Träume der Erwachsenen zum Beispiel. Aber es ist anscheinend verworren zu sagen, daß *alle* Träume halluzinierte Wunscherfüllungen sind. (Freud bietet sehr häufig etwas, was wir sexuelle Interpretation nennen könnten. Aber es ist interessant, daß sich unter all den Traumberichten kein einziges Beispiel eines offen sexuellen Traumes befindet. Dabei sind die so gewöhnlich wie Regenwetter. Teilweise, weil sich das anscheinend nicht mit der Ansicht verträgt, daß der Traum aus der Angst und nicht der Sehnsucht entsteht“ (Wittgenstein 2000a, 68f.).

Freud, so Wittgenstein, engt in seiner Traumdeutung das verfügbare Material ein auf privilegierte Beispiele, die seine Theorien stützen, und klammert eine Menge üblicher Träume – die viel unmittelbarer ins Theorem der „Wunscherfüllung“ passen würden – aus. Das freilich ist noch nicht alles: Die Schwierigkeiten gehen weit darüber hinaus, ja sie beginnen dort erst richtig, wo Freuds Leittheorem seine volle Formulierung erhält. Die „meisten Träume, die Freud betrachtet“, so Wittgenstein, müssen „als *versteckte* Wunscherfüllungen betrachtet werden“: dieser spezifizierende Zusatz – daß die Wunscherfüllung nirgenwo direkt, sondern allemal „versteckt“ (und somit: „der psychoanalytischen Analyse bedürftig“) geschieht – erzeugt freilich eine Reihe schwerwiegender Folgeproblemen. Denn, so Wittgenstein, „der Wunsch darf ex hypothesi nicht erfüllt werden, und statt dessen wird etwas anderes halluziniert“. (Er folgt dem Mechanismus der zensurgewirkten Verdeckung/Verschiebung, so Freud.) Freilich, so Wittgenstein: „Wenn der Wunsch auf diese Weise betrogen wird, dann kann der Traum kaum seine Erfüllung genannt werden. Es wird auch unmöglich, zu sagen, ob der Wunsch oder der Zensor der Betrogene ist. Anscheinend sind es beide, und das Ergebnis ist, daß keine befriedigt ist. Der Traum ist darum nicht die halluzinierte Befriedigung von irgendetwas“ (Wittgenstein 2000a, 69).

Aus diesen beiden Einsprüchen zieht Wittgenstein ein Resüme, das – gegen Freuds Anspruch, eine Meisterlektüre der Träume etabliert zu haben – den offenen Pluralismus vielfältig disseminierbarer Traumlektüren auf der Linie der pluralistisch verfaßten „Sprachspieltheorie“ seiner (gerade im Entstehen begriffenen) Spätphilosophie verteidigt. Freud, so Wittgenstein, leidet am szientifischen Unifikationszwang (so wie dies – in einiger Hinsicht – auch Wittgenstein selbst, in seiner Frühphilosophie, dem *Tractatus*, tat): er will *„das Wesen“* des Traums ergründen, so wie der junge Wittgenstein „das Wesen der Sprache“. Projekte dieser Art sind, genaugenommen, von nur limitierter Nützlichkeit. Ihr dogmatischer Zug muß konterkariert werden durch eine offene Erkundung der Vielfalt wirklichen Sprechens (und der Vielfalt wirklichen Träumens). Mit Blick auf die Sprache sagt Wittgenstein – in kritischer Verabschiedung seines Tractatus-Projekts: „Statt etwas anzugeben, was allem, was wir Sprache nennen, gemeinsam ist, sage ich, es ist diesen Erscheinungen garnicht Eines gemeinsam, weswegen wir für alle das gleiche Wort verwenden – sondern sie sind miteinander in vielen verschiedenen Weisen verwandt“ (*Philosophische Untersuchungen* 65) – sie sind „familienähnlich“. Diesen pluralistischen Ansatz (den Wittgenstein in seinem eigenen Philosophieren auf einem langen, komplizierten Denkweg errungen hat) kehrt er nun auch gegen die dogmatischen Implikationen in Freuds Traumdeutung. „Wahrscheinlich“, so Wittgenstein, „gibt es viele verschiedene Arten von Träumen und nicht eine Erklärungsweise für sie alle. Genauso, wie es viele verschiedene Arten von Witzen gibt. Oder genauso, wie es verschiedene Arten von Sprache gibt“ (Wittgenstein 2000a, 69). Freud selbst ist in seinen Theorisierungsversuchen von den Leitbildern des älteren Essentialismus bestimmt – sein Projekt ist zur Gänze auf „Einheit“ abgestellt. Wittgenstein beschreibt dieses „falsche Leitbild“ so: „Freud war durch die im 19. Jahrhundert herrschende Vorstellung der Dynamik beeinflusst ... Er wollte eine einzige Erklärung finden, die zeigen sollte, was Träumen bedeutet. Er wollte das *Wesen* des Traumes ergründen, und er hätte jede Vermutung, daß er teilweise, aber nicht ganz und gar recht haben könnte, von sich gewiesen. Wenn er sich teilweise irrte, dann hätte das für ihn bedeutet, völlig falsch zu liegen – daß er das Wesen des Traumes nicht wirklich ergründet hätte“ (ebd.). Freilich: jede Lektüre Freuds, die kritisch ist, muß, so Wittgenstein, Distanz beziehen zu diesem *psychoanalytischen Essentialismus* – zum Anspruch, „das Wesen“ der Träume (und „die Struktur“ der Traumdynamik) „entdeckt“ zu haben.

Auch die *zweite* nicht-theoretische Facettierung der psychoanaltischen Praxis, daß Freuds „talking cure“ in einer neuen Handlungsorientierung terminiert, beschäftigt Wittgenstein ausführlich. Zu Ende seines *Dritten Gesprächs über Freud* weist er nochmals alle Versuche zurück, die Psychoanalyse als „erklärende“ Theorie zu deuten. (Äußerlich stimmt er darin mit positivistischen Freudkritikern wie Grünbaum und mit Kritischen Rationalisten, wie Popper, überein: aber auch mit Habermas' These vom „szientistischen Selbstmißverständnis“ Freuds. Freilich: dieser zweiten Lektüre, der Habermasschen – die Freuds Größe jenseits des usurpierten Wissenschaftsgestus affirmiert – steht Wittgenstein insofern deutlich näher, als er die „wissenschaftliche Erklärung“ nirgendwo, wie Grünbaum, für den Universalmaßstab, an dem die Validität jedes Interpretationsansatzes gemessen werden muß, ausgibt). Freud, so Wittgenstein, „erklärt“/und „experimentiert“ in der Psychoanalyse nicht, er tut anderes. Er zieht „alte Mythen“ heran (den Ödipusmythos, z.B.) und behauptet, „aus ihrer Struktur heraus“ latente, prägende Orientierungs-Grundmuster strikt zu deduzieren. Was dabei freilich *realiter* geschieht, ist die Einübung eines „neuen Mythos“ (der, als ein innovatives Orientierungssystem, in Konkurrenz tritt zu anderen, nicht mehr funktionsfähigen Handlungsstabilisierungen, und in dieser Substitutfunktion besser oder schlechter funktionieren kann). Wittgenstein beschreibt dies so: „Freud bezieht sich ... auf alte Mythen und behauptet, daß seine Forschungen nun erklärten, wie es dazu kam, daß sich jemand einen Mythos dieser Art erdacht hat oder ihn dargelegt hat. In Wirklichkeit hingegen hat Freud etwas anderes getan. Er hat keine wissenschaftliche Erklärung eines Mythos gegeben. Er hat vielmehr einen neuen Mythos geschaffen. Der Reiz der Behauptung, zum Beispiel, daß alle Angst eine Wiederholung der Angst des Geburtstraumas ist, ist genau der Reiz einer Mythologie. 'Es ist alles das Ergebnis von etwas lange Zurückliegendem.' Fast wie der Bezug auf ein Totem“ (Wittgenstein 2000a, 73). Freuds re-interpretierender, praktischer Resituierungsprozeß kann heilsam sein, wie Wittgenstein weiß: „Viele Menschen“, so sagt er zu Rhees, „haben in einem gewissen Abschnitt ihres Lebens ernsthafte Probleme, so ernsthafte, daß sie zu Selbstmordgedanken führen. Das kann einem leicht als [...] zu übel [erscheinen], um Gegenstand einer Tragödie zu sein. Und es mag dann eine ungeheure Erlösung sein, wenn gezeigt werden kann, daß das eigene Leben doch das Muster einer Tragödie aufweist – die tragische Entfaltung und Wiederholung eines Musters, das durch die Urszene festgelegt ist" (Wittgenstein 2000a, 73f.). Die praktisch folgenreiche Einführung eines neuen Orientierungsgrundmusters *kann* helfen. Allgemein betrachtet *kann* sie *jedoch auch* – „for body, soul and intellect", wie Wittgenstein an Malcolm schrieb – abträglich sein. Denn obzwar man im Verlauf der Analyse – wie es zu Ende der Wittgensteinschen *Gespräche* heißt – „einige Dinge über sich selbst entdeckt, muß man einen sehr starken, scharfen und beharrlichen, kritischen Verstand haben, um die Mythologie, die angeboten oder aufgezwungen wird, zu erkennen und zu durchschauen. Man ist verleitet zu sagen 'Ja natürlich, so muß es sein'. Eine mächtige Mythologie" (Wittgenstein 2000a, 74).

3. Ausblick: Hält – nach aller Kritik – die Faszination an?

Was verbindet – trotz der zahlreichen Einsprüche – Wittgensteins Denken dennoch mit Freud? In den Dreißigerjahren, so berichten Wittgensteins Biographen, hat Wittgenstein Drury vorgeschlagen, daß sie miteinander als Psychiater arbeiten könnten. Ray Monk kommentiert diese interessante Episode so: „Wittgenstein's feeling that he would have made a good psychiatrist seems to rest on a belief that his style of philosophizing and Freudian psychoanalysis required a similar gift. Not, of course, that they are the same technique. Wittgenstein reacted angrily when his philosophical method was dubbed 'therapeutic positivism' and compared with psychoanalysis. When, for example, A.J. Ayer drew the comparison in an article in the Listener, he received from Wittgenstein a strongly worded letter of rebuke. However, Wittgenstein was inclined to see some sort of connection between his work and Freud's [...] at various times [he] summed up the achievements of both himself and Freud in strikingly similar phrases. 'It's all excellent similes', he said in a lecture of Freud's work: and of his own contribution to philosophy: 'What I invent are new similes'. This ability to form a synoptic view [Übersichten, L.N.] by constructing illuminating similes and metaphors was, it appears, what he wished to contribute to psychiatric medicine" (Monk 1990, S. 357).

Diese kurze Erwägung Monks ist in einiger Hinsicht aufschlußreich. Wittgenstein lehnt es strikt ab, daß seine Denkmethode als „positivistisch" qualifiziert wird: Ayers Rede von einer „positivistic therapy" verkennt, daß für Wittgenstein Fragen der Philosophie – wie es in den *Philosophischen Untersuchungen* heißt – nirgendwo durch „wissenschaftliche Betrachungen" substituiert werden können. In seinem Denken geht es vielmehr – in Nähe und Distanz zu Freud – um neue „Übersichten": darum, Bilder, die *nicht* gefangenhalten – philosophierend, d.h. durch die „Dekonstruktion" falscher Bilder, die uns gefangenhalten – einzuführen. Philosophieren ist für Wittgenstein – so wie die Psychoanalyse – nicht eine „erklärende" Tätigkeit. Es geht in ihr nicht darum, Hypothesen experimentell zu überprüfen. Vielmehr geht es um „Zusammenstellung", „Anordnung", Re-konfiguration, um „übersichtliche Darstellung" – d.h, um neue „Gleichnisse" (nebenher angemerkt: ein religiöser, kein primär sprachphilosophischer Terminus, der im Neuen Testament häufig Verwendung findet). Wittgenstein sagt über sein Projekt im Paragraphen 109 der *Philosophischen Untersuchungen*: „Wir dürfen keinerlei Theorie aufstellen. Es darf nichts Hypothetische in unseren Betrachtungen sein [...] Die Probleme werden gelöst, nicht durch Beibringen neuer Erfahrung, sondern durch Zusammenstellung des längst Bekannten" – nicht wissenschaftlich also, sondern in neuen Ansichten, Bildern, Gleichnissen. Im Paragraphen 127 der *Philosophischen Untersuchungen* heißt es: „Die Arbeit des Philosophen ist ein Zusammentragen von Erinnerungen zu einem bestimmten Zweck." Am Ort dieser Tätigkeit haben weder die auf „Einheit" abzielende dogmatische Zwangsunifikation, noch die Verabsolutierung „wissenschaftlichen Erklärens" einen Platz: „Es gibt nicht *eine* Methode der Philosophie, wohl aber gibt es Methoden, gleichsam verschiedene Therapien" (*Philosophische Untersuchungen* 133). Wittgensteins Unterfangen, eine übersichtliche Re-konfiguation von Erinnerungen zu erarbeiten, die in verschiedenen – gegen die Sprachverwirrungen in Metaphysik *und* Szientismus gerichteten – „Therapien" ihren Ausdruck finden, hat keine „erklärend-entdeckende" Struktur, sondern gehört – wie dasjenige Freuds (wird es – anders als Freud dies selbst tut – *richtig*, d.h. theoretisch desillusioniert betrachtet) – der Sphäre der „Überredung“ zu. Es geht in beiden Rekonfigurationsversuchen freilich nicht um Marginales, sondern um das Wichtigste: um die „Arbeit an einem selbst“, darum, „das Leben zu ändern.“ Wittgenstein ist in einer anderen seiner Vorlesungen, der dritten Vorlesung über Ästhetik (Wittgenstein 2000b) – was diesen so zentralen wie opaken Berührungspunkt mit der Psychoanalyse betrifft – sehr explizit. Es heißt dort: „Wenn du durch Psychoanalyse dazu geführt wirst zu sagen, daß deine Gedanken in Wirklichkeit die und die waren, daß dein Motiv in Wirklichkeit dies oder das gewesen ist, dann handelt es sich nicht um einen Fall von Entdeckung, sondern von Überredung. Auf eine andere Art hättest Du von etwas anderem überzeugt werden können. Zugegeben, wenn die Psychoanalyse dich vom Stottern befreit, befreit sie dich, und das ist ein Erfolg. Man hält bestimmte Ergebnisse der Psychoanalyse für Entdeckungen Freuds, für etwas unabhängig von dem Überzeugtwerden durch einen Psychoanalytiker, und ich möchte sagen, daß das nicht so ist“ (Wittgenstein 2000b, 43). Bald darauf wendet Wittgenstein die Grundgedanken dieser Charakterisierung der Freudschen Methode auf seine eigene philosophische Tätigkeit an. Er sagt zu seinen Hörern: „Ich richte Eure Aufmerksamkeit oft auf bestimmte Unterschiede [...] Was ich tue, ist auch Überredung. Wenn jemand sagt: 'Es gibt keinen Unterschied' und ich sage ‘Es gibt einen Unterschied', dann überrede ich. Ich sage: 'Ich will nicht, daß du es so siehst.'.... In gewissem Sinn mache ich“, so Wittgenstein, „Propaganda für einen Stil des Denkens im Unterschied zu einem anderen. Dieser andere Stil stößt mich ehrlich ab“ (Ebd., 44). [Wittgenstein bringt an diesem Punkt des Gesprächs Beispiele aus der Mathematik-Theorie; auch Beispiele aus Freud würden sich anbieten, z.B. Wittgensteins schneidende Zurückweisung der Freudschen Deutung des „schönen Traums“ – den Freud in seiner psychoanalytischen Re-lektüre als „verworfen“ qualifiziert und den er so *für die Träumerin* – wie Wittgenstein sagt, völlig illegitim – „als schön“ zerstört (Wittgenstein 2000b, 39f.)]

Wittgenstein beschreibt dieses „Überreden“ – das nicht nur die Methode Freuds, sondern auch Wittgensteins eigene Denkmethode charakterisiert – wie folgt: „Wenn wir die Umgebung des Ausdrucks erklären, sehen wir, daß das Ganze in völlig anderer Art hätte ausgedrückt werden können ... Wieviel von dem, was wir tun, besteht darin, den Stil des Denkens zu ändern, und wieviel von dem, was ich tue, besteht darin, den Stil des Denkens zu ändern, und wieviel tue ich, um andere davon zu überzeugen, ihren Denkstil zu ändern“ (Wittgenstein 2000b, 45). Freilich: der Unterschied zwischen Wittgensteins „Überredung“ und der Überredung in der Psychoanalyse ist groß – Wittgensteins „therapeutische“ Rekonfiguration unseres Denkens und Sprechens wird weder durch eine (selbst noch sich wissenschaftlich gerierende) „Theorie“ der „Transferenz“ – quasi-objektivistisch – als methodisch geregelte Arbeit am „Widerstand“ zu legitimieren versucht, noch zielt sie, zuletzt, auf „Unifikation“, d.h. auf die Akzeptanz *eines* Wesen der Sprache (oder *eines* Wesens des Traums). Freud, so Wittgenstein, ist in seinen Analysen geistreich, nicht aber „weise“; denn er induziert – zumindest in den theoretischen Begleitaussagen seiner innovativen Analysen –, dogmatisch wie die alte Metapysik, „Vorurteile“. Im Umfeld seiner faszinierenden Erkundungen ersteht somit dasjenige wieder, wogegen sich die Sensibilität der Wittgensteinschen Sprachanalyse *in toto* auflehnt: eine falsche Großtheorie, die ihren eigenen, pragmatisch-offen bleibenden Umraum unsichtbar zu machen sucht. Bouveresse drückt die *Differenz ums Ganze*, die zwischen Wittgensteins und Freuds Praxis des Überredens besteht, so aus: „In philosophy, the need to use persuasion is not a regrettable fault, since the philosopher isn't really dealing with a science“ (Philosophie, so Wittgenstein schon im *Tractatus*, ist etwas „über oder unter der Wissenschaft“, nicht aber selbst „Wissenschaft“), „while the mistake of psychoanalysis“, so fährt Bouveresse fort, „is to believe that it is [a science].“ Die Psychoanalyse hat die Tendenz, ihren praktisch-pragmatischen Grundstatus theoretizistisch unsichtbar zu machen: durch szientistische Geltungsansprüche, deterministische Prätentionen und linguistische Quasithesen: „It's mistake is not necessarily to use persuasion the way it does, but rather to refuse to recognize that this is essentially what it is doing and to underestimate the considerable dangers it involves.“ (Bouveresse 1995, 125).

Die Gefahren, von denen zuletzt die Rede war, resultieren – so zeigen die meisten von Wittgensteins Einsprüchen gegen Freud – aus der Vernachlässigung der Aufmerksamkeit auf bestehende Differenzen in den Träumen, sowie auf der Elimination der Vielfalt möglicher Interpretationen des zu analysierenden

(Traum)materials: diese Differenzen und interpretatorischen Offenheiten werden in Freuds Theorie – sekundär – durch starke, „szientistische“ Geltensansprüche (zugleich aber durch mythologische Erklärungsmuster, die sich nicht als Mythologien verstehen wollen) zugedeckt. Dies führt Freud dazu (obzwar er am Ort der Sexualität zur gesellschaftlich-ethischen Sensibilisierung wesentlich beiträgt), jene ethischen Sensibilitäten (und wohl indirekt auch: jene religiösen[3]), um die es Wittgenstein, im Hintergrund, in seiner therapeutischen Sprachanalyse allemal geht – Sensibilitäten, die erst im genauen Blick auf die Unterschiede zwischen den irreduzibel „vielfältigen“ Spachspielen, die wir spielen, deutlich werden – im kompakt „szientistischen“ Rekurs auf Metaphern des „Mechanischen“, der „Triebdynamik“, der „Illusionsbildung am Ort der Religion“ (auf prekäre Weise kulturbestimmend und öffentlichkeitswirksam) zu de-differenzieren. „In a sense“, so Bouveresse, „Wittgenstein suspected Freud of having a poor understanding of morality or religion. Had he read *The Future of an Illusion* he might have reacted as he did to Frazer's explanations of the magical or religious beliefs of primitives, and objected that these things can never be treated as errors or illusions which superior knowledge (in this case 'scientific knowledge') reveals as such“ (Bouveresse 1995, 17).

Wittgenstein teilt in seinen Analysen die Prämissen des 19. Jahrhunderts nicht, auf die Freud allerorten – eher fraglos – zurückgreift: weder den Szientismus/Kausalismus, noch eine Comtesch/Feuerbachisch verfaßte Religionskritik. An diesen Denkorten ist Wittgenstein vorsichtiger als Freud: zwar schätzt er die Kraft, die Intelligenz, ja den verführerischen Charme mancher der Freudschen Analysen – wozu er jedoch allemal Distanz hält, das ist die – die vormaligen Ansprüche einer Seelenmetaphysik unkritisch beerbende – Prätention Freuds, neue Essenzen – den „Geheimkeller“ des „Unbewußten“, „die“ Triebdynamik, „das Wesen“ des Traums – entdeckt und entschlüsselt zu haben. Wer sich dazu verführen läßt, diese „powerful mythology“ einfachhin zu internalisieren, der riskiert es, so Wittgenstein, die Möglichkeit zu verspielen, an *jenen* Orten interessante und neue Denkerfahrungen zu

[3] Zur rezenten Debatte über diesen Aspekt des Wittgensteinschen Denkens siehe Malcolm 1995.)

machen, die der Diskurs des neunzehnten Jahrhunderts – für nicht wenige „szientismus“dominierte Dekaden auch des zwanzigsten – so nachhaltig zu verschließen verstand.

Dies – die kritische Vorsicht gegenüber den (zu Trivia und zum „Kleingeld“ einer Massenkultur verfallenen) „unifikatorischen“ Bildern, die nicht nicht nur die Populär„wissenschaft“, sondern auch der Psychoanalyse bereitstellt – macht Wittgenstein zu einem anregenden Denker: auch, ja vor allem heute nach dem Ende der älteren, sprachanalytischen Ethikkritik; in Zeiten der Resituierung von Psychoanalyse-Elementen im Diskursraum einer – post-Freudianisch wiedererkundeten (von Freud selbst noch skeptisch betrachteten) „praktischen Vernunft“; in der Dekade des verblassenden Lingualismus Lacans; und in der Ära eines – nachreligionskritisch verfassten, philosophierenden „return of the religious“. Die Freudsche Traumdeutung wird – in all diesen Bezügen – (wie Wittgenstein zeigt) zu einem wichtigen Element, nirgendwo aber (wie Freud selbst dies hin und wieder prätendiert) zu einer – so umfassenden wie unrelativierbaren – „umbrella theory“.

Literatur

Brandom, Robert B. (2000), Expressive Vernunft. Begründung, Repräsentation und diskursive Festlegung. Frankfurt: Suhrkamp.

Bouveresse, Jacques (1995), Wittgenstein reads Freud. The Myth of the Unconscious. Princeton: University Press.

Cioffi, Frank (1998), Wittgenstein on Freud and Frazer. Cambridge: University Press.

Lock, Grahame (1987), Analytic Philosophy, Psycho-Analytic Theory and Formalism. In: Revue de Synthèse (April-June 1987), S. 157-176.

Malcolm, Norman (o.J.), Ludwig Wittgenstein. Ein Erinnerungsbuch. München/Wien: Oldenbourg.

Malcolm, Norman (1995), Wittgenstein: A Religious Point of View? (Edited with a Response by Peter Winch), Cornell: University Press.

Monk, Ray (1990), Ludwig Wittgenstein. The Duty of a Genius. London: Penguin Books.

Nagl, Ludwig (1990), Ist Adolf Grünbaums Kritik der hermeneutischen Freudrezeption schlüssig? In: Natur/Selbst/Bildung. Festschrift für Joachim Christian Horn, Regensburg: Bosse Verlag, S. 96-108.

Nagl, Ludwig (1992), Charles Sanders Peirce, Frankfurt/Main - New York: Campus.

Nagl, Ludwig, Helmuth Vetter und Harald Leupold-Löwenthal, Hg. (1997): Philosophie und Psychoanalyse, 2. Auflage, Giessen: Psychosozial Verlag (Bibliothek der Psychoanalyse).

Nagl, Ludwig (1998), Pragmatismus, Frankfurt/Main - New York: Campus.

Nagl, Ludwig and Chantal Mouffe (Hg.) (2001), The Legacy of Wittgenstein: Pragmatism or Deconstruction. Frankfurt/Main et al: Peter Lang.

Sluga, Hans (1996), Wittgenstein on the self. In: The Cambridge Companion to Wittgenstein. (Edited by Hans Sluga and David G. Stern) Cambridge: University Press.

Solms, Mark (2000), „Traumdeutung“ und Neurowissenschaft. In: Jean Starobinsky/Ilse Grubrich-Simitis und Mark Solms, Hundert Jahre „Traumdeutung“ von Sigmund Freud. Drei Essays. Frankfurt/Main: Fischer.

Wittgenstein, Ludwig (2000a), Gespräche über Freud. In: ders., Vorlesungen und Gespräche über Ästhetik, Psychoanalyse und religiösen Glauben. Frankfurt/Main: Fischer.

Wittgenstein, Ludwig (1958), The Blue and Brown Book. Preliminary Studies for the „Philosophical Investigations“. New York et al: Harper and Row Publishers.

Wittgenstein, Ludwig (2000b), Vorlesungen über Ästhetik. In: ders., Vorlesungen und Gespräche über Ästhetik, Psychoanalyse und religiösen Glauben. Frankfurt/Main: Fischer.

Wittgenstein, Ludwig (1977), Vermischte Bemerkungen. Frankfurt/Main: Suhrkamp.

Vetter, Helmuth und Ludwig Nagl (Hg.) (1988), Die Philosophen und Freud. Wiener Reihe. Themen der Philosophie, Band 3, Wien/München: Oldenbourg.

„Ein Traum ist ein Sechzigstel der Prophetie“ Jüdisches Träumen zwischen Paradigma und Prophetie

Peter Stastny

Hakol hevel wehawolim
Und di welt is a cholem
Und a cholem is di welt
Und alz kojft men nor far gelt
(Alles ist nichtig und nur Schaum
Und die Welt ist ein Traum
Und ein Traum ist die Welt
Denn alles kauft man nur für Geld.)

Jiddisches Volkslied
Nach Ecclesiastes (Kohelet) I, 2.

Rav Chisda sagte: Jeder Traum bedeutet etwas, außer nach einem Fasttag.
Ferner sagte Rav Chisda: Ein ungedeuteter Traum ist wie ein ungelesener Brief.

Babylonischer Talmud
Traktat Berachot, Fol. 55a.

Fünf Dinge sind ein Sechzigstel: das Feuer, der Honig, der Sabbath, der Schlaf und der Traum. Das Feuer ist ein Sechzigstel des Fegefeuers,3,5mm der Honig ist ein Sechzigstel des Manna, der Sabbath ist ein Sechzigstel der zukünftigen Welt, der Schlaf ist ein Sechzigstel des Todes, und der Traum ist ein Sechzigstel der Prophetie.

Babylonischer Talmud
Traktat Berachot, Fol. 57b.

Eröffnung

Seit Jakobs Traum von der himmlischen Leiter haben jüdische Träumer Geschichte und Kultur mit ihren Träumen geformt. Bei Jakob wurde der Fels von Bethel auf dem sein Kopf eine Nacht lang ruhte zum Land Israel. Bei Freud entstieg einem harten Matratzenlager in der Sommerfrische Abbazia die erste Analyse der eigenen Träume, welche zur *Traumdeutung* führte, dessen Hundertjahrfeier wir soeben hinter uns gebracht haben.

So äußerte sich Freud etliche Jahre vor der Publikation seines weltberühmten Werkes:

„Von der Macht eines solchen Zwanges zur Assoziation habe ich mich unlängst durch Beobachtungen auf anderem Gebiete überzeugen können. Ich mußte durch mehrere Wochen mein gewohntes Bett mit einem härteren Lager vertauschen, auf dem ich wahrscheinlich mehr oder lebhafter träumte, vielleicht nur die normale Schlaftiefe nicht erreichen konnte. Ich wußte in der ersten Viertelstunde nach dem Erwachen alle Träume der Nacht und gab mir Mühe, sie niederzuschreiben und mich an ihrer Lösung versuchen“ (Freud 1895).

Schon an dieser Formulierung sieht man, wie sehr Freud versuchte, Träume und deren Deutung aus ihrem geschichtlichen Zusammenhang zu lösen. Somit schlägt er sich auf die Seite der Denker, die dem Traum samt seiner Deutungen kein Gewicht beimessen, das über den innerpsychischen Dialog des Träumens hinausgeht. Auf der anderen Seite stehen jene, die glauben, daß einige wichtige jüdische Träume das Schicksal des jüdischen Volkes und die weiteren politischen Entwicklungen bis zum heutigen Tage beeinflußt haben. Jakobs Traum in Bethel war offensichtlich zukunftsweisend, indem er eine jüdische Zufluchtsstätte im Land Kanaan etablierte, und Gottes Versprechen dieses Landes für Jakob und seine Kinder neu bekräftigte. Die Träume des Mystikers Rabbi Nachman von Bratzlav spielten eine wichtige Rolle in der Entstehung des neueren messianischen Denkens und des Chassidismus überhaupt. Sie waren ein Verbindungsglied zwischen seiner privaten Psychologie und den hohen geistigen Ansprüchen dieses Rabbis, indem sie ihm die Gefahren aufzeigten, welche mit einer voreiligen Selbstidentifikation mit dem Messias verbunden wären.

Henri Bergson, selbst ein fleißiger Träumer, kann als Begründer der modernen physiologischen Theorie des Träumens bezeichnet werden (Bergson 1914). Auch Bergson wählte einen ahistorischen Zugang zum Träumen, glaubte allerdings an das Primat sensorischer Eindrücke sogar während des Schlafes, denen sich Material aus unbewußten Erinnerungen in eher unsystematischer Weise zugesellt. Dies bedeutet, daß durch die Sinne eine Kontinuität zwischen dem Wachsein und dem Schlafen hergestellt wird. Freud hingegen stellte bekannterweise das Drängen von unbewußtem Material in den Vordergrund, obwohl er, wie man auf Grund des harten Lagers annehmen darf, die Bedeutung von Sinneseindrücken für das Träumen nicht ganz ausschloß. Bergson stellte das Traumerlebnis in eine zeitliche Beziehung zur Gegenwart des Träumers, indem er die unmittelbaren Wechselwirkungen zwischen Sinneseindrücke und Trauminhalt betonte. Freud hat bezeichnenderweise jede Bedeutsamkeit des Träumens für die Zukunft von der Hand gewiesen. Träume interessierten ihn hauptsächlich als die *Via Regia zum Unbewußten.* Vehement wehrte er sich gegen jede utilitäre Betrachtung des Träumens, sei es als persönlicher Wegweiser für den Einzelnen, oder gar als historischer Vektor für ein ganzes Volk.

Anders Arthur Schnitzler, ein Pionier des Einsatzes von Träumen als audiovisuelle Metapher für das Leben. Indem er täglich tief in diese Supplementärwelt eintauchte, verwischte er die Grenzen zwischen Leben und Traum. Ob er damit unser Leben bereichterte, oder uns den dauernden Gefahren eines solchen Grenzgängertums aussetzte, sei vorläufig dahingestellt.

Es ist bemerkenswert, daß Träume über den späteren Vietnamkrieg früher Geschichte machten, als Träume über den früheren Zweiten Weltkrieg. Vietnam-Veteranen zeigten uns zuerst, daß Trauma und Träumen nicht nur semantisch zusammenhängen. Vielleicht erklärt sich das aus der längeren Latenz des Holocaust-Traumas und der Art der Traumatisierung. Erst neulich stellte der Psychiater und Historiker Robert Jay Lifton (1996), auch zufällig Jude, die historische und psychologische Verbindung zwischen diesen und jenen Träumen her.

Dies alles soll nicht heißen, daß Juden einen speziellen Beitrag für unser Verständnis des Träumens geleistet haben. Tatsächlich sind diese Beiträge zur Einschätzung des Träumens so komplex wie gegensätzlich, und führen keineswegs zu einer zusammenhängenden Theorie. Ein Grund dafür ist wahrscheinlich, daß es letztlich keine allumfassende Erklärung geben kann, die den Komplex des Träumens auf eine weithin akzeptable wissenschaftliche Theorie zurückführen könnte. Dennoch haben jüdische Träumer entscheidende Beweise dafür geliefert, daß Träume und deren Deutungen dauerhafte Auswirkungen haben können: mehr als hundert Jahre nachdem Freud seine Träume zuerst aufzeichnete, debattieren wir noch immer über die Bedeutung seines Unterfangens. Und etliche Tausend Jahre nach der Niederschrift von Jakobs angeblichem Traum, sind wir mehr denn je mit seinen politischen Folgeerscheinungen beschäftigt. Die schemenhafte, flüchtige Natur des Träumens, von der man annahm, daß sie durch den

Einfluß des Verdrängens oder auch nur des simplen Vergessens bestimmt wird, steht den mächtigen Langzeitwirkungen einiger mythopoetischer Träume und deren Träumern gegenüber.

Ein Traum macht Geschichte (oder die Geschichte bedarf eines Traumes)

„Es verlohnt sich kaum der Mühe, die historische Bedeutung der Träume als ein besonderes Thema aufzustellen. Wo ein Häuptling etwa durch einen Traum zu einem kühnen Unternehmen bestimmt wurde, dessen Erfolg verändernd in die Geschichte eingegriffen hat, da ergibt sich ein neues Problem nur so lange, als man den Traum wie eine fremde Macht anderen vertrauteren Seelenkräften gegenüberstellt, nicht mehr wenn man den Traum als eine Form des Ausdrucks für Regungen betrachtet, auf denen bei Tage ein Widerstand lastete, und die sich bei Nacht Verstärkung aus tiefliegenden Erregungsquellen holen konnten.“ (Freud 1900, 581)

Als Gegenbeispiel, Genesis XXVII: 10-19.

„Jakob verließ Beersheva und machte sich auf nach Haran. Als er einen bestimmten Platz erreichte, beschloß er, dort die Nacht zu verbringen, denn die Sonne war bereits untergegangen. Er nahm einen der Steine, die er dort vorfand, machte ihn zu seinem Polster, und legte sich dahin, wo dieser war. Dort hatte er einen Traum: eine Leiter war da, stand auf der Erde mit ihrer Spitze im Himmel, und Engel Gottes stiegen auf und ab. Dann war Jahve da, stand über ihm, und sagte: 'Ich bin Jahve, der Gott deines Vaters Abraham, und der Gott Isaaks. Das Land auf dem du liegst werde ich dir und deinen Nachkommen geben. Und dein Same soll sein wie der Staub der Erde und soll sich verbreiten nach Westen und nach Osten, nach Norden, wie nach Süden. Alle Sippschaften der Erde sollen dich und deine Nachkommen um Segen bitten. Sei versichert, ich werde mit dir sein und dich beschützen, wohin du auch gehen solltest, und dich zurückbringen in dieses Land, denn ich werde dich nicht verlassen, ehe alles vollbracht ist, was ich dir versprochen habe.' Da erwachte Jakob aus seinem Schlaf und sagte: 'Tatsächlich. Jahwe ist an diesem Ort, und ich wußte es nicht!' Und er fürchtete sich und sagte: 'Wie erstaunlich ist dieser Ort! Es ist nichts anderes als das Haus Gottes, und dies ist das Tor zum Himmel!' Am nächsten Morgen stand Jakob frühzeitig auf, nahm den Stein der ihm als Polster diente, und stellte ihn hin als Monument, von oben mit Öl ihn begießend. Er nannte diesen Ort Bethel, aber die Stadt war zuerst als Luz bekannt."

Was ist dieser Ort, auf hebräisch *Hamakom* genannt? Der Ort ist nicht bloß ein Ort, ein namenloser, gottverlassener Ort, sondern der Ort selbst ist auch ein Gott, denn *Hamakom* ist einer der Namen Gottes, der Gott dieses Ortes, der schon vorher einen Namen hatte, und einen Gott, der aber jetzt plötzlich keinen Namen mehr hat, vielleicht um sich frei zu machen für einen neuen Gott, damit dieser dann zum neuen Gott dieses Ortes ernannt werden kann. Ein alter Ort mit einem neuen Namen und einem neuen Gott. Als ob es hier noch nie andere Götter mit anderen Namen gegeben hätte. Aber schon der nächste Satz verrät den alten Namen: Luz. Damit plaziert er den namenlosen Ort auf einem Ort bekannten, benannten Ort, mit einem Namen der plötzlich alt geworden ist, verdrängt, ausradiert von einem neuen Namen: Bethel. Dieser neue Name ist besonders. Er ist zugleich der Name des Ortes und des Gottes. Der Ort und der Gott werden somit unzertrennlich, keine weitere Namensänderung ist möglich: Beth-El, das Haus Gottes. El ist kein unbekannter Gott, auch schon älter, ein Gott vielleicht der schon einmal diesem Platz innewohnte, der aber jetzt, mit dem neuen Namen, sich neuerlich hier niederlassen kann, jetzt aber vielleicht auf eine neue, allumfassende und unwiderrufliche Weise. Obwohl dieser El ein heidnischer und gar kein jüdischer Gott ist, kein Adonai, kein Jahwe, sonder eben El, darf er sich doch niederlassen an diesem neuen Ort, mit all den anderen. Indem ein alter Gott mit einem neuen Platz verwächst kann er ein neuer, ein jüdischer und vielleicht gar ein einziger Gott werden, und dennoch seinen alten Namen behalten. Jakob hätte auch sagen können: Bet Schem, das Haus des Namens, oder Bet Hamakom, das Haus des Ortes, der auch Gott ist. Aber nein, er nennt ihn Beth El, übernimmt damit, sozusagen, einen alten Gott und verheiratet ihn mit diesem neuen Ort, der den Israeliten versprochen war.

Aber es ist gar kein neuer Ort. Es ist ein Platz von Steinen. Steine die hoch genug ragen, um sich als Monumente zu eignen – als verpönter Altar für eine verbotene Gottheit, oder als willkommener Altar für die neue Gottheit, die den Platz mitsamt seiner

Altare übernimmt, was an sich gotteslästerlich wäre, denn der alte Stein, schon früher als Opferplatz geheiligt, dient jetzt einem neuen Gott, dem neuen Herren dieses Platzes. Tatsächlich liegt der Ort liegt oben auf einem Berg, eine Art Hochplateau vielleicht, ein flacher Berg mit Steinen, die sich nicht nur als Altare, sondern auch als Orte zur Inkubation von Träumen anbieten, Steine, die dem Schlafenden heilige Träume einflößen, solche, die sich auf den richtigen, den neuen Gott beziehen. Aber als Jakob denkt gar nicht daran, hier, an diesem Ort, nach heiligen Träumen zu suchen. Im Gegenteil, er ist erstaunt diesen neuen Gott an einem Ort vorzufinden, von dem er wußten, daß er zu anderen Göttern gehört hat. Er wußte dies, aber vergaß es augenscheinlich, wußte bei seiner Ankunft nicht mehr, daß dieser Ort Luz hieß, vielleicht weil es bereits dunkel war, und er die Stelen nicht sehen konnte, die sich zum Himmel hin streckten, erst nach seinem Traum, beim Erwachen, erinnerte er sich daran, nur war es jetzt ein anderer Gott, der ihm am Fuße der Leiter erschien, der schwebte, über seinem schweren Kopf. Aber vielleicht war Jakob überrascht, weil er das Bild dieses Gottes nicht kannte, denn man durfte sich ja als Israelit kein solches Bild Gottes machen, nur im Schlaf, so scheint es, konnte man es erspähen, vielleicht zum ersten und einzigen Mal. So gab ihm Jakob einen neuen Namen, Yahwe, der Neue, der Gott der Israeliten, den er im Traum gesehen hat, jetzt wo er wach ist aber nicht mehr sehen kann. Nur weiß er, daß er an diesem Platz wohnt. Daher opfert er ihm auf dem neugeweihten Altar. Alles erträumt.

Woher wissen wir, daß dieser Gott derselbe ist, der auch Abraham und Isaak erschienen ist? Vielleicht weil er die gleichen Versprechungen macht. Er verspricht ihnen das Land. Wie kann er ihnen dieses Land versprechen, wenn es ihm nicht gehört? Doch vielleicht ist er der alte Besitzer, der Gott mit dem alten Namen im neuen Kleid? Der Gott, auf den Jakob vergaß, und den er sich wieder erträumen mußte. Im Traum wird er aus vielen zu einem Gott, aus alten zum neuen Gott, und schenkt dem Stamm des Träumers, das Land das vielen gehörte, von da ab aber nur einem gehören soll.

In Jakobs Traum gibt es noch eine andere, verhaltenere Stimme: Semaël, dessen Worte von Richard Beer-Hofmann (1919), einem Juden des 19. Jahrhunderts, erhört wurden, und dessen letzte Warnung aus seinem „Vorspiel: Jakobs Traum“ folgendermaßen klingt:

SAMÁEL
Du Tor! Von Gott erkorener Prügelknabe
An deinem Dulderleibe peitscht Er ewig
Sein Gotttum allen andern Völkern ein!
Ihn schaudert vor den Qual, die Er erschaffen.
Dich braucht Er, daß du – gläubig durch die Zeit
Dich schleppend – allen Völkern rings verkündest.
Schuldlos sei Er – und Strafe alles Leid!
Dich opfert Er! Du taugst Ihm nur als Zeuge,
Als unbestochener, auf den er weist,
Wer zweifelt noch, wenn du – von ihm zertreten,
Verblutend – deinen Gott, gerecht, noch preist!
Und immer hoffst du: Letzte Prüfung wär' es,
Gott hätte nur noch diesmal dich versucht ..
Sag dich doch los! Kein Richter thront dort droben.

Diese andere Stimme, die Stimme des Anderen, wem gehört sie? Nicht Gott, nicht Christus, der Vernunft vielleicht? Wird Semaël siegen oder wird Jakob den Weg des jüdischen Glaubens wählen, trotz dieser Warnung? Natürlich wissen wir, wofür er sich entschieden hat. Und war es zum Besten? Vielleicht, trotz allem. Beer-Hofmanns Semaël sprach wohl zu einem ganz anderen Juden, nicht zu Jakob, sondern zu Jeshuah ben Josef, der auf dem Kreuz landete für all sein jüdisches Leid und dabei sein Judentum opferte.

Eine Religion an einem Ort anzunehmen, der politische wie spirituelle Bedeutung hat, ist nur ein Beispiel eines fait accompli, welches oft durch jüdische Träume gegeben ist. Aber wenn man sagt, daß Träume ein Sechzigstel der Prophetie sind, muß dann jeder sechzigste Traum wahr werden, oder hat jeder Traum ein Sechzigstel von Wahrheit? Eine Wahrheit, die sich aus der Vergangenheit in die Zukunft dehnt, vom Jenseits in das Diesseits das wir kennen und von hier in das Jenseits, das erst kommt. Wie die Prophezeiungen der Fatima: drei Hirtenkinder, drei Prophezeiungen, hundertachzig Träume. Freud wollte die Warnungen nicht hören, Bergson, trotz aller Physiologie und Hermetik vielleicht schon.

„Und der Wert des Traumes für die Kenntnis der Zukunft? Daran ist natürlich nicht zu denken. Man möchte dafür einsetzen: für die Kenntnis der Vergangenheit. Denn aus der Vergangenheit stammt der Traum in jedem Sinne. Zwar entbehrt auch der alte Glaube, daß der Traum uns die Zukunft zeigt, nicht völlig des Gehalts an Wahrheit. Indem uns der Traum einen Wunsch als erfüllt vorstellt, führt er uns allerdings in die Zukunft; aber diese vom Träumer als gegenwärtig genommene Zukunft ist durch den unzerstörbaren Wunsch zum Ebenbild einer Vergangenheit gestaltet" (Freud 1900, 588).

Vladimir Jankélévitch (1962) hatte Folgendes über Bergsons *jüdisches* Zeitgefühl zu sagen:

„Ein Hellseher, der die Zukunft vorhersieht und voraussagt ohne Beziehung auf die Zeit, verwandelt Zukunft in Gegenwart und schafft somit Zeit durch einen Zauberakt ab. Aber ein Prophet, der Vorahnungen von der Zukunft hat, schafft die Zeit nicht ab. Im Gegenteil, er bahnt sich einen Weg durch die Düsterheit, und seine Vorahnungen sind in einer Zeit, die er als Ganzes erfaßt, wie in einem Akt von Bergsonscher Intuition. Und was in der Dauer sich allmählich zeigt, wird mittels Prophetie, einem Konzentrat der Dauer, mit einem Mal dargestellt, in einer plötzlichen Offenbarung."

Bergson stellt in seinen späteren Arbeiten leider keine Beziehung zu seiner frühen Monographie über den Traum her, aber wir wollen doch glauben, daß er das talmudische Sechzigstel in folgendem Sinne verstanden hätte: Jeder Traum beinhaltet zumindest die Möglichkeit, sich durch intuitive Einsichten prophetisch über die kompartmentalisierte Zeit hinwegzusetzen, solange dies nicht auf scharlatanische Weise geschieht. Woran und an wem es allerdings liegen soll, diesen gewichtigen Unterschied festzustellen, ist vielleicht die wichtigste Frage der Debatte um die Träume. Vielleicht sollte der Träumer am ehesten auf sich selbst vertrauen, doch braucht er dazu oft eine Anleitung. Die Kunst, dieses

Sechzigstel zu erkennen, will gelernt werden. Anderenfalls müßte man zumindest annehmen, daß unter bestimmten Bedingungen ein unreduzierbarer Kern des Traumes prognostische Wahrheiten enthält, denen man sich besser nicht entziehen sollte.

Die Zeichen erkennen

Das Herstellen von zwischentextlichen Beziehungen von Traumerinnerungen, literarischen Verarbeitungen von Traummaterial und tiefenpsychologischen Interpretationen (inklusive intuitiv-analytischer) ist die Vorbedingung, um die transformative Kraft von Träumen beurteilen zu können. Dabei geht es nicht allein um unterschiedliche Lesarten verschiedener Texte, sondern um die lebenswichtige Bedeutung und die politischen Macht des Träumens als Prophetie. Ebenso wichtig ist allerdings die Frage der Umformung von vergangenen und andauernden traumatischen Erfahrungen durch Traumarbeit. Auf beiden Gebieten gibt es wichtige Beiträge zu Theorie und Praxis aus jüdischer Hand.

In seinem *Führer der Unschlüssigen* behauptet Rabbi Mose ben Maimon, der Rambam (1924), daß „die bedeutendste und wichtigste Tätigkeit (der Einbildungskraft), nämlich die kreative, dann stattfindet, wenn die Sinneswahrnehmungen ruhen und deren Wirkungen aufgehoben sind. Dann strömt je nach ihrer Anlage eine gewisse Inspiration auf sie ein und dies ist die Ursache der wahren Träume. Und eben dieselbe ist auch die Ursache der Prophetie. In der Tat ist diese Inspiration nur durch ein Mehr oder Weniger, nicht aber nach der Art verschieden."

Im weiteren zitiert der Rambam aus dem frühen Bibelkommentar Bereschith Rabbah:

„Der Traum ist eine Vorfrucht (Abfall – Nobeleth) der Prophetie. Und dies ist ein wunderbares Gleichnis. Der Abfall ist nämlich die Frucht selbst, nur daß sie vor ihrer Vollendung und vor ihrem Reifwerden abfällt. Ebenso ist die Tätigkeit der Einbildungskraft zur Zeit des Schlafes die gleiche wie die zur Zeit der Inspiration, nur ist sie noch mangelhaft und nicht zu ihrer höchsten Stufe gelangt."

Etwas später bedenkt er die Frage, warum Prophetie im Exil nicht stattfinden kann:

„Die Einbildungskraft ist ohne Zweifel eine körperliche Kraft. Daher wirst du bemerken, daß die Prophetengabe der Propheten zur Zeit ihrer Trauer oder ihrers Ärgers aufgehoben ist.“

Und weiter unten:

„Ebenso wirst du bemerken, daß manche Propheten eine gewisse Zeit hindurch weissagten, daß sich aber dann die Prophetengabe von ihnen entfernte und infolge eines eingetretenen Zwischenfalles (eines unglücklichen Ereignisses) bei ihnen nicht dauernd blieb. Dies ist meiner Ansicht nach die unmittelbare (und) wesentliche Ursache, daß die Prophetie in den Zeiten des Exils aufgehört hat, (denn dies sind Zeichen der) Niedergeschlagenheit oder der Trauer, die den Menschen in seinen Angelegenheiten betrifft, und, was noch schlimmer ist, wenn er als Knecht dienstbar gemacht wurde von unwissenden und schlechten Menschen, in denen der Mangel an wahrer Erkenntnis und das Vorherrschen aller viehischer Begierden vereint ist und ‚er dagegen nichts vermag.“‘

Diese gegenseitig ausschließliche Verbindung zwischen Prophetie und Trauer, zwischen Prophetie und einer Versklavung, die Apathie hervorruft, führt demzufolge zu einer Umwandlung der Träume zu solchen, die nicht mehr wahrhaftig sein können, von denen auch der sechzigste Teil des Prophetischen wegfällt. Vielleicht werden sie unter diesen Bedingungen zu rein traumatischen Träumen, denen nichts Heilsames entwachsen kann.

Diese Situation umzukehren, wieder zu einer befreiten Form des Bewußtseins zu gelangen, in dem auch Träume ihr Sagen haben können, dazu muß man sich eine Befreiung aus der Versklavung und eine Auflösung der Trauer vorstellen können, im Idealfall beides. So eine Verwandlung soll natürlich in den Tagen des Messias stattfinden, beim Tikkun Olam – wo die Welt wieder in ihr rechtes, ursprüngliches Lot gebracht wird, könnte aber auch durch extreme Hingabe erreicht werden, durch eine allgemeine Verrichtung, einen Tikkun Klali. Diesen Weg zeigte uns der Moharan, Rav Nachman von Bratzlav, dessen Träume ein zentraler Nexus in seinen Vorbereitungen auf die messianische Erlösung waren. Ein Exkurs in das komplizierte Netz von Berichterstattung und Interpretation des Moharan könnte zeigen, inwieweit sich sein Lebensweg, und damit die messianischen Erwartungen des *modernen* Chassidismus durch Berücksichtigung seiner Träume gewandelt haben.

In den Bemerkungen (Likkutei) des Maharan findet sich ein

dermaßen klarer Plan für das Kommen des Messias wie sonst nirgends in der talmudischen und nachtalmudischen Literatur. Und in allem beruft sich Reb Nachman auf folgenden Traum:

„Ein Mann lag auf dem Boden...und mehrere Kreise von Menschen saßen um ihn, und der in der Mitte bewegte seine Lippen, und dann bewegten alle ihre Lippen, bis er einhielt. Er war kalt geworden und starb, und alle hielten ein. Dann begannen sie zu laufen, und ich lief ihnen nach. Sie kamen zu einem wunderschönen Palast, vor dem zwei Beamte (officials) standen. Und die Leute debattierten mit ihnen und liefen dann weg. Ich ihnen nach. Sie kamen zu einem Zelt, und jemand rief: 'Geht und holt euch eure Bündel (Verdienste).' Sie taten es und warfen die Bündel (Verdienste) auf die Kerze, aus der dann Funken sprühten, die in ihre Münder eintraten. Die Kerze wurde zu Wasser...sie alle tranken...und Wesen, die weder Mensch noch Tier waren, kamen aus ihren Mündern. Sie wollten zu ihrem Ort zurückkehren und sandten diese Wesen voraus, und ich rannte denen nach und sah den Schrecklichen, der von der Erde zum Himmel reichte, wie sein Schwert (SEMAËL). Das Schwert hatte mehrere Schneiden, eine für den Tod, eine für die Armut, eine für die Krankheit, und wieder andere für verschiedene Formen von Strafe...und sie baten: 'Wir leiden schon so lange durch dich. Jetzt hilf uns bitte und bringe uns zu unserem Ort zurück.' Aber er wollte nicht und tat es auch nicht. Mittlerweile wurden die Beamten enthäuptet. Und dann begann das ganze wieder von vorne. Ich verstand die Bedeutung dieser Sache nicht. Sie sagten zu mir: 'Geh in diesen Raum und du wirst die Bedeutung erfahren.' Als ich den Raum betrat, sah ich einen alten Mann und fragte ihn darüber. Er nahm seinen Bart in die Hand und sagte: 'Dies ist mein Bart, und dies ist auch die Bedeutung dieser Sache.' Ich sagte zu ihm, daß ich es noch immer nicht verstehe. Jetzt schickte er mich in einen anderen Raum, wo ich die Bedeutung finden sollte. Als ich diesen Raum betrat, sah ich, daß er unendlich lang und unendlich breit war, und vollgefüllt mit Büchern. Wo immer ich eines der Bücher öffnete, fand ich die Bedeutung dieser Sache."

Reb Nachman erklärt seinen Traum in dem folgenden Kommentar mit den Worten: „Neun wertvolle Verrichtungen wurden dem Bart gegeben.... " „Wisset, dass es eine Seele auf der Welt gibt, durch welche alle Erklärungen der Torah sich zeigen werden. Diese Seele ist mit Leiden belastet, hält sich mit Brot und Salz am Leben, und trinkt bemessene Mengen von Wasser, denn dies ist der Weg der Torah. Alle Interpreten der Torah erhalten ihre Worte von dieser Seele. Alle Worte dieser Seele sind so heiß wie glühende Kohlen, denn es ist unmöglich die Worte der Torah aus jemandem hervorzubringen, außer wenn dessen Worte heiß wie brennende Kohlen sind....Wenn diese Seele von der Sprosse fällt, und ihre Worte erkalten, so stirbt sie. Sobald sie stirbt, verschwinden auch die Erklärungen, welche durch sie hervorgebracht wurden. Seither sind alle Interpreten nicht mehr fähig, irgendwelche Bedeutungen in der Torah zu finden, was wiederum zu den Streitigkeiten unter den Chassidim führt. Streitigkeiten gibt es hauptsächlich deshalb in der Welt, weil es an der richtigen Interpretation der Torah mangelt, denn eine solche Interpretation hätte längst allen Widersprüchen und Entgegnungen ein Ende bereitet.

Moses und Aaron waren die Beamten, die gesündigt hatten, weil sie ihre Bündel (Verdienste) ins Feuer warfen, als sie den Felsen schlugen. Daher dürfen sie ihr Volk auch nicht in das versprochene Land begleiten. Aber der Zaddik, der heilige Gerechte, darf dies tun, wenn er sich der Hitze des Leiden hingibt, des unsäglichen Leidens der richtigen Erklärung, welche gleichzeitig die entgültige Erlösung mit sich bringt."

Nachmans Umgang mit seinen Träumen schließt an die alte kabbalistische Tradition von Traumtechniken an, mit denen diese jüdischen Mystiker ihre Erkenntnis und Nähe zur Gottheit vertiefen suchten (Idel 1997). Aber im Unterschied zu seinen Vorgängern stellt Nachman immer wieder die Beziehung zur Realität seines Lebens her. In seinem Traum sehen wir deutlich, wie nahe Reb Nachman zur Überzeugung gekommen war, daß er selbst, der Träumer, die wahren Worte der Torah erkennen und die glühenden Kohlen hervorbringen werde. Und doch wurde ihm dieser Traum zur Warnung, er hielt ihn davon ab, sich im Gegensatz zu Schabbatai Zwi und Jakob Frank, den bekanntesten apostatischen Messiasfiguren des Judentums, diesen Weg zu begehen. Dadurch blieb er bis heute eine zentrale Figur des Chassidismus, gerade wegen seiner mystischen Gratwanderung zwischen Paradigma und Prophetie.

Schreckensbilder oder Lebenshilfe?

Träume, die geträumt und erinnert wurden, aufgezeichnet, und nacherzählt. Träume die geträumt wurden, vergessen, wieder ausgegraben und verarztet. Literarische Träume, Überlappungen von Geträumtem und Erhofftem, Träume, von denen man sich wünscht, sie zu träumen, und solche, vor denen man sich fürchtet.

Wie erfährt man, was mit Träumen anzufangen ist? Freud konnte mit *ausschmückenden* Elaboraten nichts anfangen, außer sie waren im analytischen Setting *frei assoziiert*. Aber Schnitzler schon. Der lebte wirklich mit seinen Träumen, jeder Traum eröffnete ihm die Möglichkeit einer neuen literarischen Bearbeitung, einer Interpretation, welche wiederum in den Kreislauf von Träumen und literarischer Produktion einfloß. Oneiro-Biografie, ein nahtloses Leben im Mittelbewußtsein, anstelle des dauernden Hin- und Her zwischen entschwindenen Erinnerungen und hervorströmenden Assoziationen. Freud meinte, daß nur ein Arzt den Rettungsring zuwerfen und das Geländer beistellen kann, welche das Überdauern der flüchtigen Traumerinnerungen ermöglichen, nur um sie mit starken Interpretationen zu besiegeln. Aber nein, wir sollen lernen in dieser Art der Traumdeutung zu schwimmen. Laut Freud und Rav Chisda ist nicht der Traum unser Fluß, sondern dessen Deutung.

Aber was ist mit schlechten Träumen? Wie sollen wir mit denen umgehen? Sollen schlechte Träume der Zensur zum Opfer fallen, damit nur die guten Anteile in der Erinnerung bleiben? Manche meinten, schlechte Träume gebühren bösen Königen, damit sie darin die Schwärze ihres Schicksals erkennen sollen. Und dennoch sagte derselbe Rav Chisda, der mitsamt seiner Offenheit gegenüber der Traumdeutung ein strenger Lehrmeister war: „Ein schlechter Traum ist besser als ein guter“ (Babylonischer Talmud, Traktat Berachot, 56a). Und warum? Der Kommentator Raschi erklärt, daß schlechte Träume die Menschen eher zur Buße bringen als gute. Sie sind Gottes Hinweise, daß sich der Mensch auf den Weg der Buße begeben soll. Böses zu sehen, als Warnung, Gutes zu tun. Trauma als Therapie – welch modernes Konzept!

Daher sollen die Warnungen Semaëls zusammen mit den Versprechungen Gottes gehört werden. Denn sonst könnte man leicht der Vergesslichkeit verfallen. Des Glaubens zu sicher geworden, ebenso wie des versprochenen Landes, möchte sich womöglich ein schlaftrunkener Hochmut einstellen, dem uns erst das Beil des Schlächters entreißt. Und vielleicht finden wir gerade deshalb, daß jüdische Träumer nie aufhören, sich dieser Warnungen zu erinnern.

Schnitzler zum Beispiel hatte die Warnungen seiner *Traumnovelle* Bereits 30 Jahre vor deren Veröffentlichung im Jahre 1926 im Sinn. [1] In den Jahren von 1922 bis 1926 arbeitete er immer wieder an diesem Werk, und bereitete im Herbst 1930, kurz vor seinem Tod, sogar eine Fassung für den Film vor. Als er sie zuerst konzipierte, noch unter dem Namen *Doppelnovelle*, wußte er noch nicht, daß seine Ehe zu Olga Weissnix im Jahr 1925 in einer traurigen Scheidung enden würde. Aber vielleicht ahnte er es doch. Was meinte er eigentlich mit dieser *Doppelung*? War es wirklich die Spiegelung der Konflikte seiner Charaktere, wie manche Biografen (z.B. Farnese) vorgeschlagen haben, oder vielmehr die Reflexion des Lebens in Träumen und vice versa, ein Sich-Einschreiben der Träume im Leben und des Lebens in Träumen. Also keineswegs eine Verdoppelung der Nichtigkeiten, wie in Ecclesiastes, sondern eine Multiplikation der Bedeutungen. Ein dauernder Parallelvorgang, ein Hin und Her zwischen Bewußtem und Unbewußtem, eine Melange aus Bewußtseinszuständen, die Schnitzler als „Mittelbewußtsein“ bezeichnete. Freud meinte, daß Schnitzlers ursprünglicher Titel etwas mit „Doppelgängerfurcht“ zu tun haben könnte, eine Vorstellung, die eher von Freud ausgegangen war als von Schnitzler – obwohl beide Ärzte waren, die sich auf innovative Weise mit der Psyche beschäftigten. Andererseits könnte Schnitzlers Titel *Doppelnovelle* auch auf die Verbreitung intimer Nachrichten über das Doppelleben der Menschen hingewiesen haben, vielleicht um uns mitzuteilen, daß jeder mindestens zwei Leben führt, ein gelebtes und ein geträumtes, aber nur manche ein drit-

[1] Die Literatur zu Schnitzlers *Traumnovelle* im Speziellen und zu seiner Beschäftigung mit Träumen und Psychoanalyse im Allgemeinen ist umfassend und kann hier in keiner Weise adäquat reflektiert werden. In den nachfolgenden Betrachtungen beziehe ich mich vor allem auf Schnitzlers Tagebücher (1919-1930), den darin enthaltenen Zusammenstellungen *Glossar einer Ehescheidung* und *Der Traum: Ein Text* (Welzig, 1997); den Briefen von Freud an Arthur Schnitzler, vor allem dem Brief vom 14. Mai 1922 in dem er von Seiner „Doppelgängerscheu“ schrieb; der Dissertation von Zelger (1989), sowie den Diplomarbeiten von Mattivi (1991) und Riedmann (1996) über Schnitzlers Träume, seine Eheprobleme und sein Judentum.

tes erreichen, bestehend aus einer Mischung der beiden.

Es fragt sich, ob das eine gute Nachricht ist. Natürlich ist die Möglichkeit eines Zusammenwachsens von Traumwelt und wachem Erleben eine vielversprechende Erkenntnis. Aber in der Biographie des Ehepaares Schnitzler war die Traumnovelle eine außergewöhnlich schlechte Nachricht, die das jahrelange Leiden und die große Verzweiflung, ja die Ohnmacht der beiden widerspiegelte. Und für Schnitzler als Juden war es zudem noch eine schlechte Nachricht, denn in einer höhnischen Wende des Schicksals war es letztlich Olga in der Gestalt von Albertine, die ihren Lacher am Ende des (fiktiven) Traumes hatte, als sie beobachtet, wie ihr Mann lieber am Kreuz stirbt, als der Verführung durch die wunderschöne Prinzessin nachzugeben. Ein Jude, der sich zum Wohle einer Ehe, einer höheren moralischen Instanz opfert, und dabei zum Gott wird. Welch Ironie!

Traumatische Träume

Im Jahr 1935 hatte ein deutsch-jüdischer Rechtsanwalt folgenden Traum:

„Ich gehe, feierlich gekleidet, ins Justizministerium (wie ich, der Sitte entsprechend, dreißig Jahre zuvor nach bestandenen Assessorexamen wirklich gegangen war). Der Minister, von SS-Wachen umgeben, sitzt hinter einem riesigen Schreibtisch (wie man ihn von Hitlerbildern kennt) und trägt eine Art Kreuzung zwischen schwarzer Uniform und Anwaltsrobe. (Der Anlaß zu dem Traum war wohl, daß ich meine Anwaltsrobe am Vortage hatte wegwerfen müssen). Ich sage zu dem Minister: 'Ich klage an, daß mir der Boden unter den Füßen entzogen wird.' Die Wachen fassen mich und werfen mich auf den Boden. Liegend sage ich: 'Ich küsse auch den Boden, auf den Sie mich werfen.'"

Dieser scheinbar erniedrigende Traum aus Charlotte Beradts Sammlung *Das Dritte Reich des Traumes* (1981) bezieht sich auf Redewendungen, wie: „es wird mir der Boden unter den Füßen entzogen" und „ich küsse den Boden, auf dem er oder sie geht." M. a. W.: „Sogar während mir der Boden unter den Füßen entzogen wird, sogar während ich auf diesen Boden geworfen werde, auf den Boden, auf dem Sie, Herr Minister und ihre SS-Wachen sitzen und stehen, sogar diesen Boden küsse ich. Diesen deutschen Boden, den ihr besetzt und durch Eure Besetzung entweiht habt, ihn küsse ich trotzdem. Und dieser Kuss wird mein Todeskuss sein, aber Euch zum Gelächter, denn wie sehr ihr Euch auch anstrengen mögt, es wird Euch nie gelingen, mich von der Liebe zu diesem Boden abzubringen."

Dieser Traum, von dem Beradt sagt, daß er von der „Zerstörung der Bedingungen, auf die ein langes Leben gebaut wurde" spricht, handelt gleichzeitig auch von dem Widerstand gegen diese Zerstörung, von der Weigerung sich der Besetzung deutschen Bodens durch die Nazis auszuliefern. Vielleicht meint Rav Chisda auch dieses, wenn er sagt, daß ein schlechter Traum besser ist als ein guter: Ein schlechter Traum bietet Gelegenheit zur Wiedergutmachung und zur Heilung, während ein guter Traum diesen Möglichkeiten vielleicht sogar im Wege steht.

Freud spricht kaum explizit über schlechte Träume. Das Wort Albtraum kommt in der Traumdeutung nur einmal vor, und zwar im Zusammenhang mit Lungenkranken, denen „der Alb auf der Brust sitzt" (Freud 1900, 61). Auch das Wort „Albdruck" kommt nur einmal vor, in einem Zitat aus Artemidoros' Klassifikation der Träume:

„Man teilt die Träume in zwei Klassen. Die eine sollte nur durch die Gegenwart (oder Vergangenheit) beeinflußt, für die Zukunft aber bedeutungslos sein; sie umfaßte die insomnia, die unmittelbar die gegebene Vorstellung oder ihr Gegenteil wiedergeben, z.B. den Hunger oder dessen Stillung, und die phantasmata, welche die gegebene Vorstellung phantastisch erweitern, wie z. B. der Albdruck, ephialtes. Die andere Klasse dagegen galt als bestimmend für die Zukunft; zu ihr gehören: 1) die direkte Weissagung, die man im Traume empfängt (oraculum), 2) das Voraussagen eines bevorstehenden Ereignisses (visio), 3) der symbolische, der Auslegung bedürftige Traum (somnium). Diese Theorie hat sich viele Jahre erhalten" (Freud 1900, 31).

Soweit das von Freud zitierte Zitat (nach Gruppe, der wiederum nach Makrobius und Artemidoros zitiert). Der Albdruck oder Albtraum wurde somit von Artemidoros als Gegensatz zu prophetischen Träumen hingestellt, eine Unterscheidung die für Freud wahrscheinlich irrelevant war. Wenn schon ein relativ angstfreier Traum keine zukunftsträchtigen Inhalte tragen kann, wie soll dann mit Artemidoros ein Angst- oder Albtraum dies zu Wege bringen? Verstellt Angst somit völlig die Sicht auf die Zukunft, ebenso wie wir dies bei der Traurigkeit und der Versklavung laut Rambam bemerkt haben?

Albträume sind eine Kombination aus angsterregendem Inhalt, extremer Aufregung, bis zum Wachrütteln des Menschen aus dem Schlaf, die sich gerne häufig wiederholen. Auch Freuds Erwähnung des Albtraumes deutet auf einen Zusammenhang zwischen einer tatsächlichen körperlichen Erfahrung (z.B. Atemnot) und dem Trauminhalt. (Siehe auch Bergson). Vielleicht lag der Grund, aus dem Freud den Albtraum und dessen Bedeutung für die Zukunft vollständig verschwieg, in seinen Schwierigkeiten mit der aktuellen Relevanz von vergangenen traumatischen Erfahrungen. Einen Zusammenhang zwischen Trauma und Träumen stellte er in seiner Traumdeutung keinesfalls her.

Träume als Hoffnung und Heilung

Im seiner Vorbemerkung zur ersten Auflage der *Traumdeutung* schrieb Freud folgenden bemerkenswerten Absatz:

„Indem ich hier die Darstellung der Traumdeutung versuche, glaube ich den Umkreis neuropathologischer Interessen nicht überschritten zu haben. Denn der Traum erweist sich bei der psychologischen Prüfung als das erste Glied in der Reihe abnormer psychischer Gebilde, von deren weiteren Gliedern die hysterische Phobie, die Zwangs- und Wahnvorstellung den Arzt aus praktischen Gründen beschäftigen müssen. Auf eine ähnliche praktische Bedeutung kann der Traum – wie sich zeigen wird – Anspruch nicht erheben; um so größer ist aber sein theoretischer Wert als Paradigma, und wer sich die Entstehung der Traumbilder nicht zu erklären weiß, wird sich auch um das Verständnis der Phobien, Zwangs- und Wahnideen, eventuell um deren therapeutische Beeinflussung vergeblich bemühen“ (1900, 21).

Weil sie über Freud hinausgingen und glaubten, daß Träume in direktem Zusammenhang mit der „*Katastrophensituation unserer Zeit*“ stünden, sammelten Milo Dor und Reinhard Federmann in den Nachkriegsjahren Träume von verschiedenen Österreichern und Deutschen in ihrem Buch *Der unterirdische Strom. Träume in der Mitte des Jahrhunderts* (1953).

Eine 25-jährige Wienerin, ohne Beruf, verheiratet, zwei Kinder, hatte folgenden Traum:

„Ich bin mit meinen Kindern in einer Gruppe Menschen auf einem Hügel, rechts hinter mir ein sehr dunkler Wald, unter uns führt eine Straße vorbei. Der Himmel ist grau. Über den Wald her kommt ein ganz schwarzes Flugzeug, ich zeige es meiner vierjährigen Tochter und sage: 'Schau, Dorli, ein Flugzeug.' Ein alter Mann in der Gruppe schreit: 'Deckung!' Das Flugzeug geht hinter einem Berg nieder, ich höre Bomben und Bordwaffen. Ich muß zu meinem Sohn kriechen, der in einem Wäschekorb liegt, und bin ohne besondere Anstrengung plötzlich so nahe bei ihm, daß ich ihn fast greifen kann. Ich höre einen Aufprall. Das Flugzeug muß gelandet oder abgestürzt sein. Der Himmel ist jetzt schwarz und lila, sehr unheimlich. Das Flugzeug kommt genau über der Straße zurück. Dann fährt es wie ein Auto auf der Straße. Der alte Mann sagt: 'Wenn die uns jetzt erwischen, sind wir alle tot.' Das Flugzeug hält, der Schlag geht auf wie bei einem Auto, und zwei Männer steigen aus, der eine blond, der andere brünett. Sie tragen blaue Schlosseranzüge und kommen direkt auf uns zu. Ich sage: 'Die kommen zu uns', und der alte Mann sagt: 'Ruhig!', Ich liege noch in Fliegerdeckung auf dem Bauch und habe eine *Arbeiter-Zeitung* (Organ der Sozialistischen Partei Österreichs) vor mir. Ich überlege, ob ich sie verstecken soll, aber dann denke ich: 'Es ist besser, wenn ich mich nicht rühre,' und: 'es ist doch Friede; wir dürfen ja noch lesen.' Die Männer sind jetzt bei uns, und der Blonde sagt: 'Ihr alle hängen.' Er spricht mit ausländischem, am ehesten russischem Akzent. Dann fordert er mich auf, ihm die Schlagzeilen vorzulesen. 'Die uns schon suchen?' fragt er. Ich lese ihm die Überschriften vor. Er sagt: 'Österreichische Zeitungen Dreck. Alles in Österreich Dreck. Ihr alle hängen.' Den letzten Satz sagt er im ganzen vielleicht zehn- oder zwanzigmal. Über den Wald kommen große schwarze Vögel, fast ohne die Flügel zu bewegen, aber ich spüre den Luftzug, den sie hervorrufen. Der eine Pilot, wieder der Blonde, sagt: 'You look. Geier fressen deinen Sohn.' Ich springe auf. Ein Geier packt den Kleinen eben am Ärmel, fliegt aber weg, als ich dazukomme. Der Pilot hilft mir, den Korb auf die Seite zu tragen, und sagt: 'Kinder müssen leben, aber ihr alle hängen.' Die Vögel sind dann fort, und der Brünette schlägt den Blonden auf die Schulter und sagt: 'Come on.' Der Blonde dreht sich noch einmal um und sagt: 'Ihr alle hängen.' Mir ist es schon zu dumm, und ich denke: dann hängt uns eben auf! Die Männer gehen langsam zu ihrem Flugzeug zurück."

Dieser traumatische Traum zeigt uns nicht nur, wovor sich die Frau fürchtet und wie sehr sie vielleicht unter Schuldgefühlen leidet, die sich auf diesem Wege ihre erträumte Strafe suchen, sondern er zeigt auch, wie sich die Rettung aus solch hoffnungsloser Lage abspielen könnte. Der Traum ist somit Teil ihres Lebensplanes, ob die Frau es wußte oder nicht, in dem sich die Heilung von den Kriegstraumen und die Möglichkeit eines glücklichen Überlebens abzeichneten. Ebenso wie Dor und Federmann, deren Traumsammlung nicht nur die *Seelenlandschaft der Menschen* ihrer Tage darstellen sollte, mit ihrer Einsamkeit, Verwundung, Bedrohung durch überhandnehmende Apparate, Gleichgültigkeit, Pflicht zur Entscheidung, Mitschuld an allem, was um uns geschieht, sondern auch die *Zuversicht, mit den Geschehnissen fertigzuwerden*, findet sich heute eine zunehmende Zahl psychologischer Denker, die im Träumen, wie traumatisch es auch wäre, einen Hoffnungsschimmer erkennen.

Auch ich hatte vor kurzem einen hoffnungsvollen Traum, beruhend auf der traumatischen Geschichte meiner Familie:

„Ich kletterte auf einer Hügelkuppe herum, die wie eine Festung mit Höhlen und in den Stein geschnittenen Passagen aussah, wie Massada vielleicht, oder Macchu Picchu. Und dort kletterten auch andere Leute, die meisten schienen dort oben in den Höhlen leben. Und wir schauten über das Land: unter uns war ein Wasser, weit unten, und es sah sehr tief aus. Plötzlich gab es einen Aufruhr. Der Hügel wurde angegriffen, Feuerbomben flogen durch die Luft und die Leute rannten schreiend umher. Und ich stand dort mit einem jungen Mann den ich gerade kennengelernt hatte, und beide schauten wir auf den schwarzen See dort unten, und glaubten, daß wir springen müssen, um den Flammen zu entgehen, und so sprang er voran, landete, aber er sank nicht, das Wasser ging ihm nur bis zu den Knöcheln. Aber ich sprang nicht. Er ist für mich gesprungen. Und sobald er gesprungen ist, hörte die Attacke auf, und ich sah mich auf dem Hügel nach Überlebenden um und merkte, daß auch meine Eltern überlebt hatten. Da waren sie, immer noch in ihrer kleinen Höhle, ungestört. Und ich war diesem jungen Mann sehr dankbar, daß er uns gerettet hat, denn es schien wirklich, als ob er uns durch seinen Sprung gerettet hat. Und daß auch er gerettet wurde."

Dies träumte ich nur wenige Wochen nach Antritt meiner Gastprofessur an der Universität Wien am 1. März 2000. Dieser März war fürchterlich. Ein eisiger Wind blies unaufhörlich und ich hatte dauernde Stirnschmerzen davon. Alle großen Demonstrationen gegen die Schwarz-Blaue Koalition hatte ich versäumt und versuchte ohne viel Erfolg mich den übriggebliebenen Stimmen des Widerstandes anzuschließen. Mit dem Retter aus meinem Traum hatte ich mich kurz davor angefreundet. Er war ein junger Wiener, kaum über Dreißig, in der Psychiatrie tätig, der mir erzählte, daß sein Großvater in der SS gedient hat. Im Traum konnte er auf dem Wasser gehen und opferte sich willig für uns jüdische Höhlenbewohner. Ein klassischer Wunschtraum also, ein Wiedergutmachungstraum? Meine Eltern werden von einem Nachkommen österreichischer Nazis gerettet? So etwas geschieht doch nur in den wildesten Träumen?!

Sechs Monate später mußte sich mein Vater einer lebensrettenden Operation unterziehen. Unter den Operateuren waren mit Sicherheit Nachkommen ehemaliger Nazis.

Für mich paßt dieser Traum zu den schwierigen Bemühungen, trotz den derzeitigen politischen Bedingungen auch eine Chance auf Versöhnung zu finden. Damit will ich mich meinem Kollegen Robert Jay Lifton (1996) anschließen, der auf Grund von einigen nicht ganz überzeugenden Traumerzählungen aus seiner Arbeit mit Vietnam-Veteranen und deutschen Kriegsverbrechern zu folgenden Schlüssen gekommen ist:

„Träume sind vorausschauend; sie zeichnen psychologische, aber oft auch verhaltensbezogene Funktionen vor. Aber darüberhinaus sind sie auch vorantreibend – indem sie den Träumer in die Richtung auf bestimmte Erfahrungen drängen.

Träume haben eine unmittelbare oder zumindest naheliegende psychologische Dimension, in der sie die Bemühungen des Selbst um Vitalität aufzeigen und bestärken – in Richtung auf Verbindung, Integration und Bewegung.

Träume fungieren auch auf einem übergeordneten Niveau: sie bringen uns den Konflikten und den Ausrichtungen des Selbst im Rahmen von großen historischen Zusammenhängen näher, sowie den Versuchen, Formen symbolischer Unsterblichkeit aufrechtzuerhalten oder neuzudefinieren."

Was Lifton mit den „Formen symbolischer Unsterblichkeit" bezeichnet, kann man auch als ein Hinwegsetzen über die Grenzen der Zeit verstehen, ein Vorausgreifen in die Geschehnisse der Zukunft, also eine Art Prophetie.

Vielleicht läßt sich das als ein spezifisch jüdischer Zugang zum Träumen ansehen: den Traum in der Spannung zwischen Vergangenem und Zukünftigem zu situieren. Weiter als Freud, der ganz im Vergangenen steckte, und dem es beim Traum hauptsächlich um das Zurückhaltende der Psyche ging, aber auch anders als die *geistige* Psychologie von Jung, Dürckheim und Tillich, denen es mehr um die Entdeckung des Eigentlichen, Ursprünglichen und Numinösen ging, scheint der jüdische Traumzugang im Brückenschlag zwischen einer mystisch/historischen Ebene mit all ihren Glücks- und Schreckensmomenten und dem entgültigen *messianischen* Entwurf eines Menschenlebens zu liegen.

Auf der Suche nach dem *Offenbarungscharakter* des Traumes gelangte der Schweizer Psychiater und Psychoanalytiker Gaetano Benedetti (1984) zu der entscheidenden Frage, ob der Wahrheitsgehalt des Traumes in seinen Entstehungsmechanismen oder in seiner Auswirkung liegt. Im Sinne unserer jüdischen Träumer läßt sich diese Frage vielleicht am besten dahingehend beantworten, daß jede Theorie von Entstehungsmechanismen ohne Betrachtung der Auswirkungen – innerhalb oder abseits von therapeutischer Auseinandersetzung – letztlich nur ein leeres Spiel sein kann. Denn nur mit den Träumen besteht die Chance, das Erinnerte mit dem Vergessenen, das Verlorene mit dem Gefundenen, das Gewollte mit dem schicksalshaft oder reflektorisch Bestimmten in einer kontinuierlichen Ganzheit zu verbinden. Diese Ganzheit muß natürlich in ihrer ultimativen Erfüllung immer illusorisch bleiben, das Streben danach ist aber vital und propulsiv, eine Lebenskraft, die vielleicht durch nichts anderes zu überbieten ist.

Literatur

Beer-Hofmann Richard (1919), Jaákobs Traum. Berlin: S. Fischer Verlag.

Benedetti Gaetano (1984), Der Offenbarungscharakter des Traumes an sich und in der psychotherapeutischen Beziehung. In: Wagner-Simon Therese, Benedetti Gaetano, Traum und Träumen: Traumanalysen in Wissenschaft, Religion und Kunst. Göttingen: Vanderhoeck & Ruprecht, S. 179-193.

Beradt Charlotte (1981), Das Dritte Reich des Traumes. Frankfurt/Main: Suhrkamp.

Bergson Henri (1914), Dreams, aus dem Französischen übersetzt von Edwin E. Slosson. New York: B. W. Huebsch.

Dor Milo, Federmann Reinhard (1953), Der unterirdische Strom. Träume in der Mitte des Jahrhunderts. Frankfurt: Frankfurter Verlagsanstalt.

Farese Giuseppe (1999), Arthur Schnitzler. Ein Leben in Wien 1862-1931. Wien: C. H. Beck Verlag.

Freud Sigmund (1895), Fußnote zu Breuer und Freud's Studien über Hysterie, zitiert in: Freud Sigmund (1972), Die Traumdeutung, Studienausgabe, Band II. Frankfurt am Main: S. Fischer Verlag, S. 16.

Freud Sigmund (1972), Die Traumdeutung. Frankfurt am Main: S. Fischer Verlag.

Green Arthur (1978) Tormented Master: a Life of Rabbi Nahman of Bratslav. Birmingham: University of Alabama Press, meine Übersetzung.

Idel Moshe (1997), Nächtliche Kabbalisten. In: Die Wahrheit der Träume. Gaetano Benedetti; Erik Hornung Hrsg. München: Fink, S. 85-117.

Jankélévitch Vladimir (1962), Bergson and Judaism. The Menorah Journal, XLIV, Autumn-Winter 1962, meine Übersetzung.

Lifton Robert Jay (1996), Dreaming Well: On Death and History. In: Barrett Deirdre (Hg.), Trauma and Dreams. Cambridge und London: Harvard University Press, S. 125-139.

Mattivi Johannes (1991), Die Eheproblematik in den Werken Arthur Schnitzlers. Diplomarbeit, Universität Innsbruck, StR Deutsche Philologie.

Mose ben Maimon (1924), Führer der Unschlüssigen. Zweites Buch. Leipzig: Verlag von Felix Meiner.

Riedmann Bettina (1996), Judentum und Antisemitismus im Spiegel von Arthur Schnitzlers Tagebüchern. Diplomarbeit, Universität Innsbruck, StR Deutsche Philologie.

Schnitzler Arthur (1926), Die Traumnovelle. Berlin: S. Fischer.
Schnitzler Arthur (1903-1930), Tagebuch; unter Mitwirkung von Peter Michael Braunwarth ... [et al.] ; herausgegeben von der Kommission für Literarische Gebrauchsformen der Österreichischen Akademie der Wissenschaften ; Obmann, Werner Welzig. Wien : Verlag der Österreichischen Akademie der Wissenschaften, 1981-.
Schnitzler Arthur (1981-1984), Briefe. Herausgegeben von Therese Nickl und Heinrich Schnitzler. Frankfurt am Main : S. Fischer, c1981 - c1984.
Scholem Gerschom (1980), Die juedische Mystik. Frankfurt am Main: Suhrkamp Taschenbuch Verlag, 356 ff.
Welzig Werner (1997), Der Traum ein Text. In: Arthur Schnitzler, Tagebuch Band 8, (1923-26). Wien: Verlag der Österreichischen Akademie der Wissenschaften, S. 487-496.
Zelger Anton (1989), Die Funktion des Traums in den erzählenden Schriften; Arthur Schnitzlers. Dissertation zur Erlagung des Doktorgrades der Philosophie and der Geisteswissenschaftlichen Fakultät der Universität Innsbruck.

Phänomen *Traum*. Ein innerphänomenologischer Dialog [1]

Hans Rainer Sepp

Halten wir nach einer Phänomenologie des Traums Ausschau, so stoßen wir bei frühen Vertretern der Phänomenologie auf Bruchstücke einer Theorie – auf einzelne Splitter, die etwa ein gutes halbes Dutzend Phänomenologen zu ihren Urhebern haben. Am bekanntesten dürften Sartres Ausführungen im vierten Kapitel des vierten Teils von *L'Imaginaire* sein, und der Begründer der Phänomenologie hat zum Thema marginal, doch keineswegs Unwesentliches beigetragen. Ein Phänomenologe jedoch hat die diversen Ansätze einander vermittelt und die eine oder andere Stellungnahme zum Thema provoziert: Jean Hering, Göttinger Husserl-Schüler, später Professor für Protestantische Theologie in Straßburg, schien vom phänomenologischen Thema des Traums, auf das er in einem Zeitraum von rund dreißig Jahren immer wieder zurückkam, besonders fasziniert gewesen zu sein, ohne daß er offensichtlich über einige grundlegende Reflexionen hinauskam.

Herings Vermittlungsversuche und Provokationen können ein Leitfaden sein, um die fraglichen phänomenologischen Ansätze integral zu betrachten. Lassen sich die Fragmente zusammensetzen und so etwas wie den Grundriß einer phänomenologisch inspirierten Traumtheorie erkennen? Oder bleiben die Fragmente auch beim näheren Hinsehen das, was sie zunächst zu sein scheinen: unverbundene Stücke, die so zusammenhanglos sind, wie die jeweiligen phänomenologischen Konzepte, die ihnen zugrunde liegen? Machen wir die Probe aufs Exempel und vertrauen wir uns Jean Hering als Wegführer an.

Ich beginne mit einem Brief, den Hering an Husserl adressierte. Von diesem Brief ist nur der abschließende Passus überliefert,

[1] Herrn PD Dr. Eberhard Avé-Lallemant (München) danke ich sehr herzlich dafür, daß er mir den Zugang zu unpublizierten Manuskripten aus den Nachlässen von Theodor Conrad sowie Hedwig Conrad-Martius verschafft hat, sowie für die Erlaubnis, aus diesen Manuskripten zu zitieren. Ich danke auch dem Direktor des Husserl-Archivs Leuven, Herrn Prof. Dr. Rudolf Bernet, für die Erlaubnis, Stellen aus einem unveröffentlichten Manuskript Husserls wiederzugeben.

so daß wir nicht genau wissen, wann er geschrieben wurde. Karl Schuhmann datiert ihn auf die Zeit nach 1930. In diesem Brief berichtet Hering einen Traum:

„Ich ging mit einem (dann wurden es plötzlich mehrere) Freunde spazieren, merkte bald an dem Durcheinander von Pariser und Straßburger Strassenbildern, daß 'wir' träumten und suchte die andern davon zu überzeugen, was mir auch nach unsäglicher Mühe gelang. Aber da fiel mir ein, daß die ganze Sache Unsinn sei, weil von einer echten Intersubjektivität im Traum nicht die Rede sein könne. Machte mich also daran, den andern ihre Nicht-Existenz zu beweisen. Sie können sich denken, mit welchem schallenden Gelächter ich empfangen wurde. Unterdes waren wir ins Freie gelangt, in die Umgebung Göttingens. Und die Diskussion ging immer weiter. 'Wir sind überzeugt, ebenso zu existieren wie Sie; warum sollen Sie allein recht haben?' 'Aber ich habe die Gewißheit daß ich träume, während ihr nicht einmal wißt daß ihr – geträumt werdet.' Als nichts verfing, schlug ich eine Wette vor: daß keiner ausser mir am nächsten Tag im Wachzustand eine Erinnerung an diesen Traum haben könnte, weil an eine Identität zwischen dem geträumten und dem wachen Subjekt nicht zu denken sei. Worauf mir einer sehr richtig einwandte, daß dann auch die Wette keinen Sinn habe. Das Gespräch ging dann weiter über das Wesen der Pseudointersubjektivität des Traumes, ohne daß es zu einer wirklichen Klärung kam (und der Meister war leider nicht da – es ist nicht so leicht ihn zu träumen!). Schließlich spielte ich meinen letzten Trumpf aus: 'Ich bin müde und werde – beinah hätte ich gesagt: schlafen gehn – erwachen.' Sprach's und verschwand – zu ihrer großen Stupefaction – vor ihren Augen, um bestimmungsgemäß in meinem Bett zu erwachen. Ob die guten Leute wohl jetzt überzeugt sind? Das Fatale ist, daß ich eine Antwort nie erlangen werde. Oder vielleicht im nächsten Traum? Denn es gibt Identitäten, die sich in sukzessiven Träumen konstituieren. Oder ist das auch Pseudo? Und was heißt hier Pseudo? Sie müßten unbedingt, lieber Meister, beim nächsten Male mit dabei sein!" (Husserl 1993, 118)

Husserl hatte eine Antwort auf die Heringsche Offensive vorbereitet, von der sich das Bruchstück eines Entwurfs in seinem Nachlaß fand. Husserls Antwort ist in einem zweifachen Sinn aufschlußreich; zum einen skizziert sie in nuce wichtige Grunderkenntnisse einer Phänomenologie des Traums, zum anderen antwortet Husserl nicht in der Weise, wie Hering es vielleicht erwartet haben mag: Denn Husserl antwortet vordergründig nicht auf die Frage, auf welche Weise die Anderen in meinem Traum mit mir in Verbindung stehen, sondern nimmt dies zum Anlaß, um auf etwas anderes hinzuweisen. Wenn Hering formulierte, daß ich die Gewißheit habe, daß ich träume und daß die anderen von mir geträumt werden, so wies er implizit auf zwei Ich-Bezüge hin: auf das träumende Ich und auf das Ich, das von diesem träumenden Ich ebenso geträumt wird wie die Anderen, die im Traum mitvorkommen. Bemerke ich nun, so Husserl, daß ich träume, so betrifft dies nicht das geträumte, sondern das träumende Ich, und das Merken steht dann bereits in Zusammenhang mit einem Erwachen aus dem Traum. Das aber hat zur Folge, daß das Traumwelt-Ich seinen „Traumweltmitmenschen“ ihre Nicht-Existenz nicht beweisen kann, da es – wie diese auch – „in gar keinem möglichen Verständniszusammenhang mit dem träumenden Ich“ steht. Beides, das träumende wie das geträumte Ich, seien zwar „bewußtseinsmäßig“ „dasselbe“ (vgl. ebd. 119), aber unterschiedlich bezüglich ihrer jeweiligen Bewußtseinsleistung: Während das träumende Ich ein fingierendes ist, das die Traumwelt imaginiert, ist das fingierte selbst nicht wieder ein fingierendes, sondern, wie Husserl formuliert, ein „im Wachzustand“ (ebd. 120) befindliches. „Das Traumweltich träumt nicht, es nimmt wahr“ (ebd. 119); es kann „seinen 'letzten Trumpf' ewig nie ausspielen, zu erwachen, weil es ja gar nicht schläft“ (ebd. 120).

An diesem Sachverhalt ändere, so Husserl weiter, auch der anzunehmende Fall eines Traums im Traum nichts. Denn das Erwachen von einem Traum im Traum, das nur geträumte Erwachen, betrifft nicht das träumende Ich und ist nicht ein wirkliches Erwachen (vgl. ebd. 119). Entsprechend sind alle Evidenzen, die für das geträumte Ich bestehen, selbst nur geträumte und letzthin kraftlos: Man könnte „einen Traum annehmen, in dem das Traumwelt-Ich die Cartesianische Meditation vollzieht und so von sich behaupten darf, das einzig Unbezweifelbare der Traumwelt, d. i. seiner 'wirklichen Welt' zu sein. Die Evidenz dieses Ego cogito wäre aber eine traumweltliche und verbürgte keineswegs die Existenz des träumenden Ich“ (ebd. 120).

Für Husserl ist die Intersubjektivität der Traumwelt folglich eine „Pseudo-Intersubjektivität", wie die Traumwelt eine „Pseudo-Welt", das Traumwelt-Ich ein „Pseudo-Ich" ist. Und Husserl schließt lapidar: „'Pseudo' hat hier einzig den Sinn von Vergegenwärtigung" (ebd.). Hier springt ein Widerspruch ins Auge, dem Husserl nicht weiter nachgeht: Denn wenn das Traumwelt-Ich ein *wahrnehmendes* sein soll, wie kann es und seine Welt als 'Pseudo' durch Vergegenwärtigung gekennzeichnet sein? Wir beantworten diese Frage noch nicht, sondern lassen die ihr zugrundeliegende Problematik vorerst offen.

Eine etwas längere Passage zum Traum enthält das Husserl-Manuskript E III 6, das Husserl selbst auf „Mai - Juni 1933" datiert hat; man kann darüber spekulieren, inwiefern Herings briefliche Anfrage vielleicht auch hierfür der Auslöser war. Hier stellt sich Husserl die Frage, was mit dem wachen Ich, das einschläft und dann zu einem träumenden wird, geschieht. Das einschlafende Ich trete, schreibt Husserl, in den „Modus der Weltverlorenheit, der völligen Abwendung von 'der' Welt" (Husserl 1933, 12), und „träumend lasse ich mir das Spiel der assoziativen Weckungen und erfüllenden Phantasiebilder gefallen" (ebd. 15). Husserl bezieht sich hier also auf das träumende Ich, das seine Traumwelt erträumt. Diese ist, um den bereits erwähnten Begriff erneut zu verwenden, eine Pseudo-Welt, insofern in ihr der Boden des wirklichen Weltbezugs abhanden gekommen ist; der Weltbezug des träumenden Ich ist, so Husserl in diesem Manuskript, durch „Bodenlosigkeit" (ebd.) bestimmt – und verschafft doch zugleich einen vorgespiegelten Boden, einen, wie Husserl schreibt, „Quasi-Boden quasi seiend, quasi geltend" (ebd.) für eine „Quasi-Aktivität", ein „Quasi-Wachleben" (ebd. 16).

Wir sehen: Diese Ausführungen helfen bei der Frage, ob die Traumwelt mit Wahrnehmung oder Vergegenwärtigung korreliert, nicht weiter. Deutlich geworden ist, daß Husserl die Rede von der Pseudo-Welt und ihrem Quasi-Boden auf das träumende Ich bezieht – immerhin ein Fingerzeig.

In diesem Manuskript behandelt Husserl nicht die Differenz von träumendem und geträumtem Ich. Diese Differenz wie auch den Tatbestand der „extremsten Versunkenheit des träumenden Ich" erwähnt jedoch Eugen Fink im Paragraphen 26 seiner bei Husserl angefertigten Dissertation *Vergegenwärtigung und Bild* (Fink

1966, 63-66). Wie Husserl betont auch Fink in dieser erstmals 1930 in Husserls *Jahrbuch* publizierten Schrift, daß das Traumweltich ein „waches Ich“ sei (ebd. 65). Finks Ausführungen belegen, daß diese Überlegungen im Husserl-Kreis bereits in den zwanziger Jahren geläufig waren. In Finks Traum-Paragraphen findet sich jedoch eine signifikante Feststellung, die ganz und gar nicht auf Husserls Standpunkt verweist. Fink bemerkt, daß die „'Weltlosigkeit'“ des Schlafs, Husserls „Weltverlorenheit“, nicht wirklich eine solche sei, sondern vielmehr ein „bestimmter Modus der Welthabe“ – die „Welthabe im Modus der Versunkenheit“ (ebd. 64). Dahinter steht Finks Versuch, Husserls ‚Welt-Abschiede' unter Heideggerschen Einfluß in einen neuen, auch von Heideggers Deutung abweichenden Weltbegriff umzuformen, der kurzgesagt bestrebt ist, 'Welt' nicht auseinanderfallen zu lassen, und doch gleichzeitig die Radikalität des Husserlschen Weltaustritts beibehalten will. Auf den Traum bezogen deutet Fink mit dem Hinweis auf den Weltmodus der Versunkenheit im Fall des Schlafs implizit einen Zusammenhang zwischen realer Welt und der von Husserl diagnostizierten Pseudo-Welt des Traums an: Die Quasiwelt des Traums wäre dann eine solche nur dank des auch im Zustand des Schlafs 'hinübergeretteten‘ Weltbezugs.

Daß dieser Zusammenhang von Wachbewußtsein und Traum jedoch nicht im Sinn eines *kontinuierlichen* Weltbezugs gedacht werden darf, verdeutlichte Jan Patocka in seiner 1942 veröffentlichten und auch ausdrücklich an Fink sich anlehnenden Studie „Die Frage des Solipsismus und das Argument des zusammenhängenden Traums“ (Patocka 1991). Ein kontinuierlicher Weltbezug läge dort vor, wo – wie bei Pascal – das Einschlafen als ein Erwachen, ein „Erwachen in den Traum“ (ebd. 55), charakterisiert wird: Der Träumende gleitet dieser Auffassung zufolge lediglich von einem Wachzustand in einen anderen, aus „einer Wirklichkeit in die andere“ (ebd. 57) – auf der sich durchhaltenden Grundlage einer 'Wirklichkeit überhaupt‘. Eine derartige Auffassung findet folglich keinen Maßstab mehr, mit dem der Realbezug des Wachseins sich eindeutig als solcher ausweisen könnte, und führt zu der Annahme, daß auch unser Wachleben letztlich ein Traum sein könne.[2]

2 Die phänomenologische Traumanalyse verband auch Hedwig Conrad-Martius mit Überlegungen zur Abwehr idealistisch-solipsistischer Positionen im Kon-

Für Patocka liegt aber gerade in der fragmentarischen, flüchtigen Struktur des Traums ein Indiz dafür, daß sich die Traumwelt auf die wirkliche Welt zurückbezieht, aus ihrem Material sich aufbaut und daher auf sie relativ ist. Sein Nachweis, daß somit Traum-Erleben und wirkliches Erleben sich nicht relativieren, sondern daß nur ersteres auf letzteres relativ ist, zeigt deutlicher die Natur des Zusammenhangs von Traum- und Wachwelt auf, der eben nicht das Fortbestehen einer ungebrochenen Wirklichkeit besagt, sondern sich gerade darin erst bildet, daß Wirklichkeit sich modifiziert zum Traum.

Kehren wir zu Jean Hering zurück. 1946 veröffentlichte Hering unter dem Titel „La Représentation et le Reve" eine Besprechung von Sartres Buch *L'Imaginaire*, der er eigene Gedanken zum Thema hinzufügte und die er in weiteren kleineren Arbeiten der Folgejahre wieder aufgriff und variierte (Hering 1946; 1947; 1959). Hering nahm Sartres Schrift mit großer Zustimmung auf, kritisierte sie aber in einem entscheidenden Punkt. Herings Kritik bot wiederum Theodor Conrad, einem anderen Husserl-Schüler der Göttinger Zeit, Anlaß, sich in die Debatte um den Traum einzumischen. Wir werden sehen, daß diese Diskussion um diejenige Problematik kreist, die bei Husserl auf eigentümliche Weise offen geblieben war.

Zunächst wenden wir uns den wesentlichen Ergebnissen von Sartres phänomenologischer Analyse des Traums zu. In *L'Imaginaire*,

---

text einer phänomenologischen Bestimmung der ‚Realität' (vgl. z. B. das vermutlich auf 1916 zu datierende Manuskript „Über Ontologie", Nachlaß Conrad-Martius in der Bayerischen Staatsbibliothek München, Sign. A I 3; auch Conrad-Martius 1940). – Man mag auch bereits in Herings Frage nach dem Status der Intersubjektivität im Traum eine verdeckte Anspielung auf Husserls transzendentalphänomenologischen Idealismus erkennen, wie dieser gerade in den *Cartesianischen Meditationen* in Erscheinung trat: Die *Meditationen*, die diesen Idealismus expressis verbis charakterisieren, kulminieren bekanntlich in der Problematik des Intersubjektiven. Wenn nun zum einen die Klärung der Gegebenheitsweise des Anderen für Husserl solcherart zum letzten Kriterium für die Rechtmäßigkeit seines neuartigen Idealismus wird und wenn zum anderen der Traum für die Begründung des neuzeitlichen Idealismus bei Descartes eine zentrale Rolle gespielt hat, ist es philosophiegeschichtlich wie phänomenologisch-sachlich ein Bonmot, Husserl bezüglich seiner idealistischen Position dadurch in Verlegenheit zu bringen, daß man ihn mit der Frage nach der phänomenologischen Gegebenheitsweise der Anderen im Traum konfrontiert.

das 1940 erschien, geht es Sartre um den Aufweis der spezifischen Glaubensweise des Traums. Wie Husserl ist Sartre der Ansicht, daß ein wirkliches Wissen um den Traum (ein „reflexives Bewußtsein“, wie es bei Sartre heißt) einem „momentanen Erwachen“ entspräche (Sartre 1971, 257). Doch anders als Husserl folgert Sartre, daß das Bewußtsein im Traum nicht wahrnehmen könne, da es in seine vorstellende Haltung eingeschlossen sei: Alles sei für es Bild.[3] Die These des Traums ist mithin *nicht* die der Wahrnehmung (Sartre 1971, 259).

Für Sartre gibt es ebensowenig wie für Husserl eine imaginäre Welt im strengen Sinn (vgl. ebd. 265) – die dann eine zweite wirkliche Welt neben der realen Welt wäre. Der Pseudo-Charakter der Traum-‚Welt‘ resultiert für Sartre allein aus dem spezifischen Glaubensbezug des Träumenden: Dieser glaube lediglich, daß sich alles in einer Welt abspiele (ebd.). „Im Traum umgibt sich jedes Bild mit einer Atmosphäre von Welt“ (ebd. 266).

Wie Husserl unterscheidet Sartre zwar das die Welt repräsentierende Traum-Ich vom träumenden Ich, das diese repräsentierte Welt erlebt. Das Eigentümliche aber ist, so führt Sartre aus, daß das träumende Ich die Traumwelt durch den Bezug zum geträumten Ich orientiert sieht. Das träumende Ich werde somit von dem Glauben erfaßt, daß sein Imaginiertes es selbst sei (vgl. ebd. 273). Dies bewirke den Eindruck der Unmöglichkeit, aus der Traum-Fiktion herauszukommen (vgl. ebd. 277), den Eindruck der „dunklen und distanzlosen Präsenz“: „Ich bin gefangen“ (ebd. 272).

Auch Sartre bezieht die Pseudo-Welt auf das träumende Ich. Er faßt dessen Belief-Charakter jedoch zweistufig: Auf der ersten Stufe imaginiert der Träumende eine Welt und bezieht auf einer zweiten Stufe dieses sein Imaginiertes auf sich selbst, nimmt sich selbst in das Produkt der eigenen Imagination hinein. Blieb bei Husserl die Feststellung, daß träumendes und geträumtes Ich zwar voneinander zu unterscheiden, daß beides jedoch *ein* Ich sei, bloße Behauptung, so zeigt Sartre mit Rekurs auf den spezifischen Belief-Charakter des Traums auf, warum beide Ich ein Ich sind. Die Differenzierung zweier Ich genügt dort noch nicht, wo

[3] Bei Husserl hieß es: Traumbilder seien keine „neutralisierten 'Bilder'“ (Husserl 1933, 13).

die Analyse versucht, dem Vollzug des Träumens möglichst nahe zu kommen; denn im und für den Vollzug besteht nur ein Ich. Sartre ergänzt also Husserls phänomenologisch-strukturale Gliederung der Traumsubjektivität durch einen hermeneutischen Aufweis, der zugleich das eigentümlich Hermetische des Traumgeschehens darlegt.

Was kritisiert nun Hering an dieser Konzeption? Er wirft Sartre vor, daß er sich bei der Analyse des Traums an der Imagination, der Vorstellung, orientiert und nicht an der Wahrnehmung. Denn für Hering lautet die Alternative bezüglich des Traums: Wahrnehmung *oder* Vorstellung. Hierbei beruft er sich auf eine Unterscheidung, die Theodor Conrad in einem frühen Artikel getroffen hatte. Blenden wir kurz zurück.

In der 1911 erschienenen Festschrift für Theodor Lipps veröffentlichte Conrad den Artikel „Über Wahrnehmung und Vorstellung". Gegenüber der ‚bloßen Vorstellung'[4] sei der Gegenstandsbezug der Wahrnehmung durch zwei Merkmale ausgezeichnet: Wahrnehmung ist selbstgegenwärtigend (Conrad 1911, 60) sowie durch Eigenständigkeit gekennzeichnet (ebd. 65). Während Wahrnehmung ihren Gegenstand selbst gibt, komme er in der Vorstellung paradoxerweise zwar „selbst" vor – d. h. nicht etwa als Bild –, „aber nicht selbst" (ebd. 60). [5] Die Eigenständigkeit der Wahrnehmung meint zum einen, daß diese sich nicht auf Vorstellung zurückbezieht, was gerade umgekehrt der Fall ist,[6] und zum zweiten, daß der Gegenstand der Wahrnehmung durch einen Selbst-Stand ausgezeichnet ist, mit Conrads Worten: „daß er mir *im Wahrnehmen* als solchem sozusagen trotzt; [...] er macht den Eindruck einer 'Realität'" (ebd. 65).

Mit Conrads Feststellung, daß Vorstellung eine Wahrnehmung, besser den Wahrnehmungsstil, nachahme, jedoch nicht umgekehrt, nimmt Hering bezüglich der Bewußtseinsart des Traums eindeutig Stellung. Im Artikel von 1946 führt er für seine Auffassung, daß

4 Conrad unterscheidet einen engeren und einen weiteren Begriff von Vorstellung, wobei der weitere Begriff Wahrnehmung sowie Vorstellung im engeren Sinn als 'bloße Vorstellung' umfaßt.

5 Von der Vorstellung könne man nicht sagen, „daß sie *direkt und unmittelbar* bis an die Gegenstände heranreiche; diese bleiben vielmehr [...] in einer gewissen Distanz und Abwesenheit stehen" (ebd. 63).

6 „[...] der *Vorstellungs*gegenstand ist vom spezifischen Charakter des *Wahrnehmungs*gegenstandes." (Ebd. 69)

der Traum keine Vorstellung sei, vier Gründe an: 1. Im Traum fehle die Spontaneität (die freie Aktivität des Imaginierenden); 2. bestehe die Möglichkeit der Beobachtung; 3. erscheinen die Objekte als reale und sind 4. selbstgegenwärtig. 5. Die Traumerlebnisse sind keine Imitationen von Wahrnehmungen im Sinne der Nachahmung eines Wahrnehmungsstils. Gegen die erste Feststellung, die freie Aktivität des Imaginierenden, kann man einwenden, daß Sartre gerade gezeigt hat, warum die sich im Träumen selbst einfangende Imagination nicht frei ist, ohne daß damit ihre Vorstellungsleistung aufgehoben würde. Die übrigen vier Gründe bringen jedoch ein positiv-beunruhigendes Moment hinzu, welches andeutet, daß der Aufweis der spezifischen Imaginationsstruktur des Träumens nicht das letzte Wort in der phänomenologischen Traumanalyse sein kann.

In seinem Artikel „Über Traumerlebnisse", den Hering 1956 zu der bis heute unveröffentlichten Festschrift für Conrad beisteuerte, führt Hering noch ein sechstes Argument an. Anknüpfend an das fünfte Argument (Traumerlebnisse ahmen nicht den Wahrnehmungsstil nach, sondern nehmen wahr) konstatiert er, im Traum bestehe die Möglichkeit, daß Vorstellungen in Wahrnehmungen „umspringen", daß somit beim „Traum zwischen Vorstellungen und Wahrnehmungen unterschieden werden muß": „Wenn ich [im Traum] über den Rathausplatz in Göttingen schreite und an Dr. Conrad denke (den ich im Wachzustand oft dort als Begleiter hatte), so kann es vorkommen, daß ich die Freude habe, ihn plötzlich wahrnehmungsmäßig vor mir zu sehen, wobei der Rathausplatz vielleicht verschwindet [...]." (Hering 1956, 5) Daß im Traum zwischen Vorstellung und Wahrnehmung unterschieden werden könne, ist für Hering ein Argument dafür, daß der Traum primär ein Wahrnehmungsverhältnis ist.

Herings Bemerkungen zum Traum waren für Conrad ein Stachel, hantierten sie doch mit Conrads eigenen Bestimmungen – und Conrad stimmte keineswegs mit Herings Ansicht bezüglich der Bewußtseinsart des Traums überein. Im Conradschen Nachlaß findet sich eine Kritik, die zusammengefaßt Herings Reduktion der Problematik auf die Frage „Vorstellung oder Wahrnehmung" verwirft. Diese „Beschränkung" räche sich, so Conrad, insofern, „als dadurch das eigentliche *Traum-Erleben*, welches sich angesichts der – sei es nur vorgestellten sei es wahrgenommenen – Traum-

Umwelt inhaltlich wie zeitlich in ausgebreitetster Weise abspielt, zwar da und dort erwähnt und für die Beantwortung jenes Problems [Vorstellung vs. Wahrnehmung] zu verwerten versucht wird, aber leider nicht als *eigenes*, ja zentrales Problem des Traumes behandelt wird".[7]

Diese erste Replik auf Herings Klassifikation des Traumgeschehens, die von Conrads Bestimmungen Gebrauch machte, mochte für Conrad Anlaß gewesen sein, sich systematisch jener hier ausgesprochenen Grundfrage zu widmen: wie denn nun das „eigentliche Traum-Erleben" phänomenologisch zu fassen sei. Das Ergebnis seiner Analyse präsentierte Conrad Jahre später im Druck, in seiner von Herman Leo Van Breda 1968 im Rahmen der *Phaenomenologica*-Reihe herausgegebenen Schrift *Zur Wesenslehre des psychischen Lebens und Erlebens*; das dritte von insgesamt vier Kapiteln widmet sich dem Traum (Conrad 1968, 57-72).

Für Conrads differenziertes Vorgehen in diesem Kapitel spricht seine Zurückweisung von „*generalisierenden* und vereinfachenden Urteilen über 'den' Traum und seine Teile (wie: er sei irreal; ebenso: er sei eine Wahrnehmung oder eine Vorstellung oder ein Betrug etc.)" (ebd. 72). Conrad unterscheidet „zweierlei Arten der Beteiligung des Ich am Traum" (ebd.) und sucht beides in eins zu denken. Damit integriert er die Ansätze Husserls und Sartres und ergänzt sie zugleich zu einer umfassenden phänomenologischen Grundbestimmung des Traums. Conrads Unterscheidung der zweierlei Arten der Ichbeteiligung nehmen implizit die schon von Husserl getroffene Unterscheidung eines träumenden und eines geträumten Ich auf wie auch Sartres Versuch einer ‚hermeneutischen Integrationsbestimmung' beider Ich-Leistungen.

1. Das träumende Bewußtsein („Erträumen"). – Wie schon Husserl und dann Fink betont auch Conrad das „völlige 'Ertrunkensein'" (Conrad 1968, 59) des träumenden Bewußtseins. Um dieses „letzte Ausgeliefertsein an die Phantasie-Welt" (ebd.) näher zu charakterisieren, zieht Conrad seine Deutung vorstellender Erlebnisse als „Versetztseins"-Erlebnisse heran. Mit 'Versetztsein' meint Conrad den phänomenalen Tatbestand, daß in den Vorstel-

7 „Bemerkungen zu Herings 'Die Vorstellung u. der Traum'", zweiseitiges nichtdatiertes Typoskript im Nachlaß Th. Conrads (Bayerische Staatsbibliothek, Signatur Conradiana 378 A IV 8), vgl. S. 1, Pkt. 2.

lungsarten der Erinnerung und Erwartung, der Phantasie und des Tagtraums eine Aufspaltung der Raumbezogenheit des vorstellenden Subjekts erfolgt: Das Subjekt behält seine Verankerung im realen Hier und Jetzt und unternimmt – in den genannten Vorstellungsarten auf je unterschiedliche Weise – sozusagen Streifzüge in ein Dort. Dieses Sichselbstversetzen kann im Dienst bestimmter Zwecke stehen (ich erinnere mich z. B., um in der realen Situation eine für diese nötige Kenntnis zu erhalten); die Zweckbezogenheit kann aber auch, wie im Fall der Träumerei, ganz fehlen. Bereits im Tagträumen könne, so Conrad, ein Vertieftsein in das phantasiemäßige Erleben vorliegen, das bis zum „völligen Verlorensein" gehe (ebd. 59). Dieses radikale Momwent eines „Wegversetztseins von der Wachwelt" habe die Träumerei durchaus mit dem Traum gemeinsam; allein nur im Traum erfolge eine völlige Loslösung vom realen Hier, um dieses Hier sozusagen zu verpflanzen – hinein in den Traum (ebd. 60). Das Besondere des Traums in der Reihe der Versetztseinserlebnisse ist also, daß aus dem imaginierten Dort ein neues Hier wird und daß demzufolge das Erleben im Traum „einebenig" sich gestaltet (vgl. ebd. 60 f.). Dieser erste Aufweis macht bereits deutlich, daß am Traum ein imaginierendes Erleben beteiligt sein muß, daß also Traum nicht lediglich mit Wahrnehmung korreliert.

Diese Imaginationsleistung, die nicht nur ein Dort fingiert, sondern das Dort mit dem Hier identifiziert, aus ihm ein neues Hier macht, suchte Conrad näher zu charakterisieren. Die Schaffung dieses neuen Hier ist Produkt einer Imagination auch aus dem Grund, weil dieses neue Hier freilich nicht wirklich mein Hier, nicht mein reales Hier ist. Das Ich entwirft sich gleichsam selbst das Dort zu seinem exklusiven Hier. Die Imaginationsleistung besteht diesbezüglich mithin darin, *ein reales Hier zu imaginieren* bzw. ein Dort so zu imaginieren, daß es, imaginativ, zu einem realen Hier wird. Als imaginiertes ist das imaginativ-reale Hier kein echt reales, sondern ein, wie Conrad sagt, „scheinbares Hier" (ebd. 61) wie auch der Bezug zu ihm, der Bezug zu diesem Versetztsein, kein Realbezug, sondern ein „phänomenaler Quasibezug" ist (ebd. 68). Die in diesem Bezug gestiftete „Schein-Welt" (ebd. 57) ist Schein also nur hinsichtlich dieses Bezugs und des in ihm konstituierten 'scheinbaren Hier'; für sich selbst ist sie keineswegs eine nur scheinbare (vgl. ebd. 62). Denn sie ist ja das neue aktuelle Hier;

der Umstand, daß dieses ein nur scheinbares ist, betrifft sie nicht in sich selbst. Die Traumwelt wie die Traumgebilde in ihr sind somit *präsentiert* – aus Leistungen eines imaginierenden träumenden Subjekts (vgl. ebd. 63). Es liegt hier der eigentümliche Sachverhalt vor, daß das imaginierende Subjekt auf einzigartige Weise so imaginiert, daß es präsentiert, daß es absolute Präsenz imaginiert.

2. Das „Traum-Erleben". – Das korrelative Pendant zum Erträumen ist für Conrad nicht das erträumte Subjekt, sondern das Traum-Erleben als der „subjekthafte *Mittelpunkt* 'in' der Traumumwelt", und diese – die Traumumwelt – stellt das eigentlich Erträumte des Erträumens dar (vgl. ebd. 64). Das Erträumte des Traums ist der „Sachgehalt", während das aktuelle Traum-Erleben den „Erlebens-Inhalt" des ersteren markiert (ebd. 65). Während die vorgeblich reale Existenz des ersteren „nur vorgetäuscht" sei, sei die Existenz des Traum-Erlebens „echt": Anders als im Fall des Tagtraums „herrscht beim Traum die 'harte Wirklichkeit'" (ebd.).

Conrads Analyse belegt nachdrücklich, daß ihr Autor im Traum-Erleben den inneren Kern des Traumphänomens erblickt. Somit wird Conrads oben zitierter Kommentar zu Hering verständlich, daß den Traum phänomenologisch analysieren bedeuten müsse, beim Traum-Erleben anzusetzen. Denn das Traum-Erleben als das Vollzugsgeschehen des Träumens ist der eigentliche hermeneutische Anknüpfungspunkt, der in sich auf die übrigen Bezüge verweist: auf den Bezug zur erträumten Umwelt des Traum-Erlebens und auf diese selbst als das Erträumte eines Erträumens, dessen Leistung darin besteht, Imaginiertes als Realität zu imaginieren. Demzufolge kann Conrad mit Recht sagen, daß beide Ich-Bezüge, die reale Erlebnissphäre des Traum-Erlebens wie die vorspielende des Erträumens, und das vorgespielte Erträumte der Traumumwelt ein Ganzes seien: eine „Einheit" bildeten (vgl. ebd. 68 f.). Diese Einheit relativiert in gewissem Sinn auch die Unterscheidung zwischen einem träumenden und einem geträumten Ich, die so nur eine abstrahierte Schicht einer konkreten Strukturanalyse darstellt. Das aber heißt, daß der Sachgehalt dieser Unterscheidung nicht unter den Tisch fällt; er kehrt wieder und ist aufgehoben im Paradox der imaginierten Realität, die als Realität erlebt wird – oder mit Conrads Worten: „Der Traum ist: ein *als Nichtversetztseins-Erlebnis getarntes*

Versetztseins-Erlebnis!" (Ebd. 71) Solcherart ist für Conrad der Traum durch den Bezug zu einer Wachwelt gekennzeichnet, nicht jedoch zur Wirklichkeitswelt (vgl. ebd. 56). Die Pseudo-Welt des Traums ist pseudo nicht nur, weil sie Welt imaginiert, sondern die imaginierte für die reale ausgibt.

Wenn Sartre formuliert, daß der Traum ein Verständnis davon vermittle, „was ein Bewußtsein wäre, das sein 'In-der-Welt-Sein' verloren hätte und das zugleich damit der Kategorie des Realen beraubt wäre" (Sartre 1971, 277), so trifft dies nur in einem bestimmten Sinn zu. Indem das Bewußtsein träumend imaginiert, hat es zwar seinen Realitätsbezug preisgegeben, doch zugleich besteht sein Imaginieren gerade darin, diesen Bezug wieder aufzubauen. Der Traum ist dann vielmehr eine Bewußtseinsweise, in der sich das Bewußtsein selbst, in ihm selbst und durch sich selbst, dem Realen ausliefert, es sich mit eigenen, den imaginativen Mitteln einen Kerker schafft und sich selbst darin gefangensetzt – mit den gleichen Mitteln, mit denen es sich sonst diesen Kerker: die andrängende Realität, vom Leibe hält. Es ist so, als würde ein Bild, das ein reales Sujet imaginativ darstellt und selbst als ein Imaginatives in den Realitätsbezug seines Betrachters eindringt, diesen in sich einsaugen, so daß er das mittels des Bildes vorgestellte Reale in der Tat real erlebt, am Geschehen dieses vorgestellten Realen real teilnimmt.

Conrads Analyse verfährt eine wesentliche Nuance hermeneutisch konsequenter, als dies bei Sartre der Fall ist, der beim träumenden Ich ansetzt; Sartre aber wiederum hermeneutisch konsequenter als Husserl, der die Einheit des Traumphänomens nur formal andeutet. Doch schon Husserls Unterscheidung zwischen träumendem und geträumtem Ich wies in die angemessene Richtung; sein Aufweis der Pseudo-Welt des Traums und ihres „Quasi-Bodens" erfaßte durchaus ein Zutreffendes, ein solches, das Sartre mit dem sich selbst imaginativ umschlingenden Ich des Träumenden konkreter bestimmte. Hier deutet sich auch an, daß Fink mit dem Hinweis auf eine Weltverwandtschaft der Pseudo-Welt des Traums mit der realen Welt an eine Grundlage rührte, von der her die einen Realitätsbezug imaginativ herstellende Leistung des Traums erst verständlich wird. Gäbe es keine Vermittlung zwischen beiden Weltverhältnissen, würde träumende Imagination nicht mit Realität spielen und sich selbst darin einfangen können.

Einsichtig wird nun aber auch, warum Husserl das reale Moment des Träumens nur feststellte und Sartre infolge der Orientierung am träumenden Ich gar nicht thematisch machte. Deutlich wird vor allem aber, daß das anfänglich als widersprüchlich erscheinende Zugleich von wahrnehmenden und vergegenwärtigenden Momenten im Traum einen sachlichen Grund hatte: daß im Phänomen des Traums – entgegen der Annahme von Hering – die Leistungen von Vorstellung und Wahrnehmung gemeinsam auftreten und sich ineinanderschlingen.

Der Durchgang durch unterschiedliche phänomenologische Aufweise dessen, was der Traum sei, zeigt aber auch: Phänomenologische Ansätze diverser Autoren driften nicht schlechthin in unvereinbare Standpunkte auseinander; es gibt offenbar durchaus Phänomenbereiche, bezüglich deren unterschiedliche Strategien zu ihrer Erschließung an einem gemeinsamen Gesprächsraum partizipieren – wenngleich mitunter die Aufgabe besteht, diese erst durch nachkommende Interpretation sichtbar zu machen.

Literatur

Conrad, Theodor (1911), Über Wahrnehmung und Vorstellung. (Ein Wesensvergleich). In: Münchener philosophische Abhandlungen. Th. Lipps zu seinem 60. Geburtstage gewidmet von früheren Schülern. (hg. von Alexander Pfänder) Leipzig, S. 51-76.

Conrad, Theodor (1968), Wesenslehre des Lebens und Erlebens (Phaenomenologica Bd. 27) Den Haag: Nijhoff.

Conrad-Martius, Hedwig (1940), Traum und Schlafwandeln. (Ungedrucktes Manuskript im Nachlaß von Conrad-Martius. Bayerische Staatsbibliothek München, Sign. Conrad-Martiusiana A VII 3).

Fink, Eugen (1966), Vergegenwärtigung und Bild [1930]. In: Ders., Studien zur Phänomenologie 1930-1939. (Phaenomenologica Bd. 21) Den Haag: Nijhoff, S. 1-78.

Hering, Jean (1946), La Représentation et le Rève. In: Revue d'histoire et de philosophie religieuses, S. 193-206.

Hering, Jean (1947), Concerning Image, Idea, and Dream. In: Philosophy and Phenomenological Research 8, S. 188-205.

Hering, Jean (1956), Über Traumerlebnisse. (Ungedrucktes Manuskript im Nachlaß von Theodor Conrad. Bayerische Staatsbibliothek

München, Sign. Conradiana 378 D).
Hering, Jean (1959), Quelque Themes d'une Phénoménologie du Rève. In: For Roman Ingarden. Nine Essays in Phenomenology. (ed. by A.-T. Tymieniecka) 'S-Gravenhage: Nijhoff, S. 75-89.
Husserl, Edmund (1933), Leben in der „Existenz". (Ungedrucktes Manuskript im Nachlaß Husserls. Husserl-Archiv Leuven, Sign. E III 6).
Husserl, Edmund (1993), Briefwechsel. (Husserliana Dokumente Bd. III, hg. von Elisabeth und Karl Schuhmann) Dordrecht/Boston/London: Kluwer, Bd. 3 (Göttinger Schüler).
Patocka, Jan (1991), Die Frage des Solipsismus und das Argument des zusammenhängenden Traums [1942]. In: Ders., Die Bewegung der menschlichen Existenz. Phänomenologische Schriften II. (hg. von K. Nellen, J. Nemec und I. Srubar) Stuttgart: Klett-Cotta, S. 43-60.
Sartre, Jean-Paul (1971), Das Imaginäre. Phänomenologische Psychologie der Einbildungskraft [1940]. (dt. v. H. Schöneberg) Reinbek: Rowohlt 1971.

Selbst-Objektivation, Selbst-Entfremdung, Selbst-Bestimmung. Zur phänomenologischen Konzeption von Subjektivität

Sonja Rinofner-Kreidl

In unnötiger Weise abstrakt zu denken, ist ein altbekannter Vorwurf gegen Philosophen. Im Bereich der Subjekttheorie sieht man diese Meinung darin bestätigt, daß philosophische Reflexion das Idealbild eines höheren Ich entwirft, das sie der wirklichen Selbsterfahrung entgegensetzt. Das höhere Ich ist nicht von augenblicklichen sinnlichen Regungen getrieben. Es ist ein reines Ich, dessen Tätigsein nicht von affektiv vorgegebenen und in diesem Sinn ungewollt und zufällig auftretenden Bewußtseinsinhalten bestimmt ist. Ein im philosophischen Sinn geläutertes Verhältnis zu sich hätte demnach, wer sich als Schauplatz eines inneren Zweikampfes verstünde, in dessen Verlauf ein höheres Ich Dominanz über ein niederes Ich erlangte. Denken wir Selbstbestimmung gemäß der Dramaturgie eines solchen martialischen Selbstentwurfs, so muß sie uns als eine Form der Selbstbeherrschung und Selbstunterdrückung erscheinen.[1] Damit wird jedoch eine in der Verfestigung des Gegensatzes von niederem und höherem Ich gründende Selbstentfremdung zum Modus der Verwirklichung von Selbstbestimmung erklärt. Das Ideal der Selbstbestimmung verkehrt sich in eine pathologische Form des Bewußtseins seiner selbst. Ein befreites Selbstverhältnis wäre nach dieser Auffassung zu erreichen, indem wir die Unmittelbarkeit unseres leiblich realisierten und immer auch emotional gefärbten Selbstseins wiederentdeckten und es an die Stelle des autokratischen Vernunft-Ich der Philosophen setzten (vgl. Waldenfels 2000; List 1997; Walzer 1996, 119 f). Oder indem wir auch die unmittelbare Selbsterfahrung als eine psychologisch und gehirnphysiologisch erklärbare Illusion auswiesen und den Gedanken eines privilegierten Zugangs zum eigenen Selbst zugunsten eines dezentrierten Subjektmodells dekonstruktivistischer oder naturalistischer Spielart zurückwiesen.[2] Ein konstruk-

[1] Gegen die weitverbreitete Fixierung der Moralphilosophie Kants auf dieses Selbstbild vgl. Rinofner-Kreidl (2000).

[2] Dies ist die Richtung, die heute etwa Zizek im Anschluß an Lacans These

tives Selbstverhältnis zu erreichen, hieße mithin, sich von der Abstraktion eines reinen Ich ebenso zu befreien wie von der naiven Annahme einer unmittelbaren Selbsterfahrung.

Wie stellt sich das Bild des geteilten Selbst, die Idee eines multiplen oder dekonstruierten Subjekts und die Selbsterfahrung bewußter Wesen unter einem phänomenologischen Gesichtspunkt dar? Wie sind diese Probleme zu beurteilen, wenn wir nicht bei einprägsamen Gegensätzen stehenbleiben? Wie wäre deren Berechtigung zu prüfen, wenn nicht im Rückgang auf die Weisen der Selbsterfahrung? Phänomenologisches Denken widersetzt sich der Tabuisierung unmittelbarer Selbsterfahrung. Es erhebt dennoch den Anspruch, kritisch zu verfahren: sowohl in bezug auf die Voraussetzungen wissenschaftlicher Theorien (z.B. Theorien des Bewußtseins und des Unbewußten) wie auch in bezug auf die Voraussetzungen, die es selbst macht bei der Thematisierung der Voraussetzungshaftigkeit wissenschaftlicher Theorien. Freilich ist die Rede von „unmittelbaren Selbsterfahrungen" aufklärungsbedürftig. Worin liegt hier der ausgezeichnete Charakter der Unmittelbarkeit? Welcher Art ist das Selbst, das mit derartigen Erfahrungen ins Spiel kommt? Fällt die transzendentale Phänomenologie nicht jedenfalls hinter ihre eigenen kritischen Ansprüche zurück, wenn sie die dichotomische Struktur von empirischem und reinem Ich als operative Bedingung der Selbsterfahrung menschlicher Subjekte entdeckt und damit jede Infragestellung dieser Struktur zu unterbinden scheint? Und bringt es nicht den der phänomenologischen Methode inhärenten Mangel klar zum Ausdruck, wenn von „unmittelbarer Selbsterfahrung" gespochen wird? Liegt darin nicht tatsächlich ein naiver Unmittelbarkeitsglaube? Die diesbezüglichen Probleme können in verschiedene Richtungen entwickelt werden. In einer dieser Richtungen handelt es sich darum, folgende Fragen zu beantworten:

i. Entspricht die phänomenologische Konzeption des Verhältnisses von empirischem und reinem Ich einem hierarchischen Modell des geteilten Selbst?

ii. Was bedeuten die Termini „Selbstobjektivation", „Selbstentfremdung" und „Selbstbestimmung" im Denkrahmen der tran-

einschlägt, daß das *cogito* das Subjekt des Unbewußten sei. Vgl. Zizek 1998, Kap. I, v.a. 38-47.

szendentalen Phänomenologie?[3]

iii. Welche Rolle spielt unmittelbare Selbsterfahrung mit Bezug auf das Problem der Selbstbestimmung?

Die Formulierung dieser Problemstellungen zielt darauf ab zu klären, wie weit und in welchem Sinn sich die Phänomenologie vom Ideal eines reinen Vernunft-Ich distanziert, ohne damit einer Dekonstruktion des Subjekts und einer einzelwissenschaftlich-spezialistischen (z.B. psychoanalytischen) Vereinnahmung der philosophischen Subjekt-Reflexion vorzuarbeiten. In bezug auf das Verhältnis von Phänomenologie und Psychoanalyse führe ich keine explizite Auseinandersetzung. Ich arbeite eher daran, ein Bild zu korrigieren, das sich leicht einstellt, wenn man die Phänomenologie als eine Bewußtsein reifizierende Wesensforschung versteht, die ein Gegenmodell zur Psychoanalyse darstellte. Ich halte, im Gegenteil, beide Konzeptionen für eminent dynamische. Zu den diesbezüglich relevanten gemeinsamen Momenten zählen z.B. die Ausrichtung auf Funktionen statt Entitäten, die zentrale Rolle der zeitlichen Strukturierung von Erfahrungen und die Spannung von Bewußtem und Nicht- bzw. Unbewußtem. Soweit ich über praktische Selbstbestimmung sprechen werde, handelt es sich lediglich um den ersten, m.E. aber grundlegenden Schritt auf dem Weg zu einer Phänomenologie der menschlichen Praxis. Ich werde ausschließlich über ein der theoretischen Vernunft immanentes praktisches Moment, über den praktischen Kern der theoretischen Vernunft sprechen. Da der Übergang von der theoretischen in die praktische Sphäre für das Verständnis unseres Personseins grundlegend ist, ist die hier gewählte Problemperspektive auch insofern eingeschränkt, als sie den Personbegriff in dem Maß ungeklärt beläßt, als praktische Selbstbestimmung unterbestimmt bleibt.

Die folgenden Überlegungen sind ein Versuch, im Kontext der transzendentalen Phänomenologie zu entwickeln, was an der Diagnose falsch ist, daß „das ontische Äquivalent der modernen Sub-

[3] Ich werde nicht nach dem Verhältnis von Selbstbestimmung, -objektivation und -entfremdung mit Bezug auf den Wechsel von natürlicher und phänomenologischer Einstellung fragen. Vor diesem Hintergrund kann die Phänomenologie als eine Denkhaltung begriffen werden, welche darauf abzielt, eine entfremdete Existenzweise bewußt zu machen und aufzuheben, die aus einem Vergessen der subjektiven Ursprünge unseres Wissens resultiert. Zur Kritik an der Entgegensetzung von "naivem" Leben und reiner, phänomenologischer Reflexion vgl. Waldenfels 1971, 100-131.

jektivität inhärent *exkrementell* (ist): es gibt keine reine Subjektivität ohne die Idee, daß ich, auf einem anderen Niveau, aus einer anderen Perspektive, bloß ein Stück Scheiße bin." (Zizek 1998, 15) Auf den ersten Blick ließe sich diese Diagnose als provokante Zuspitzung eines im Denken Kants, Hegels, Husserls u.a. anzutreffenden ambivalenten Selbstverhältnisses von Subjekten verstehen. Dennoch ist der zugrundeliegende Denkansatz, sind die Voraussetzungen der Diagnose falsch. Das will ich mit Bezug auf die phänomenologische Idee von Subjektivität zeigen. Als Leitfaden dienen mir dabei die obengenannten Fragen. Sind diese Fragen primär ontologisch, moralphilosophisch oder erkenntniskritisch zu beantworten? Welcher dieser drei Denkzugänge ist fundamental? Eine transzendentalphänomenologische Betrachtungsweise zeichnet den erkenntniskritischen Zugang als grundlegend aus.[4] Wenn ich dieser Betrachtungsweise folge, so gehe ich von der These aus, daß der Schlüssel zur Beantwortung der obigen Fragen im Begriff der *Einstellung* liegt. Um die grundlegende Stellung des Problems der Einstellung zu verdeutlichen, muß ich erläutern, welche Idee der Subjektivität und Personalität meinen Überlegungen zugundeliegt.

Eine Einstellung ist als solche nur erkennbar, wenn *verschiedene* Einstellungen realisierbar sind. Eine Einstellung ist immer eine *bestimmte* Einstellung, die von sich aus auf andere mögliche Einstellungen verweist. Was „Einstellung" bedeutet, läßt sich nicht begreiflich machen, ohne auf die in jedem Einzelfall eines Eingestelltseins enthaltenen Momente der Pluralität und Partikularität bezugzunehmen. Eine Einstellung habe ich nur dann, wenn ich mir dessen bewußt bin oder mir zu Bewußtsein bringen kann, daß ich die betreffende Fokussierung auch aufgeben kann, um die Welt anders zu sehen. „Anders sehen" meint, etwas unter anderen Gesichtspunkten, in bezug auf andere theoretische und praktische Interessen, in anderer subjektiver Verfassung, in anderen Vergleichsrelationen, gemäß anderer Zeitmodi zu sehen. Zum

[4] Damit ist in bezug auf einen eventuell zu konstatierenden Primat der Praxis im Rahmen der transzendentalen Erkenntniskritik nichts präjudiziert. Die Frage nach der Praxis der phänomenologischen Theorie zielt auf ein wichtiges Teilmoment der Theorie. Sie ersetzt natürlich nicht die Konzeption des moralisch-Praktischen als eines selbständigen Untersuchungsbereiches neben dem der theoretischen Philosophie. Vgl. Sepp 1997.

Anders-sehen gehört das Etwas-sehen. Eine Einstellung hat, wer in einer Situation konkurrierender Sichtweisen Orientierung gewinnt; wer im Bewußtsein der Optionalität und des Zeitindexes von Erfahrungen nicht nur in bestimmter Weise auf etwas gerichtet ist, sondern dieses Gerichtetsein auch als eine dauerhafte Haltung zeigt.[5] Das Bewußtsein des in-bestimmter-Weise-auf-die-Welt-Eingestelltseins ist Bewußtsein der Subjektivität unserer Erfahrungen. Die Objektivität, die ich im Denken erreichen kann, einschließlich der analysierenden Objektivation meiner selbst, muß eine Art der Objektivität sein, die mit der Grundbedingung der Subjektbezogenheit des Gedachten verträglich ist. Dieser phänomenologischen Idee von Objektivität entspricht eine bestimmte Idee von Subjektivität. Wesentlich subjektiv sind nicht mentale Gehalte bestimmter Art oder Qualität, in bezug auf die fraglich ist, ob sie sich einer begrifflich-objektiven und intersubjektiven Erfassung entziehen. (So wird etwa der Begriff des *Quale* in der analytischen Philosophie des Geistes eingeführt.) Inhaltlich-Subjektives ist von formal-Subjektivem zu unterscheiden. Zu letzterem gehört die allgemeine Form *cogito*, die allem Bewußtsein eigen ist. Dieses subjektive Moment macht zusammen mit den Formstrukturen der verschiedenen Arten von *Noesis-Noema*-Verhältnissen das Transzendental-Subjektive aus, das von allem psychisch-Subjektiven klar zu unterscheiden ist.

Die phänomenologische Konzeption von Subjektivität zielt auf eine differenzierte Auffassung des Selbst. Dieses ist nicht primär und nicht ausschließlich als Inhaltskomplexion, als in der Zeit dauernder Gegenstand zu denken. Meine These ist: Der Kern des Selbst, das freilich *auch* eine materiale Konkretisierung hat und eine solche *notwendig* hat (vgl. Husserl 1952, Beilage 1, §§ 2 u. 3), ist Subjektivität im Sinne der Fähigkeit zur Thematisierung verschiedener Gegenstandsbereiche einschließlich der Fähigkeit zur Selbstthematisierung. Anders gesagt: Das Selbst ist ursprünglich Bewußtsein eines jederzeit möglichen Einstellungswechsels. Diesen Kern des Selbst nenne ich das „Selbst im engeren Sinn“, weil seine Bestimmung von den verschiedenen Bewußtseinserlebnissen (Empfindungszuständen, Denkakten, Erinnerungen usw.) absieht,

5 Zum Verhältnis von Interesse, Thematisierung und Einstellung vgl. Waldenfels 1971, 88-94.

die wir uns – jeweils selbst und wechselseitig einander – als ausschließlich mir oder dir zugehörig zusprechen. Das Selbst in der erfahrungsgesättigten Konkretion seiner raum-zeitlichen Existenz kann „Selbst im weiteren Sinne“ heißen. Die vorliegende Auffassung von Subjektivität sucht ein Verständnis von Selbstobjektivation, Selbstentfremdung und Selbstbestimmung zu entwickeln – nicht gemäß der Betrachtungsweise einer positiven Wissenschaft (z.B. der Psychologie), sondern gemäß der Betrachtungsweise einer philosophischen Subjekttheorie. Nach der ersteren Betrachtungsweise beobachte ich mich wie einen Gegenstand. „Mich“ wird dabei gemäß verschiedener Ich-Konzeptionen bestimmt. Selbstbeobachtung kann deshalb z.B., wie es als „Sigmund Freuds große Einsicht“ bezeichnet wurde, auch bedeuten, daß sich „das Über-Ich (..) mindestens ebenso beobachten (läßt) wie jedes meiner anderen Bestandteile.“ (Walzer 1996, 116) Das philosophische Interesse zielt darauf zu fragen, welche Bedingungen an ein Subjektsein zu stellen sind, dem Selbst-, Fremd- und Gegenstandsbeobachtungen zugesprochen werden können. Unter einem „Subjekt“ – im Unterschied zum Selbst im weiteren Sinn – ist, so meine These, jene Instanz zu verstehen, welche das Verhältnis zwischen verschiedenen Beschreibungsebenen wie auch zwischen verschiedenen Stufen der Reflexion oder Abstraktion im Rahmen derselben Beschreibungsebene thematisieren kann. Trifft es zu, daß es für ein Subjekt wesentlich ist, sein Selbstverhältnis über Vermittlung einer Mehrzahl von Beschreibungen, Beschreibungsebenen und Betrachtungsweisen zu artikulieren, so kann das Subjekt nicht mit dem logischen Subjekt *einer* dieser Beschreibungen, Beschreibungsebenen oder Betrachtungsweisen identisch sein. Ein Subjekt zu sein, ist nicht reduzierbar darauf, Gehirn, Bewußtsein oder reines Ich (transzendentales Subjekt) zu sein. Hier zeigt sich die zentrale Rolle des Konzepts der Einstellung: Eine Pluralität von Subjektfunktionen und Subjektrollen kann nur dann als Verhältnis eines Subjekts zu sich selbst gedacht werden, wenn die fragliche Pluralität mit dem Bewußtsein eines möglichen Einstellungswechsels verbunden ist.

Im Konkreten wird die Integration verschiedener Betrachtungsweisen und Ebenen der Selbstbeschreibung von *Personen* geleistet. Personalität manifestiert sich, soweit allein die theoretischen Anforderungen in betracht kommen, in der Fähigkeit eines sinnlich-geistigen Wesens, in synchroner und sukzessiver Dimension verschiedene Beschreibungsweisen seiner selbst integrieren, in Relation zueinander setzen und bewerten zu können. Alle episodisch realisierten logischen Subjektrollen bleiben parasitär gegenüber der sinnlich-geistig-sozialen Konkretheit der Person. Einstellung ist der Grundbegriff einer phänomenologischen Untersuchung unserer menschlichen Praxis. Deren allgemeine Strukturmerkmale sind Pluralität, Partikularität und Prozessualität.[6] Letztere meint nicht bloß die Faktizität einer zeitlichen Verlaufsform, sondern eine kontinuierliche Stellungnahme zu möglichen Sinnorientierungen eines (jeweils gegenwärtigen) Ganzen von gegenwärtigen und erinnerten Erlebnissen. Auf diese Weise wird eine zeitliche Abfolge von Erlebnissen zu einer Sinngeschichte. Indem ich mich als in einer solchen Geschichte existierend erfahre und andere als mich in meiner Geschichtlichkeit erfahrend erfahre, bin ich Person. „Personsein" heißt, sich selbst und anderen als eine Geschichte vollzogener und habitualisierter Einstellungswechsel und deren bleibender Resultate gegeben zu sein. Das Selbst (Selbstsein im engeren Sinn) ist ein abstraktes Moment in der inhaltlichen Konkretion der Person.[7]

6 Die genannten Momente sind vereint im Gedanken der Fragmentiertheit. Vgl. „Der Mensch ist notwendig, sofern er existiert, immer Fragment. Die Totalität der Seele wird gleichsam eingeklemmt in einen begrenzten Zeitverlauf, begrenzte räumliche, historische, geistige Situationen. Er ist jedoch nicht endgültig dieses bestimmte Fragment, das Fragmentarische ist nicht gegeben, so daß er sich nur resigniert damit abfinden könnte, sondern er ist im Prozeß, in jener Unruhe, als ob das Ganze und Allgemeine wirklich von ihm erreicht würde." (Karl Jaspers (^{2}1994), Psychologie der Weltanschauungen. München Zürich: Piper, 380)

7 Versucht man, nach den hier skizzierten Grundaspekten das Selbstverhältnis von Subjekten gemäß einer phänomenologischen Betrachtungsweise zu bestimmen, so kann dies nur im Rahmen einer transzendentalen Phänomenologie geschehen und nicht unter Bezugnahme auf jene Methodengestalt der Phänomenologie, wie sie mit Husserls *Logischen Untersuchungen* vorliegt. Der Zusammenhang der Momente Selbstobjektivation, Selbstentfremdung und Selbstbestimmung kann erst dann in den Blick kommen, wenn, erstens, der Untersuchungsbereich einer phänomenologischen Deskription nicht auf den aktuellen Bewußtseinsinhalt eingeschränkt ist, wie dies für die frühe Phänomenologie gilt, vielmehr die zeitliche Dimension des Bewußtseins miteinbezogen wird. Zweitens muß die methodische Voraussetzung einer Thematisierung des theoretischen und praktischen Problems der Selbstbestimmung erfüllt sein: die Einführung der phänomenologischen Reduktion.

Damit habe ich die Leitbegriffe meiner Überlegungen (*Einstellung, Selbst, Subjekt, Person*) explizit gemacht. Ich werde mich nun den eingangs formulierten Fragen zuwenden. Ich gehe von der Intuition aus, daß es im Hinblick auf die Konzeption unseres Selbstverhältnisses von grundlegender Bedeutung ist, daß wir unsere Erkenntnisziele und Erkenntnisideale überprüfen. Mein erster Schritt auf dem Weg zu einer solchen Konzeption ist deshalb, das Verhältnis von reinem und empirischem Ich verständlich zu machen, indem ich die Idee eines *view from nowhere* ersetze durch die Idee eines *view from elsewhere*, einen *Blick von nirgendwo* ersetze durch den *Blick von anderswo*, diesen letzteren aber, der immer ein *Blick von irgendwo* ist, philosophisch zu interpretieren und zu rehabilitieren suche.

Greifen wir ein Moment heraus, das wesentlich über unsere Affinität zu bestimmten Erkenntnisidealen mitentscheidet: die Einstellung zur Endlichkeit unserer selbst und unserer Erkenntnis. Die Geschichte der Philosophie ist zu einem beträchtlichen Teil eine Auseinandersetzung mit dem Problem der Endlichkeit, in dem die Frage nach dem Selbstverhältnis und die Frage nach dem Weltverhältnis zusammenlaufen. Abgesehen von einer großen Zahl gelehrter Abhandlungen gibt es auch eine kurze Geschichte, die uns in ein Abenteuer und in das Problem der Endlichkeit hineinführt. Stanislaw Lem, ein großer Imaginist und großer Denker, hat diese Geschichte geschrieben. Sie handelt von einem Roboter namens Automatthias, der eine gefährliche Reise vor sich hat. Um diese Prüfung nicht alleine bestehen zu müssen, kauft er sich bei einem Miniaturisierer einen Elektrofreund. Dieser heißt Rimohr und ist ein Metallkörnchen. Automatthias trägt Rimohr, wie ihm das der Erfinder empfiehlt, in seinem Ohr. Rimohr ist klug. Die Einflüsterungen des Elektrofreundes sind halb freundschaftlicher, halb therapeutisch-sokratischer Art. Wie das Schicksal spielt - selbst in Märchen -, erleidet Automatthias Schiffbruch. Es gelingt ihm, sein Leben zu retten. Er strandet an der Küste einer winzigen öden Insel, glücklich immerhin fürs erste davongekommen zu sein. Auch Rimohr hat er im Meeressturm nicht verloren. Nach einer genauen Erkundung der Örtlichkeit, die ihm allerdings die Aussichtslosigkeit seiner Lage verdeutlicht, sinniert Automatthias über seine Überlebenschancen. Rimohr, der selbst keine Angst vor dem Sterben haben muß, da er aus fast unzerstörbarem Metall angefertigt ist, beschreibt ihm daraufhin die elende Art und Weise, in der er durch Verdursten, Verhungern und Verfaulen zugrundegehen wird. Schlußendlich rät er Automatthias, er möge doch seiner verzweifelten Lage als Schiffbrüchiger dadurch ein Ende setzen, daß er sich selbst durch Ertränken das Leben nehme. Es sei dies auch nur ein kleiner Schritt, eine nur marginale Änderung seines *status quo*. Der Elektrofreund begründet dies wie folgt: Automatthias ist so beschaffen, daß er immer nur an einem einzigen Ort zur gleichen Zeit sein kann. Nun gibt es Millionen Orte, an denen er sich befinden könnte, aber tatsächlich nicht befindet. Für diese Orte ist er mithin gegenwärtig schon, aufgrund seiner fehlenden Anwesenheit dort, gleichsam ein Verstorbener. Also könne er sich auch gleich das Leben nehmen. „da du überall, nämlich an allen jenen bezaubernden Orten, nicht bist, bist du so gut wie nirgends. (...) Nun denn, zwischen 'überall' und 'so gut wie nirgends' besteht ein himmelhoher Unterschied, und dieser ist dein normales Los im Leben, denn stets weiltest du nur an einem einzigen Ort auf einmal. Dagegen ist zwischen 'so gut wie nirgends' und 'nirgends' der Unterschied, um die Wahrheit zu sagen, minimal. So beweist demnach die Mathematik der Empfindungen, daß du schon jetzt im Grunde genommen fast nicht mehr lebst, da du fast überall fehlst, eben wie ein Verblichener!" (Lem 1982, 97)

Was gewinnen wir aus dieser Geschichte, die schließlich ein gutes, wenn auch leicht makabres Ende findet, in bezug auf das Problem der Endlichkeit? Rimohrs Argumentation erscheint nur solange als schlüssig – oder zumindest frappierend, da nicht ohne weiteres zurückzuweisen –, solange wir seine unausgesprochene Voraussetzung teilen. (Diesbezüglich zeigt sich, einmal mehr, wie nah einander Erfundenes und Gefundenes sein können. Vielleicht ist der Elektrofreund auch in Thomas Nagels Ohr gesessen.) Die ad-hoc-Plausibilität von Rimohrs Argumentation gründet darin, daß er das Erkenntnisideal eines *view from nowhere* voraussetzt. Allein gemessen an diesem Ideal müssen wir an der sinnlichen Beschränktheit, Kontextgebundenheit und Ungewißheit eines „perspektivischen" Lebens verzweifeln. Unsere leibliche Konstitution legt unserem Handeln eine einschränkende Bedingung auf. Wir können nicht überall, sondern stets nur an einem Ort zur gleichen Zeit sein. Stellen wir nun aber nicht den limitierenden Charakter in den Vordergrund, sondern betrachten wir die in unserer leiblichen Präsenz gründende Standortgebundenheit als Ermöglichungsbedingung von Erkenntnis – einer Erkenntnis, wie sie Wesen, wie wir es sind, zugänglich ist –, dann müssen wir Rimohr widersprechen. Der Unterschied zwischen „so gut wie nirgends“ und „nirgends“ ist nicht minimal; er ist der größte und einschneidendste, den es für uns gibt. Er scheidet das, was uns als mögliche Erfahrung verständlich und zugänglich ist – was ich alles erfahren könnte, wenn ich anderswo wäre –, von dem, was uns infolge unserer menschlichen Konstitution völlig unbekannt und unverständlich ist. Wir sind Wesen, die weder überall noch nirgends sein können. Wir sind immer irgendwo. Diese „Lokalität“ unseres realen Selbstseins steht in einem radikalen Spannungsverhältnis zur Idee eines *view from nowhere*, wie ihn Thomas Nagel konzipiert hat: „Mein eigentliches Ich hält TN sozusagen besetzt; oder anders gesagt: die intersubjektiv identifizierbare Person TN enthält das eigentliche Ich. Von einem rein objektiven Standpunkt aus erscheint mein Zusammenhang mit TN als kontingent. Zu diesem Gedanken gelange ich, indem ich zunächst die Welt als eine Ganzheit einfange – gewissermaßen mit einem BLICK VON NIRGENDWO –, und in diesem Meer von Raum und Zeit ist TN nur eine Person unter zahllosen anderen. Die Einnahme dieses unpersönlichen Standpunkts bringt in mir ein Gefühl der völligen Loslösung von TN hervor (..)“ (Nagel 1992, 108).

Die phänomenologische Reduktion hat, was die Überwindung des Individualismus und Subjektivismus betrifft, eine ähnliche Tendenz wie Nagels Konzeption des objektiven Selbst. Eine Übereinstimmung liegt auch vor in bezug auf den Gedanken einer Erweiterung der Objektivität nicht durch eine Vervielfachung der Perspektiven, sondern durch Wechsel des Bezugssystems der Perspektivität (Wechsel der Betrachtungsebene). Die konkrete Ausführung dieses Gedankens ist infolge der verschiedenen Konzeptionen von Objektivität, die Nagels und Husserls Überlegungen anleiten, weitgehend verschieden. Beide anerkennen jedoch als Grundlage ihrer Erkenntnistheorie „die Fähigkeit des Menschen, den Grenzen seiner ursprünglichen menschlichen Situation nicht schon dadurch zu entkommen, daß er sich umherbewegt und die Welt aus immer neuen Perspektiven beobachtet, sondern durch den Aufstieg zu neuen Ebenen, die ihm die allgemeine Form einer ursprünglichen Perspektive zu verstehen und zu kritisieren erlauben. In jedem einzelnen Fall geht der Aufstieg zu einer neuen Ebene auf die Einsicht in unsere Erkenntnissituation zurück." (Nagel 1992, 134) In den Erzählrahmen unseres Märchens versetzt, heißt das: Die Analyse der Endlichkeit als konstitutiver Bedingung seiner Existenz erlaubt es Automatthias, seine reale Position, sein unfreiwilliges Festgehaltensein an *einem* Ort, zu transzendieren, ohne dadurch zu einem Wesen zu werden, das sich auch nur an zwei Orten zugleich aufhalten könnte. Dem entspricht die Idee der phänomenologischen Reduktion. Diese soll es uns ermöglichen, unsere Beziehung zur Welt voraussetzungslos zu thematisieren, ohne dadurch aber unsere existenzielle Verankerung in der Welt in Frage stellen zu müssen. Soll die Phänomenologie eine Alternative zu Nagels objektivistischer Konzeption bieten können, so muß sie sich als eine reine Sinnanalyse begründen, die gleichwohl glaubhaft machen kann, daß die ihr zugehörige Idee der Objektivität (vermöge der methodischen Zentralstellung des Einstellungswechsels) die Standortgebundenheit menschlicher Erfahrung *nicht* negiert. Die Differenz zwischen Nagel und Husserl betrifft die Art und Weise, wie mit dem Problem der Doppelstellung des Subjekts umgegangen wird, Subjekt der Analyse und Bestandteil des Analysandums zu sein. Darin liegt ein Grundproblem jeder Erkenntnistheorie, das in verschiedenen Gestalten in den Methodologien aller sinn- und subjektverstehenden Theorien wiederkehrt: Wie können wir in die Position gelangen, unsere Beziehung zur Welt und zu anderen Subjekten zu analysieren? Welche Auswirkungen zeitigen jene Methoden und Selbstinterpretationen, die wir benützen, um uns diese Position zu sichern, im Hinblick auf die Ergebnisse der Analyse?

Die Epoché ist jener Einstellungswechsel, den wir vollziehen, um uns das Untersuchungsfeld der reinen Phänomenologie zu eröffnen. In eine Terminologie der menschlichen Vermögen gefaßt, handelt es sich hiebei um eine besondere Realisierung unserer Fähigkeit zur Reflexion. Das reine Ich, das in der Einstellung der phänomenologischen Reduktion thematisiert wird, ist *wesentlich* ein Gegenstand der Reflexion. Es *ist* nur in dem Sinn, daß es Gegenstand einer abstrahierenden Betrachtung des Bewußtseins als Erlebniskontinuum ist. Es ist ein abstraktes, d.i. unselbständiges Moment in der Einheit eines intentionalen Erlebnisses. Das reine Ich repräsentiert die formale Einheit des Bewußtseins. Es ist die identische Zurechnungsinstanz verschiedener Erlebnisse zu *einem* Bewußtsein. Diese Zurechnungsinstanz ist in jedem konkreten Akt der Reflexion vorausgesetzt, weil andernfalls unverständlich wäre, wie reflektierende und reflektierte Instanz identisch sein könnten, vielmehr jede Reflexion schon formaliter, unabhängig von den zufälligen Grenzen der Erinnerung, einen vollständigen Identitätsverlust bedeutete. Auf das reine Ich sind wir nur dann gerichtet, wenn wir nach der Einheit des Bewußtseins fragen, die allen Erlebnissen zugrundeliegt, die im Bewußtsein vorkommen können. Mit Bezug auf den Unterschied von reinem und empirischem Ich von einem „geteilten Selbst" zu sprechen, kann nur im Sinne eines methodisch kontrollierten Einstellungswechsels verstanden werden, nicht als ontische Setzung eines zweiten Ich neben dem empirischen Ich. Nur wenn das reine Ich metaphysische Realität hätte, könnte die Aufforderung, mit Hilfe der phänomenologischen Reduktion auf das rein Subjektive zurückzugehen, so verstanden werden, daß ein *Blick von nirgendwo* einzunehmen wäre.[8] Das ist aber nicht der Sinn der phänomenologischen Reduktion. Einen solchen Standpunkt einführen zu wollen, hieße vielmehr, die Idee der Phänomenologie aufzugeben.

Wenn wir die Voraussetzung eines *view from nowhere*, die der Selbstmordempfehlung unseres Elektrofreundes zugrundeliegt, mit Bezug auf die Unterscheidung von reinem Ich und empiri-

[8] Vgl. „phänomenologische Reduktion und Freudsche Analyse entsprechen einander, weil sie auf dasselbe abzielen; *die Reduktion ist gleichsam eine Analyse*, weil sie nicht bezweckt, das Subjekt der natürlichen Einstellung durch ein anderes Subjekt zu ersetzen; es beseelt sie keine Flucht nach einem Anderswo; die Reflexion ist der Sinn des Unreflektierten, als eingestandener, ausgesprochener Sinn; oder besser: das die Reduktion betreibende Subjekt ist nicht ein anderes Subjekt als das natürliche, sondern dasselbe; aus einem verkannten wird es ein anerkanntes. Darin entspricht die Reduktion der Analyse, wenn diese verkündet: 'Wo Es war, soll Ich werden.'" (Paul Ricoeur (^{4}1993), Die Interpretation. Ein Versuch über Freud. Frankfurt a. M.: Suhrkamp, 399) Gemäß meiner Terminologie müßte es heißen: Die phänomenologische und die psychoanalytische Reduktion beseelt keine Flucht nach einem Nirgendwo. Ein Anderswo-Standpunkt ermöglicht dagegen überhaupt erst die Analyse von Bewußtsein. (Im phänomenologischen Zusammenhang gilt dabei: Die Reduktion ist nicht die Analyse, sondern die Bedingung ihrer Durchführbarkeit.) Daß das natürliche Subjekt *sich selbst* gemäß wechselnder Anderswo-Standpunkte betrachten kann, zeichnet es als Person aus.

schem Ich (bzw., in Nagels Konzeption, von objektivem Selbst und intersubjektiv identifizierbarer Person XY) ausdrücklich machen, so müßten wir Rimohrs Argumentation wie folgt ergänzen: Da du, Automatthias, ohnehin nie die Existenzweise eines reinen Roboter-Ich erreichen kannst, ist dein ganzes Dasein unabänderlich unzulänglich. Dies wissend, vermeidest du eine große Menge Leides, welches aus dieser Daseinsform praktisch folgt, wenn du dich selbst tötest. Selbsttötung ist in den Grenzen deiner Existenzweise die einzig mögliche selbstbestimmte Handlung. Die Betrachtungsweise, die solchen Überlegungen zugrundeliegt und keineswegs bis zum Selbstmordentschluß zuendegedacht werden muß, nenne ich das „pathologische Selbstverhältnis." Ihm liegt eine Auffassung des reinen Ich und seines Verhältnisses zum empirischen Ich zugrunde, die das Leben eines endlichen Wesens schon um seiner bloßen Form willen – unabhängig von dem Maß des Glücks und Unglücks, das einer im Lauf seines Lebens erfährt – zu einem leiderfüllten Leben erklärt. Das reine Ich wird als eine dem empirischen Ich „äußerliche", jenseitige Instanz verstanden. Mir geht es darum aufzuzeigen, daß es eine Alternative zu einem solchen Selbstverständnis gibt, welche nicht darin besteht, den Begriff eines reinen Ich zu eliminieren, sondern darin, das Verhältnis von reinem und empirischem Ich anders zu verstehen. Ich spreche diesbezüglich von einem „konstruktiven Selbstverhältnis". Ein solches liegt vor, wenn das Wissen um die Differenz von empirischem und reinem Ich als Modus der Erfüllung des Daseins eines empirischen Ich aufgefaßt wird, weil es diese Differenz ist, die es einem endlichen Wesen ermöglicht, sich (in theoretischer und praktischer Hinsicht) selbst zu bestimmen.

Wenn wir unser praktisches Leben im Lichte dieser Alternative betrachten, wird uns die Endlichkeit und Begrenztheit unserer Existenz nicht von vornherein, unangesehen des Inhalts möglicher Erfahrungen, in die Bedrängnis führen, Selbstmord als bessere Alternative zu betrachten. Ich werde diesen Aspekt des Problems nicht näher zu ergründen suchen. Dies ist in aller Kürze, was ich darüber denke: Wir können unsere fehlende Motivation zum Selbstmord nicht bloß hedonistisch begründen, z.B. damit, daß es uns Lust bereitet, mit Menschen zu sprechen, die wache Augen haben, oder eine Liebesnacht zu erleben, so daß unser Wunsch weiterzuleben dadurch motiviert ist, derartige Lusterlebnisse empfinden zu wollen. Menschliche Wesen können ihr Nicht-sterbenwollen nur in der Dimension dessen begründen, was ich im folgenden als konstruktives Selbstverhältnis entwickeln werde. Diese Begründung ist unabhängig von meinen persönlichen Vorlieben und Abneigungen, von meinen Plänen, Bestrebungen u.dgl. Sie bezieht sich auf das, was es mir ermöglicht, *irgendwelche* Vorlieben und Abneigungen, *irgendwelche* Pläne und Bestrebungen zu haben: auf das formale Moment der Selbstbestimmung. Ohne wissen zu müssen, *wie es* für Automatthias *ist*, Lusterlebnisse zu empfinden, gebe ich ihm mit dem Folgenden etwas in die Hand, um der Einflüsterung des Elektrofreundes zu widerstehen.

Versteht man das Problem der Einstellung als das methodische Grundproblem einer phänomenologischen Untersuchung, dann kann das phänomenologisierende Ich weder als Analysegegenstand objektiviert noch im Sinne eines *Blicks von nirgendwo* transzendiert werden. In ersterem Fall verschwände überhaupt das Subjektive (im Sinne der obigen Bestimmung von Subjektivität und Personalität). In letzterem Fall bliebe unverständlich, wie ein reales, psychophysisches Individuum jemals eine derartige Ich-Rolle übernehmen bzw. auch nur im Sinne eines Gedankenexperimentes mit sich in Verbindung bringen könnte. Daß der Vollzug der phänomenologischen Reduktion nicht einen (uns unverständlichen) *Blick von nirgendwo* verlangt, und das Verhältnis von empirischem und reinem Ich nicht ontologisch zu deuten ist, bestimmt auch den Sinn, den es haben kann, auf der Basis der phänomenologischen Reduktion von „Selbst-Objektivation", „Selbst-Entfremdung" und „Selbst-Bestimmung" als formalen Momenten jedes Bewußtseinslebens zu sprechen. Ich verstehe die phänomenologische Reduktion als ein methodisches Mittel, um den in jedem Bewußtsein anzutreffenden Strukturzusammenhang von Selbstentfremdung, Selbstobjektivation und Selbstbestimmung, d.i. die Vermitteltheit der Bewußtseinsinhalte, zur Gegebenheit zu bringen. Phänomenologie ist kein naiver Intuitionismus und Deskriptivismus.

Selbstobjektivation und Selbstentfremdung sind konstitutive Momente jedes Bewußtseins, insofern in diesem Reflexionserlebnisse vorkommen. Eine Reflexion ist ein auf vergangene Erlebnisse gerichtetes Erlebnis, in dem vergegenwärtigende und vergegenwärtigte Instanz identisch sind. Sie vollzieht in diesem Sinn eine „Selbstunterscheidung“. Das reflektierende Subjekt bezieht sich auf ein Teilmoment seiner selbst. Das betreffende Moment gerät dadurch in eine Objektstellung relativ zum gegenwärtigen Vollzug des Reflexionserlebnisses. Das aktuell reflektierende Subjekt distanziert sich von ihm, um es zum Gegenstand möglicher Beurteilungen zu machen. Selbstobjektivation und Selbstentfremdung werden in *einem* Akt vollzogen. Sie schließen einander wechselseitig ein. Jede Selbstobjektivation enthält das Moment der Selbstentfremdung; jede Selbstentfremdung leistet auch eine Selbstobjektivation. [9] Was bedeutet nun in unserem Zusammenhang „Selbstbestimmung“? Selbstbestimmung *im theoretischen Sinn* geht der Selbstobjektivation und Selbstentfremdung vorher. Sie repräsentiert den Einstellungswechsel, der an die Stelle einer Ausrichtung auf die Gegenstände, Sachverhalte etc. des gewöhnlichen Erfahrens die Ausrichtung auf die Sphäre des Subjekts setzt. In diese Sphäre gehört alles, worauf die Beschreibung paßt, „in verschiedener Weise auf Gegenstände und Sachverhalte gemäß verschiedener Typen von Akten gerichtet zu sein“. In der theoretischen Sphäre gilt: Selbstbestimmung ermöglicht die Thematisierung von Selbstobjektivation und Selbstentfremdung.

Im Unterschied zum reinen Ich, das ein abstraktes Moment in der Einheit eines (physisch realisierten) Bewußtseins darstellt, manifestiert sich unsere Subjektivität in der Struktur von Selbstobjektivation, -entfremdung und -bestimmung. Bezugnehmend auf konkrete Realisierungen von Subjektivität, müssen wir sagen: Es gibt kein rein in sich beschlossenes Subjekt; kein reines Bei-sich-selbst-sein. Selbstüberschreitung gehört wesentlich zum Personsein. Soweit diese Selbstüberschreitung unabhängig von allen inhaltlichen Konkretionen unter Bezugnahme bloß auf die allgemeine Form von Bewußtsein zu bestimmen ist, liegt sie im Strukturzusammenhang von Zeitlichkeit und Intentionalität.

Die Struktur der Intentionalität repräsentiert die für jedes

[9] Selbstobjektivation und Selbstentfremdung können nur auftreten, wenn wir von der Struktur eines im obigen Sinn horizontal und vertikal „geteilten“ Selbst ausgehen. Denn der Zustand der *Selbst*entfremdung setzt ein Bewußtsein des Entfremdetseins voraus. Das unterscheidet die Feststellung eines Zustandes der Selbstentfremdung von Entfremdungsdiagnosen, die „von außen“ gestellt werden, z.B. von einer Gesellschaftskritik, die die objektiv-entfremdeten Lebensverhältnisse bestimmter Bevölkerungsschichten oder -gruppen moniert.

Bewußtsein konstitutive Funktionseinheit von Selbstentfremdung und Bei-sich-selbst-sein. Bewußtsein ist in jedem seiner Momente Objektivation (eines gegenständlichen Bezuges) und Bei-sich-selbst-sein (Erlebnis („Vollzug") des Gerichtetseins auf einen Gegenstand). Es ist die Differenzierung in Akt, Inhalt und Gegenstand, die es dem Bewußtsein ermöglicht, sich auf etwas zu beziehen, das nicht mit ihm selbst identisch ist: Die Objektbezogenheit des Bewußtseins gründet in einer Selbstdifferenzierung. Um eine Selbst-Objektivation handelt es sich nur dann, wenn Bewußtsein auf sich selbst gerichtet ist. Mit jeder Objektivation meiner selbst, die mit Hilfe von intentionalen Erlebnissen vollzogen wird, die auf eigene Erlebnisse gerichtet sind, vollzieht sich auch eine Selbstentfremdung. In bezug auf die zeitliche Struktur von Bewußtsein können wir unter „Selbstentfremdung" die schrittweise Entfernung von vergangenen, immer weiter vergangenen und schließlich vergessenen Erlebnisgegenwarten verstehen. Da ich mich nicht an etwas erinnern kann, ohne mich, zumindest implizit, auch an mich als die in-einer-bestimmten-Vergangenheit-Erlebende zu erinnern, hat jede Erinnerung – formal betrachtet, unabhängig von dem konkreten Inhalt der Erinnerung – auch den Charakter einer Selbstaneignung. Wir müssen eine horizontale Dimension des Verhältnisses von Selbstobjektivation, Selbstentfremdung und Selbstbestimmung von einer vertikalen Dimension unterscheiden. Der Ausdruck „horizontal" bezieht sich auf die Ausbreitung dieses Verhältnisses in Vergangenheit, Gegenwart und Zukunft, auf den Charakter seiner „Entfaltung" im Zeitablauf. Demgegenüber ist das Verhältnis von Selbstobjektivation, Selbstentfremdung und Selbstbestimmung, sofern wir es mit Bezug auf die Form der Intentionalität denken, eine allzeitliche Struktur des Bewußtseins. [10] Das gilt zwar ebenso für die bloße Form der Zeitlichkeit, für das in jedem Augenblick sich vollziehende Auseinandertreten von Vergangenheit, Gegenwart und Zukunft, nicht aber für das sich konkret in dieser Form Entwickelnde. In bezug auf die zeitliche Dimension werden Selbstobjektivation, Selbstentfremdung und Selbstbestimmung als Ereigniszusammenhang,

[10] „Allzeitlich" (oder: „überzeitlich") meint: nicht nur zu einem bestimmten Zeitpunkt bzw. für einen bestimmten Zeitraum gültig. „Allzeitlich" ist nicht mit „azeitlich (außerzeitlich)" zu verwechseln.

betrachtet: als sich mittels gegenwärtiger und vergegenwärtigter konkreter Erfahrungsinhalte realisierend. In diesem Zusammenhang hat es Sinn zu sagen: Ich kann nur dann ich selbst sein, wenn ich in der Lage bin, mich selbst so zu betrachten, als ob ich eine andere wäre. „Ich selbst sein" ist dabei zu verstehen als „ich selbst *werden*", weil Reflexion nur als ein Prozeß gedacht werden kann. „Als wäre ich eine andere" meint, daß ich mich, d.i. die aktuell erinnerbaren Inhalte und Zustände meines („verleiblichten") Bewußtseins, in verschiedenen Erfahrungseinstellungen betrachten kann.

Gemäß der Struktur intentionaler Beziehungen und der Zeitlichkeit des Bewußtseins gilt: Selbstentfremdung und Selbstobjektivierung sind notwendig Bestandteil der Identitätsbildung von Personen. Ihre konkrete Realisierung erfolgt in verschiedenen Akttypen, z.B. in Phantasieerlebnissen (ich stelle mir vor, wer oder was ich sein könnte; was oder wer ich gerne wäre), in Erinnerungen (ich erinnere mich an die, die ich war; an die Erlebnisse, die ich hatte) oder in Träumen (ich erlebe mich in Situationen und Rollen, die ich nachträglich als nicht-real erkenne).[11] In welchem Erfahrungsmodus Selbstentfremdung und Selbstobjektivation auch immer auftreten, stets muß es ein Subjekt geben, das die betreffenden Erfahrungen macht. Das Faktum, daß es verschiedene Subjektrollen sind, die ich durchlebe, tritt typischerweise im Übergang zwischen Gegenwartsbewußtsein und Vergegenwärtigungserlebnissen ins Bewußtsein. Daß ich die Subjekte verschiedener Erfahrungen und verschiedener Erfahrungsmodi als Quasi-Doppelgänger meines gegenwärtigen Erlebnissubjekts auffasse, führt zu der Frage, wie es mir möglich ist, verschiedene Selbst mit mir zu identifizieren. Wie kann ich verschiedene Selbst als Realisierungen meines Ich erkennen, ohne in eine Pluralität von Personen auseinanderzufallen? Was es bedeutet, von einem gegenwärtig erlebenden Subjekt („Vollzugs-Ich") zu sprechen, welches imaginierende, memo-

[11] Selbstobjektivierung und Selbstentfremdung sind, abgesehen von diesen alltäglichen Erfahrungsweisen, auch im Gebrauch wissenschaftlicher Abstraktionsverfahren beteiligt. Ein anderer, in verschiedenen Graden theoretisch aufgearbeiteter Umgang mit den Problemen der Selbstobjektivierung, Selbstentfremdung und Selbstbestimmung liegt in den zahlreichen Versuchen zu einer Kultivierung von Selbsttechniken (z.B. religiöse Gewissenserforschung; sexuelle Praktiken; Meditation; Askese) vor.

rierende u.a. Selbstverdoppelungen aus sich heraussetzt und sich in diesen wiedererkennt, ist das Kernproblem dessen, was häufig das „Rätsel“ des Bewußtseins und des Selbstbewußtseins genannt wurde.

Die Selbstbestimmung, von der ich bisher gesprochen habe, gehört der theoretischen Sphäre an, stellt in dieser jedoch ein praktisches Moment dar.[12] Ich möchte zumindest grob skizzieren, was es nach meiner Auffassung demgegenüber bedeutet, sich praktisch selbst zu bestimmen. In theoretischer Hinsicht bezieht sich der Ausdruck „Selbstbestimmung“ auf einen Wechsel der Betrachtungsweise, der durch unsere geistige Konstitution (Reflexivität) ermöglicht wird. In der moralisch-praktischen Sphäre geht es darum, mich selbst als Person im Hinblick auf mein Handeln zu bestimmen. Ich tue dies auf der Grundlage eines Einstellungswechsels, indem ich vom Tun (Handeln) übergehe zu einer reflexiven Betrachtung meines Handeln-könnens, d.i. der Maximen und Prinzipien, nach denen ich mein Handeln ausrichten will, der Genese meiner Motivationslagen u.dgl. Im Gegensatz zur theoretischen Situation kehrt sich hier das Verhältnis der Selbstbestimmung zu Selbstobjektivation und Selbstentfremdung um. In der Sphäre des Praktischen gehen die Momente der Selbstobjektivation und Selbstentfremdung, die in die hypothetische Setzung alternativer Weisen des Wollens involviert sind, der Selbstbestimmung voran. Diese wird nun allerdings nicht mehr als das bloß formale Moment des Einstellungswechsels gedacht, sondern als Entscheidung für ein Bestimmtsein, dessen Realisierung gewollt ist. Als ein untergeordnetes Moment ist freilich auch in den Zusammenhang der praktischen Selbstbestimmung das theoretische Moment der Selbstbestimmung eingeschlossen. So wie ich selbst als empirisches Ich in verschiedener Weise bestimmt bin je nachdem, ob ich die natürliche oder die phänomenologische Einstellung einnehme, so liegen auch verschiedene Situationen praktischen Bestimmtseins vor je nachdem, ob ich aktuell handle oder über mein Handelnkönnen reflektiere.

12 Der praktische Aspekt der phänomenologischen Reduktion – meinem Wollen und Leben eine neue Richtung zu geben – wird von Husserl im *Krisis*-Buch thematisiert. Zur Bedeutung der Idee der Selbstbestimmung im Zusammenhang einer Analyse der *Paradoxie der Subjektivität* vgl. Rinofner-Kreidl (2001a).

Was bedeutet die vorliegende Idee einer praktischen Selbstbestimmung mit Bezug auf die Probleme Freiheit und Autonomie? Ich kann vorläufig nur eine rudimentäre, negative Charakterisierung geben. Was können Freiheit und Autonomie gemäß meiner Auffassung des Verhältnisses von reinem und empirischem Ich nicht bedeuten? Ein Ich, das *nur* reines Ich wäre – nehmen wir dies als eine fiktive Setzung an –, könnte sich in keiner Weise selbst bestimmen, da seine Reinheit jede inhaltliche Bestimmtheit ausschlösse. Selbstbestimmung verwandelte das reine Ich zwangsläufig in ein konkretes, empirisches Ich. In diesem Sinn ist es, entgegen der gewöhnlichen Intuition und Kritik, das reine Ich, das gegenüber dem empirischen Ich defizient ist. Dabei dürfen wir das letztere freilich nicht *nur* als physisch-Reales nehmen. Es ist ein Ich, das mit Bezug auf sich selbst die Differenz des empirischen und reinen Ich denken kann.[13] Wäre ich *nur* physisch-reales Ich, so könnte ich mich ebensowenig selbst bestimmen. Denn in diesem Fall könnte ich mich zu jedem Zeitpunkt meiner Existenz nur als das hinnehmen, was ich geworden bin. Ich müßte annehmen, daß mich mein Charakter – die prägnante Gestalt meines Gewordenseins –, zusammen mit den wechselnden

[13] Wollten wir genauer auf die Probleme praktischer Selbstbestimmung eingehen, so wäre, als ein erster Schritt, die für unsere Selbstauffassung grundlegende Bedeutung der sachlichen Kontinuität des Handelns zu erwägen. Von einer Konsequenz des Handelns kann nur unter Bezugnahme auf bestimmte inhaltliche Ausdeutungen der zeitlichen und intentionalen Struktur der Selbstdifferenzierung gesprochen werden. In diesem Kontext, der auch eine Bestimmung des Personbegriffes erforderlich macht, konkretisiert sich die oben lediglich in einem formal-allgemeinen Sinn festgestellte Notwendigkeit einer Vermittlung von empirischem und reinem Ich u.a. zur Frage nach dem Sinngehalt einer Selbstauffassung, die Sein und Sollen in der realen Einheit einer Person zusammendenkt. Dieses Zusammendenken setzt eine „Selbstspaltung" voraus, die als ideelle Ausdifferenzierung einer "instantiellen Vernunft" beschrieben werden kann, welche als Teil eines personalen Ganzen stellvertretend für das Ganze tätig wird. Vgl. „Die Vernunft (als Teil) gibt das *Gesetz*, dem sich das Individuum (als das von der Vernunft begriffene Ganze) unterstellt. In der Selbstbeschreibung des Individuums erscheint das wie eine substantialisierende Verselbständigung der Vernunft, so als sei sie ein Homunkulus, der seine Einsichten als Befehle ausgibt. (...) Tatsächlich aber geht es auch hier lediglich um einen Vorgang der *Selbstregulation des Organismus*, in dem einzelne Organe (gleichsam stellvertretend) für den ganzen Organismus tätig sind." (Volker Gerhardt (1999), Selbstbestimmung. Das Prinzip der Individualität. Stuttgart: Philipp Reclam, 357) Zur Vermittlung von Faktizität und Idealität in bezug auf Kants Moralphilosophie vgl. Sturma 1997, 205-219.

Situationen und Bedingungen meines Handelns, vollständig determinierte. Auf der Grundlage des oben entwickelten Verhältnisses von empirischem und reinem Ich muß es dagegen möglich sein zu sagen: Ich kann frei über mein Handeln-wollen verfügen, ohne mich zu diesem Zweck als eine *tabula rasa* betrachten zu müssen. Es ist vielmehr gerade mein Charakter, der es mir möglich macht, selbstbestimmt zu wollen, mich (im obigen Sinn) praktisch selbst zu bestimmen *in dem Bewußtsein, in geistiger Hinsicht eine kontinuierliche Existenz zu haben.*[14] Obwohl Selbstbestimmung nur auf der Grundlage eines Prozesses der Selbstentzweiung zu denken ist, hat sie nicht den Charakter einer Selbstunterdrückung, einer Herrschaft über mich selbst. Selbstbestimmung ist Selbstentwicklung, Selbstermöglichung – und nicht, *pace* Nagel, Einwirkung „von außen". Selbstbestimmung ist nur denkbar, wenn wir von der Struktur eines – nicht realiter, aber ideell-begrifflich – geteilten Selbst ausgehen. Selbstbestimmung im theoretischen und praktischen Sinn ist unmöglich, wenn Anerkennung der Idee eines geteilten Selbst bedeutete, daß einem empirischen Ich ein *view from nowhere* gegenüberstünde. In theoretischer Hinsicht hieße dies, ein reines Ich zu setzen, das schlechthin an sich gälte, das unabhängig von allen Sacheinstellungen eines empirischen Ich wäre, mithin von keinem wie immer beschaffenen Einstellungswechsel tangiert würde. In praktischer Hinsicht hätte die Einführung eines *view from nowhere* zur Folge, daß das subjektiv-praktische Moment überhaupt verschwände. Läge die praktische Initiative in einem derart absoluten, reinen Ich, so hätte die Einwirkung auf das empirische Ich (sofern deren Möglichkeit verständlich gemacht werden könnte) den Charakter einer Fremdbestimmung, nicht den einer Selbstbestimmung.

Psychoanalytische und philosophische Kritik haben die Idee einer Umkehr gemein, einer „Selbsterweckung", einer möglichen Entwicklung, die aus sinnverstehender Einsicht kommt. Gleich-

[14] Den Charakter zu den Ermöglichungsbedingungen eines praktisch selbstbestimmten Handelns zu zählen, annulliert nicht *eo ipso* die Annahme der Freiheit. Wenn zum Freisein-von auch gehört, mich mir selbst, meiner eigenen Vergangenheit gegenüber als frei zu denken, dann kann ich mich nicht darauf zurückziehen, mich dem „Schicksal" meiner Charakterneigungen zu ergeben – zu sein, was ich geworden bin –, sondern muß auch zu meinen Dispositionen wertend und tätig Stellung nehmen.

wohl handelt es sich gemäß den verschiedenen Zielsetzungen und zugehörigen Methoden um verschiedene Konzeptionen. Während das Hauptinteresse einer Psychoanalytikerin darin liegt, konkrete seelische Manifestationen des Zusammenspiels von Bewußtem und Unbewußtem, z.B. in Gestalt imaginierter Selbstverdoppelungen, zu analysieren, ist die Philosophin hauptsächlich mit der Analyse der Begriffe *Subjekt, Bewußtsein, Unbewußtes, Selbstbewußtsein, Person* usw. beschäftigt. Es geht bei der Festlegung von Disziplinengrenzen freilich nicht darum, Privilege für bestimmte Subjektrollen zu verteilen. Psychoanalytiker können als Philosophen tätig werden und *vice versa*. Es geht darum, Erkenntnisinteressen und Problemstellungen, die verschieden sind, als verschieden auszuweisen. Die Kritik der Psychoanalyse terminiert in einem praktischen Erfolg der Verhaltensstabilisierung, dessen konkrete Erscheinungen und Erfolgskriterien relativ zu kulturellen, sozialen und gesellschaftlichen Standards formuliert werden. Auch wenn es für den Heilungserfolg erforderlich ist, den Patienten dahin zu führen, die Interpretation des Analytikers anzunehmen und sie damit überhaupt erst zu einer Selbst-Interpretation zu machen, sind analysierende und analysierte Instanz im psychoanalytischen *setting* ursprünglich nicht in *einer* Person vereint. Zweck der Therapie ist, formal betrachtet, diese beiden Instanzen zum Nutzen einer gelingenden, harmonischeren Identitätsbildung des Patienten zusammenzuführen. Im Unterschied zur Psychoanalyse wie auch zu einer Gesellschafts- oder Ideologiekritik wird philosophische Kritik im Sinne der transzendentalen Phänomenologie nicht um der Befriedigung außer ihr selbst liegender Zwecke willen unternommen. Die Zwecke, die hiebei in betracht kommen, sind emotionale Bedürfnisse, gesellschaftspolitische Anliegen, weltanschauliche Ideen u.ä. Verglichen mit derlei konkreten Zwecksetzungen (z.B. soziale Gerechtigkeit, Schutz der Schwachen, psychisches Wohlbefinden) hat philosophische Kritik eine abstraktere Zweckausrichtung. Sie ist auf eine Art der Selbstbildung oder Selbstkonstitution gerichtet, die formal bestimmt ist: Habitualisierung einer Einstellung zu Einstellungen. Drei Momente sind für die hier vertretene Idee einer philosophischen Kritik grundlegend: 1) Philosophische Kritik ist wesentlich selbstbezüglich. Es handelt sich um eine Selbstkritik: Kritik der Vernunft durch die Vernunft. (Die Analyse des Sinngehaltes des reinen, phänomenologisch reduzierten Bewußtseins ist eine Form der Selbstanalyse des reflektierenden Subjekts.) 2) Als Habitualisierung einer Einstellung zu Einstellungen stellt philosophische Kritik nur das her, was sie selbst ermöglicht. Sie hat in diesem Sinn Selbstzweckcharakter. Sie versucht nicht, konkrete praktische Ziele zu erreichen (z.B. sicherzustellen, daß Aggressionen in einer sozial zuträglichen und ungefährlichen Weise zum Ausdruck gelangen). 3) Sich um Selbstbestimmung im Sinne einer philosophischen Kritik zu bemühen, bedeutet, die Wählbarkeit von theoretischen und praktischen Zwecksetzungen ins Bewußtsein zu heben. Das Wesen der philosophischen Idee von Kritik ist Freiheit. (Das Wesen der psychoanalytischen Idee von Kritik, sofern die Psychoanalyse als eine Selbsttechnik verstanden wird, die nicht in einer Anthropologie, Daseinshermeneutik u.dgl. verankert ist, ist dagegen Befriedigung von (v.a. emotionalen) Bedürfnissen; Befriedung im Sinne des psychischen und sozialen Friedens.) Das Bewußtsein der Wählbarkeit der Ziele kann in jedem Augenblick aktualisiert werden – unabhängig davon, auf welche Zwecke ich mich bisher festgelegt habe. Bezugnehmend auf die genannten Momente der Selbstbezüglichkeit, der Selbstzweckhaftigkeit und der Freiheit ist das „Über-Ich" der philosophischen Kritik universal. Es repräsentiert die Möglichkeit, jedes faktische Festgelegtsein auf eine bestimmte Denk- und Handlungsweise in der Reflexion zu transzendieren, mithin die Offenheit der menschlichen Existenz. Das Ich der philosophischen Reflexion ist universal im Gegensatz zu mir als dem stets in partikularen Interessenlagen und Zwecksetzungen gebundenen Ich. Das philosophische „Über-Ich" ist aber, wenn phänomenologisch verstanden, nicht universalistisch derart, daß es eine inhaltlich bestimmte Moralität besäße: ein Wissen über die wahren, die wahrhaft wertvollen Zwecksetzungen.

Dem oben angesprochenen horizontal-zeitlichen und vertikal-intentionalen Zusammenhang des Bewußtseins entsprechen verschiedene Konkretionen von Entfremdung und Bei-sich-selbstsein. Das phänomenologisch (nichtsubstantialistisch) interpretierte *cogito* dient als „Scharnier", das die verschiedenen Dimensionen von Selbstobjektivation, Selbstentfremdung und Selbstbestimmung zusammenhält – gerade weil es, soweit ist Lacan-Zizek zuzustimmen (Zizek 1998, 42 f), selbst nicht in diese Differenzierung verwickelt und gänzlich leer ist. Dies manifestiert sich darin, daß *ich* im aktuellen Bewußtseinsvollzug, und nur in diesem, in einem radikalen Sinn ununterscheidbar bin von *mir*. Leerheit und Ununterschiedenheit zeigen sich darin, daß die Ausdrücke „ich" und „mir" hier, streng genommen, gar nicht anwendbar sind. Bei-sich-(selbst)-sein ist, in dieser Weise eingeführt, ein bloß formales Moment, in bezug auf das eigentlich auch nicht von „Selbstvertrautheit" gesprochen werden kann. Im aktuellen *cogito* hat sowohl Selbstentfremdung im Sinne der horizontal-zeitlichen als auch Selbstentfremdung im Sinne der vertikal-intentionalen Struktur ihr Gegenbild. Das *cogito* ist das irreduzibel Subjektive. Es ermöglicht Selbstbestimmung (im theoretischen und praktischen Sinn), ist aber nicht selbstbestimmt (im theoretischen oder praktischen Sinn) gesetzt. (Das ist *eine* Einsicht, die wir aus der Auseinandersetzung mit Husserls Paradoxie der Subjektivität gewinnen können.) Im Zusammenhang einer Phänomenologie des Bewußtseins kann „Selbstbestimmung" nicht vollständige Selbstsetzung oder Selbsterschaffung aus dem Nichts (T. Nagel) meinen. In bezug auf den theoretischen Aspekt heißt dies: In aller Selbstreflexion muß, wenn diese von Selbsterfindung verschieden sein soll, etwas *da* sein, auf das reflektiert werden kann. Was ist da? Der Strom der Erlebnisse; ein Erfahrungszusammenhang, der inhaltlich bestimmt und gemäß der Form der Prozessualität in nichtwillkürlicher Weise strukturiert ist. So trifft zwar zu, wie wir oben sagten, daß Selbstbestimmung in der Sphäre des Theoretischen insofern der Selbstobjektivation und -entfremdung vorangeht, als sie deren Thematisierung ermöglicht. Damit ist jedoch weder behauptet, daß die thematisierten Bewußtseinsvollzüge erst mit ihrer reflexiven Vergewisserung wirklich würden noch geleugnet, daß die Reflexion selbst ein intentionales Erlebnis ist, das ebenso objektivierend und (im Sinne der „Selbstentzweiung" von Akt und Gegenstand) entfremdend fungiert. Die wesentlich prozessuale Natur des Bewußtseins bestätigt sich mithin auch in bezug auf das Verhältnis von Vollzug und Reflexion: Keine wie immer geartete Reflexion kann die Struktur der Objektivation und Entfremdung zugunsten eines ursprünglichen Eins-sein-mit-sich aufheben, indem sie sich ihren Gegenstand nicht vermittels einer Intention „aneignete", sondern, jenseits der Sphäre des beweglichen Bedeutungsgeflechtes unseres Bewußtseins, mit ihm in reiner Aktualität eins würde. Reflexion kann lediglich Schlaglichter in dieses Bedeutungsgeflecht werfen, in welchem sich die Struktur von Objektivation und Entfremdung konkretisiert. Jede solche schrittweise und teilweise „Aufhellung" des Bewußtseins festigt ihrerseits jedoch, da sie selbst unvermeidlich objektivierend und entfremdend verfährt, eben jene Struktur, die eine Aufklärung erforderlich macht. Jede Reflexion provoziert weitere Reflexionen, ohne daß jemals ein Zustand absoluter Selbsttransparenz erreicht würde.

Selbstbestimmung gründet in einer wesentlich anonymen Subjektfunktion: in etwas, das kein Selbst ist, weil es *sich* nicht als ein Selbst repräsentieren kann in Form eines beliebigen Bewußtseinsinhaltes, der einem psychophysischen Wesen attribuierbar wäre. Ein Selbst wird bestimmt, ohne sich im Vollzug dieser Bestimmung selbst als Bestimmendes fassen zu können.[15] Dieser Sachverhalt kann auch so beschrieben werden: Reflexivität als Bewußtsein einer jederzeit möglichen theoretischen und praktischen Selbstbestimmung setzt ein Unbewußtes voraus, das sich jedem Versuch einer reflexiven Bewußtmachung entzieht (vgl. Ricoeur ^{4}1993, 385 ff). Diese Anonymität macht, so paradox dies anmutet, den Kern der menschlichen Subjektivität aus, weil sie das ist, was dem Wechsel verschiedener Einstellungen zugrundeliegt. Der Kern der menschlichen Subjektivität ist nicht, etwas-Bestimmtes-zu-sein, sondern sich-Bestimmen-zu-können. Ein Subjekt ist ein Wesen, das zwar in jedem Augenblick ein bestimmtes Selbst ist, das aber nicht etwas Bestimmtes (und nichts anderes) sein muß. Das hiebei involvierte Selbstverhältnis ist ein wesentlich zeitliches, denn ein Einstellungswechsel wäre, wenn reduziert auf einen Moment in der Zeit, nichts. Ist das Subjekt Medium des Einstellungswechsels, so ist es allein als Mittler zwischen dem, was nicht mehr ist und dem, was sein wird, bestimmbar: Das Subjekt repräsentiert Identität als Transformationsfigur. Interpretieren wir das Moment des Einstellungswechsels dagegen mit Bezug auf die horizontale Dimension des Zusammenhanges von Selbstobjektivation, Selbstentfremdung und Selbstbestimmung, so interessiert es im Hinblick auf seinen möglichen Beitrag zur Klärung des Problems der personalen Identität. Der Einstellungswechsel bleibt dennoch, für sich betrachtet,

[15] Im Problem der Selbstbestimmung verbirgt sich die *Paradoxie der Subjektivität*, die hier folgende Form annimmt: Ein Subjekt bestimmt sich selbst und bestimmt sich nicht selbst. Vgl. Rinofner-Kreidl 2001b.

bloßer Vollzug. Er ist leer insofern, als er nicht etwa die Erinnerung an vergangene Bestimmtheiten und die Antizipation zukünftiger Bestimmtheiten enthält.[16] Wenngleich ich rückblickend mit Bezug auf mein in der Zeit wechselndes Bestimmtsein von einer „Selbstvertrautheit" in allem Wandel sprechen kann, ist dies mit Bezug auf das rein formale Moment des *cogito* – des Vollzugs eines Wechsels von dieser zu einer anderen Bestimmtheit – nicht möglich. Über eine explizite, artikulierbare Erfahrung des Einstellungswechsels verfügen wir deshalb nur *post factum* in Form der Selbstzuschreibung vergangener Transformationen. Dadurch geht der Aktualitätscharakter des Einstellungswechsels verloren. Ebenso ändert sich der Gesichtspunkt, unter dem das Subjekt ins Spiel kommt. Das Subjekt im engeren Sinn ist das aktuelle, reine *cogito* (des Einstellungswechsels). Das Subjekt der Selbstzuschreibung vergangener Einstellungswechsel ist die Person.[17]

Soll es möglich sein, verschiedene Einstellungen zu sich zu haben, so müssen diese Einstellungen einer identischen Instanz zugerechnet werden. (Andernfalls handelte es sich nicht um verschiedene Weisen der Selbstauffassung, sondern um verschiedene Subjekte.) Um uns gemäß differenzierter Erfahrungsweisen und -kontexte als Personen erfahren zu können, müssen wir ursprünglich zentriert sein. Auch ein multiples Selbst muß in einem minimalen

16 Da die Einbeziehung der zeitlichen Dimension insofern zu den Vollzugsbedingungen eines Einstellungswechsels gehört, als diesem Wechsel begrifflich inhäriert, daß ein bestimmtes Eingestelltsein zugunsten eines anderen Eingestelltseins (eigentlich: Eingestelltsein-werdens) aufzugeben ist, erhellt die Bedeutung einer Theorie der Einstellung im Hinblick auf die moralisch-praktische Sphäre: Selbstbestimmung im praktischen Sinn kann nicht bedeuten, sich „aus dem Nichts selbst (zu) erschaffen" (Th. Nagel), quasi als *tabula rasa* zu wirken. Das heißt nicht, daß die Idee des Einstellungswechsels für sich allein schon hinreichte, um z.B. den Begriff der Willensfreiheit zu bestimmen. Hier ist lediglich behauptet, daß in der Art und Weise, wie solche zentralen Begriffe der praktischen Philosophie bestimmt werden, jenem Problem Rechnung zu tragen ist, das ich mit der Konzeption des Einstellungswechsels einzufangen versuche.

17 Diesbezüglich stimme ich Zizeks Analyse wie auch seinem Einspruch gegen Manfred Franks Verteidigung einer unmittelbaren Selbstvertrautheit zu. Vgl. Zizek 1998, 187 (Fn 30). Daß die Phänomenologie alle (im eigentlichen Sinn so zu nennende) *Selbst*erfahrung als reflexiv vermittelt erkennt, heißt freilich nicht, daß sie die Unmittelbarkeit des *cogito*-Bewußtseins zu einer Illusion erklärte. Erlebnispräsenz und gegenständliche Thematisierung sind zu unterscheiden.

Sinn *ein* Subjekt sein, um ein vielfaches Selbst sein zu können. Ein multiples Selbst ist ein vielfaches Selbst, nicht viele Subjekte. Die Möglichkeit des Einstellungswechsels gemäß der horizontalen und vertikalen Grundstruktur von Bewußtsein ist der Grund, weshalb, in der Sprache des *agent provocateur* gesagt, ein menschliches Subjekt nicht vor der Alternative steht, sich entweder als reines Ich oder als ein Stück Scheiße aufzufassen. Das war überhaupt nie die Alternative. Die Alternative, um die es bei der Bestimmung von Subjektivität geht, ist: ein Wesen zu sein, das sich selbst in Alternativen denken kann oder kein solches Wesen zu sein. Wenn wir solche Wesen sind, dann dank einer Fähigkeit, die (in einem nicht genetischen, sondern erkenntnislogischen Sinn) jeder alternativen Selbstbeschreibung vorangeht und somit keiner der gesetzten Alternativen zuzurechnen ist. Wir können dieses Fazit auch so formulieren[18]: Das Humane verschwindet, sobald versucht wird, das Selbstverständnis von Subjekten durch Rückgang auf reine Faktizität zu rekonstruieren. Es verschwindet ebenso, sobald die Funktion des reinen Ich zu einer erfahrungsjenseitigen Entität hypostasiert wird. Was an uns human ist, liegt im „Ausgespanntsein“ zwischen verschiedenen Betrachtungsweisen unserer selbst. Human ist das fortgesetzte Bemühen, aus dieser Spannung heraus zu denken und zu handeln.

Literatur

Boisits, Barbara, Stachel Peter (Hg.) (2000), Das Ende der Eindeutigkeit. Zur Frage des Pluralismus in Moderne und Postmoderne. Wien: Passagen.

Gerhardt, Volker (1999), Selbstbestimmung. Das Prinzip der Individualität. Stuttgart: Philipp Reclam.

Husserl, Edmund (1952), Ideen zu einer reinen Phänomenologie und phänomenologischen Philosophie. Drittes Buch: Die Phänomenologie und die Fundamente der Wissenschaften. (hg. von Marly Biemel) Haag: Martinus Nijhoff.

Jaspers, Karl (^{2}1994), Psychologie der Weltanschauungen. München Zürich: Piper.

Lem, Stanislaw (1982), Der Freund des Automatthias. In: Ders., Robotermärchen. (hg. von Franz Rottensteiner) Frankfurt a. M.: Suhrkamp,

[18] Vgl. den Beitrag von Andreas Steffens in diesem Band.

90-110.
List, Elisabeth (1997), Das lebendige Selbst. Leiblichkeit, Subjektivität und Geschlecht. In: Stoller Silvia, Vetter Helmuth (Hg.), Phänomenologie und Geschlechterdifferenz. Wien: WUV Verlag, 292-318.
Nagel, Thomas (1992), Der Blick von Nirgendwo. (übers. von Michael Gebauer) Frankfurt a. M.: Suhrkamp.
Nagel, Thomas (1999), Warum man das Denken nicht von außen verstehen kann. In: Ders., Das letzte Wort. (übers. von Joachim Schulte) Stuttgart: Philipp Reclam, 22-56.
Ricoeur, Paul (^{4}1993), Die Interpretation. Ein Versuch über Freud. (dt. von Eva Moldenhauer) Frankfurt a. M.: Suhrkamp.
Rinofner-Kreidl, Sonja (2000), Aufklärung und Geschichte. Versuch einer Standortbestimmung nach/mit Kant. In: Boisits/Stachel 2000, 127-166.
Rinofner-Kreidl, Sonja (2001a), Die Praxis der Subjektivität. Zum Verhältnis von Transzendentalphänomenologie und Hermeneutik. Oder: Über den nützlichen Schein einer *Paradoxie der Subjektivität.* In: Carr David, Lotz Christian (Hg.), Subjektivität – Verantwortung – Wahrheit. Neue Aspekte der Phänomenologie Edmund Husserls. Frankfurt New York: Lang (im Erscheinen)
Rinofner-Kreidl, Sonja (2001b), Von der Paradoxie der Subjektivität zur Paradoxie der Beobachtung. Zu Luhmanns Idee der Selbstbezüglichkeit in Auseinandersetzung mit der transzendentalen Phänomenologie. (Zeitschrift für philosophische Forschung: in Begutachtung)
Sepp, Hans R. (1997), Praxis und Theoria. Husserls transzendentalphänomenologische Rekonstruktion des Lebens. Freiburg/München: Karl Alber.
Sturma, Dieter (1997), Philosophie der Person. Die Selbstverhältnisse von Subjektivität und Moralität. Paderborn e.a.: Ferdinand Schöningh, 205-219.
Waldenfels, Bernhard (1971), Das Zwischenreich des Dialogs. Sozialphilosophische Untersuchungen in Anschluß an Edmund Husserl. Den Haag: Martinus Nijhoff.
Waldenfels, Bernhard (2000), Das leibliche Selbst. Vorlesungen zur Phänomenologie des Leibes. (hg. von Regula Giuliani) Frankfurt a. M.: Suhrkamp.
Walzer, Michael (1996), Das geteilte Selbst. Vom Pluralismus der inneren Beziehungen. In: Ders., Lokale Kritik – globale Standards. Zwei Formen moralischer Auseinandersetzung. (aus dem Amerikan. von C. Goldmann. Mit einem Nw. v. O. Kallscheuer) Hamburg: Rotbuch-

Verlag, 111-135.
Zizek, Slavoj (1998), Das Unbehagen im Subjekt. (hg. von Peter Engelmann, aus dem Engl. von A. L. Hofbauer) Wien: Passagen.

Phänomenologie in der Genese einer Archäologie der Humanität

Andreas Steffens

„Es gibt zwar nicht Phänomenologie, wohl aber phänomenologische Probleme." So lautet die 248. des dritten Teils von Ludwig Wittgensteins *Bemerkungen über die Sprache.* Mit ihr trifft dieser andere große Denker eines unablässigen Beginnens in der Philosophie mitten in den Kern der Ambivalenz historischer Bedeutung der philosophischen Denkform, die sich wie keine sonst der Gewalt des Historischen als größter Behinderung soliden Erkennens zu erwehren suchte, und doch zugleich wie keine sonst das Verständnis der Geschichte schließlich zur Bedingung ihrer Bemühungen erklärte.[1] Kein Denker hat sich mit solcher Verbissenheit von der Geschichte frei zu machen gesucht wie Husserl, und keiner hat mit einem solchen Pathos schließlich in seinem letzten Anlauf zu ihrer Grundlegung der Phänomenologie die Einholung des Ursinnes Europas aufgegeben. Ihn erblickte er in der theoretischen Existenz, die ihm gleichbedeutend mit der Essenz des Menschseins war.

In philosophischem Rückblick auf das 20. Jahrhundert, der der Erfahrung seiner Geschichte mächtig zu werden sucht, erweist sich eben das Motiv einer Verwerfung jeder Anthropologie, das Husserls gesamtes Denken bis zur jähen Wendung seiner letzten Lebensjahre als dogmatische Unabdingbarkeit durchzieht, als das größte phänomenologische Problem.

Vom ersten Band der *Logischen Untersuchungen* an, der im ersten Jahr des neuen Jahrhunderts veröffentlicht wird und Husserl selbst in der Rückschau aus der später gewonnenen Perspektive als „Werk des Durchbruchs" zur eigentlichen Phänomenologie erscheint[2], bis hin zum Einbruch der Geschichte in die eigene unmittelbare Existenzerfahrung seit Anbruch des Dritten Reiches, der ihn dazu bewegt, die Arbeit an der Transzendentalen Phänomenologie zu einer Phänomenologie der Geschichte selbst zu erweitern, bildet die Zurückweisung jeder Spur von *Anthropologismus* einen basso continuo in seinem Werk. Durch die vielen

[1] Zum philosophischen Motiv des Beginnens vgl. Steffens (1999) II, 5-11.
[2] Edmund Husserl 1913, I, Vorwort, Husserliana Bd. XVIII, 9.

Wendungen, Brüche und Neuansätze hält sie sich durch als unberührbarer Kern seines Selbstverständnisses. Und noch, als er längst begonnen hat, eine eigene zu entwerfen, wird er sie nicht Anthropologie nennen.

Indem Heidegger diese Beharrlichkeit seines Lehrers teilt, bleibt der größte Dissident der Phänomenologie einer der orthodoxesten Phänomenologen. Dagegen zählten andere Angehörige der phänomenologischen Bewegung, die sich nicht annähernd so radikal wie er von Husserl lossagten, zum, Kreis derer, die die neue philosophische Anthropologie begründeten, wie Helmuth Plessner, Max Scheler, Paul Ludwig Landsberg, Hans Lipps. Offenbar lassen schulmäßig dogmatisierte Ausschlüsse von Perspektiven sich nicht durchhalten, wenn sie nicht geradezu das Gegenteil bewirken und hervorrufen, was sie verhindern sollen.

Wer eine *Schule* gründet oder duldet, daß sich eine in seinem Namen bildet, der muß darauf gefaßt sein, daß die Lehre, zu deren Tradierung und Wahrung sie dienen soll, eines Tages aus ihrer Mitte heraus in Frage gestellt werden wird. Der in seiner vollkommenen Distanzlosigkeit zur Figur des Philosophen haltlos naive Husserl war es nicht gewesen und mußte mit Verwunderung feststellen, daß unter den als Hütern seiner reinen Lehre Bestellten eigene Ambitionen auf ganz anderes regsam geworden waren.

Mit dem folgenden Versuch, die Umrißlinie einer Denkperspektive zu ziehen, wie sie sich mir in der historischen Reflexion als die wesentliche Herausforderung fortzusetzender Philosophie darstellt, kommt es mir darauf an, einige Momente in Husserls Denkweg zu bezeichnen, die die Anstrengung, es mit dieser nahezu entmutigenden Herausforderung aufzunehmen, orientieren können. Ich hoffe, damit einige weitere Hinweise darauf geben zu können, was es heißt, eine erneuerte Anthropologie sei als Annahme dieser Herausforderung nur phänomenologisch möglich (Steffens 1999, 307-316).

Ich beginne mit einer kurzen Vergegenwärtigung des phänomenologischen Grundgedankens, um daran anschließend Husserls eigene Bezugnahme auf das Motiv anthropologischen Denkens zu pointieren. Dabei versuche ich, Husserls Anthropologiekritik mit der Erfahrung der Geschichte des 20. Jahrhunderts zu konfrontieren, um einige Hinweise auf Bestimmungsmomente einer *Archäologie der Humanität* zu gewinnen.

I.

Nur leidenschaftlichen Nicht-Lesern könnte es Vergnügen bereiten, Husserl zu lesen, als Beweis der Unlesbarkeit großer Philosophie. Man kann ihn nicht lesen, man muß ihn buchstabieren. Husserl-Lektüre setzt mehr noch als philologischen, archäologischen Eros voraus, die Passion des Zusammensetzens zerstreuter Bruchstücke zu einem weniger verlorenen, als nie gefügt gewesenen Ganzen.

Wer sich mit ihm befaßt, wird so beinahe automatisch auf die Bahn einer archäologischen Denkweise gesetzt. Die Phänomenologie ist in keinen Werken präsent, sondern in einem unüberschaubaren Korpus von Text-Fragmenten zu ihrer Begründung. Ihre Geschichte nach Husserl hat deshalb weitgehend in deren Re-Konstruktion bestanden.[3]

Die Qual, die damit verbunden gewesen sein muß – die Husserl selbst bezeugt hat –, unablässig etwas hervorzubringen, dessen Aufnahme auch dem Gutwilligsten ärgerlichste Hindernisse bereitet, hat vor allem mit der selbstgesetzten Aufgabe des Phänomenologen zu tun, die nicht anders als in einem unendlichen, auf seine eigene Unabschließbarkeit bedachten, Beginnen erfüllt werden kann: mit seiner Neugründung der Philosophie nicht zum Ende zu kommen, war kein Unvermögen Husserls, sondern die genaue Konsequenz jener Methode, die den Kern von Phänomenologie bildet.

Das hat zur Folge, daß es zwar Phänomenologen gab und gibt, aber keine Phänomenologie. Denn sie ist, wie es einer von Husserls frühen Schülern, Arnold Metzger, in späterem Rückblick pointier-

3 Darauf, wie sehr die phänomenologische Bewegung sich damit von ihrer Ursprungsintention entfernte, hat Sommer (1990, 220 f.), hingewiesen: „Doch welche Diskrepanz: während in den Büchern von Husserl fast nichts zitiert und interpretiert wird, wird in den Büchern über Husserl fast nur zitiert und interpretiert: eben Stellen aus Husserls eigenen Schriften. Also: eine Philosophie, die mit der Losung *Zu den Sachen selbst* angetreten war, hat sich unversehens fortentwickelt zu einer Exegese von Husserl-Texten, ausgerüstet mit dem kompletten Instrumentarium der historisch-kritischen Methoden."

te, „keine Doktrin. Sie bildet keine Weltanschauung aus.“ Stattdessen ist sie „eine Methode. Sie sucht die Sachen selbst, so wie sie sich geben und 'im Rahmen, wie sie sich geben', zur Evidenz zu bringen. Sie ist eine Erfahrungswissenschaft, aber Erfahrungswissenschaft eines besonderen Typus. Es geht ihr um die Analyse von Erlebens- oder Erfahrungsprozessen, um die Inwendigkeiten unseres subjektiven und intersubjektiven Lebens“ (Metzger 1967, 60 f.).

Gerade diese doktrinäre Zurückhaltung hat verhindert, daß es *eine* Phänomenologie geben und sie zu der neuen „Grundwissenschaft der Philosophie“ werden konnte, als welche sie Husserl vorschwebte. Bestand ihre Gründung doch in nicht mehr als in einer *Einstellung*, die der Phänomenologe einzunehmen und zu „vollziehen“ hat.[4]

Diese Einstellung folgt aus der Anerkennung des „Prinzips der Prinzipien: daß jede originär gebende Anschauung eine Rechtsquelle der Erkenntnis sei, daß alles, was sich uns in der *Intuition* originär (sozusagen in seiner leibhaften Wirklichkeit) darbietet, einfach hinzunehmen sei, als was es sich gibt, aber auch nur in den Schranken, in denen es sich gibt“ (Husserl 1913, 43 f.).

Das Ziel dieser Operation ist die Erkenntnis der Dinge, und das heißt der geschauten Bewußtseinsinhalte, als das, was sie sind, statt als das, was sie in verschiedenen Perspektiven zu sein scheinen: Wesenserkenntnis. So „wird die reine oder transzendentale Phänomenologie nicht als Tatsachenwissenschaft, sondern als Wesenswissenschaft (als 'eidetische' Wissenschaft) begründet werden; als eine Wissenschaft, die ausschließlich 'Wesenserkenntnisse' feststellen will und durchaus keine 'Tatsachen'“ (Husserl, 1913, 4). Denn Tatsachen sind ein Ding des „Aberglaubens“ (Husserl 1911, 1965, 66), jenes Aberglaubens, wie er die „naive Weltsicht“ kennzeichnet. Die Hauptarbeit der Phänomenologie besteht darin, diese Naivität der natürlichen Weltsicht „auszuschalten“ und an ihre Stelle die einzig mögliche solide Erkenntnis zu setzen.

In der Methodik, die Husserl dazu zeit seines Lebens in immer weiter getriebener Verfeinerung und Verästelung der eide-

4 Husserl (1913, ^{4}1980), 1 – Insofern erscheint es als ihrem immanenten Konstitutionsgesetz widersprechend, anzunehmen, daß es jemals so etwas wie eine „Endgestalt der Phänomenologie“ geben könnte, wie sie sich beschrieben findet bei Janssen (1976), 125 ff.

tischen Analysen entworfen hat, ist alles auf das Vermögen der Anschauung gesetzt. Phänomenologie ist denkendes Sehen, sehendes Denken. „Aber alles kommt darauf an, daß man sieht und es sich ganz zu eigen macht, daß man genau so unmittelbar wie einen Ton hören, so ein 'Wesen', das Wesen 'Ton', das Wesen 'Dingerscheinung', das Wesen 'Sehding', das Wesen 'Bildvorstellung', das Wesen 'Urteil' oder 'Wille' usw. schauen und im Schauen Wesensurteile fällen kann. Andererseits aber, daß man sich hütet vor der Humeschen Vermengung, und demgemäß nicht phänomenologische Schauung mit 'Selbstbeobachtung', mit innerer Erfahrung, kurzum mit Akten verwechselt, die statt Wesen vielmehr diesen entsprechende individuelle Einzelheiten setzen."[5]

Bei so viel Anschauung bleibt für Weltanschauung kein Raum, um so weniger, als dieses Denken der Anschauung, die Gründung des Denkens in ihr, dieses von den Naivitäten seiner Weltzuwendungen befreien soll, indem sie es von den Operationen der Erkenntnis fort und hin auf die Gegebenheiten der Welt lenkt: die denkende Anschauung richtet sich auf „die Sachen selbst. Nicht von den Philosophien sondern von den Sachen und Problemen muß der Antrieb zur Forschung ausgehen" (Husserl 1911; 1955, 71). Diese Forderung wurde rasch zur Parole eines aufkommenden Antiakademismus, einer Sehnsucht nach Ursprünglichkeit und Unmittelbarkeit, aus deren Aufnahme Heideggers erste große Wirkung unter der studentischen Jugend herrührte, umgeben vom Nimbus des Orakels, das aus den Tiefen des Seins jene *Existenzerhellung* mühelos heraufzuholen schien, von der sein Rivale Karl Jaspers so umständlich und wenig inspirierend sprach.

Dagegen bestehen die Weltanschauungen tatsächlich aus Einschränkungen des Sichtbaren, dessen Feld von einigen Überzeugungen abgesteckt, also eingegrenzt wird. Den Ideologen macht seine Blindheit gegen das, was seinen Überzeugungen nicht entspricht. So ist die Phänomenologie als eine Haltung von Philosophen, statt als eine Philosophie, die sie nicht geworden ist, weil sie es nach ihrer gründenden Intention nicht sein kann, durch die Sehnsucht gekennzeichnet, unsere Sichtbarkeiten durch die Verbesserung unserer Aufmerksamkeit und die Schärfung der Instrumente des Beschreibens auszuweiten. Die Vorstellung

5 Husserl (1911, 1955), 42 f.; vgl. Husserl (1913), § 24, 43 f.

des Phänomenologen vom vollkommenen irdischen Glück ist die Ausschöpfung der Sagbarkeit des Sichtbaren: „Sagen zu können, was ich sehe.“[6]

Das Ziel, das den Phänomenologen bei dieser Kultivierung des Sehens zur Grundtätigkeit der Erkenntnis leitet, verbindet ihn mit dem höchsten Anspruch, wie ihn die Tradition der Philosophie seit der Aufklärung aufgestellt hatte. Husserl unterstellte sie, indirekt, dieser Aufgabe, als er in einer frühen Vorlesung über die *Idee der Phänomenologie* deren eigene dahin kennzeichnete, „durch schauende Erkenntnis den Verstand zur Vernunft zu bringen“ (Husserl 1907, 62). In dieser Formulierung zeigt sich in komprimierter Form Husserls Absicht bei der Begründung einer neuen Weise des Philosophierens, weiterhin Transzendentalphilosophie zu betreiben, also die Bedingungen sicherer Erkenntnis zu erforschen, ohne dabei noch einmal Kantianer werden zu müssen. Die Phänomenologie entsteht aus dem paradoxen Wunsch, die solideste mögliche Erkenntnis endlich zu gewinnen, ohne Erkenntnistheorie zu betreiben. Das Ziel ist nicht weniger als das reine Bewußtsein, diesseits aller empirischer oder psychologischer Verfälschungen.

Den größten Teil seiner Anstrengungen mußte Husserl folgerichtig auf die Entwicklung einer Methode zur Ausschaltung alles dessen verwenden, was das Bewußtsein daran hindert, rein zu sein oder gemacht zu werden. „Die zum Wesen der natürlichen Einstellung gehörige Generalthesis setzen wir außer Aktion, alles und jedes, was sie in ontischer Hinsicht umspannt, setzen wir in Klammern: also diese ganze natürliche Welt, die beständig 'für uns da', 'vorhanden' ist, und die immerfort dableiben wird als bewußtseinsmäßige 'Wirklichkeit', wenn es uns auch beliebt, sie einzuklammern“ (Husserl 1913, [4]1980, § 32, 56). Erst, was nichts mehr ist außer reiner Bewußtseinsinhalt, hervorgegangen aus dieser Operation der *Epoché*, der Einklammerung aller erfahrungsmäßigen Gehalte, kann als Kandidat für reine Erkennt-

6 So lautete Hans Blumenbergs Antwort auf die einschlägige Frage im FAZ-Fragebogen vom 4.6.1982, nachzulesen in: Hensel / Hage (1985), 260. – Vgl. Sommer (1998), 78-82. – Die Prävalenz des Sehsinns, den die Phänomenologie in der philosophischen Theorie verpflichtend machte, hat Blumenberg aus eigener Neigung heraus in der Aufmerksamkeit auf die Sprache und ihre Bilder eine neue Disziplin philosophischer Aufmerksamkeit entwickeln lassen; vgl. Blumenberg (1960).

nis gelten, die auf dem Wege weiterer „Reduktionen", des Fortlassens aller Eigenschaften, die nicht als dem Wesen einer Sache notwendig zukommend gedacht werden müssen, erreichbar wird. „Der Thesis der Welt, die eine 'zufällige' ist, steht also gegenüber die Thesis meines reinen Ich und Ichlebens, die eine 'notwendige', schlechthin zweifellose ist. Alles leibhaft gegebene Dingliche kann auch nicht sein, kein leibhaft gegebenes Erlebnis kann auch nicht sein: das ist das Wesensgesaetz, das diese Notwendigkeit und jene Zufälligkeit definiert."[7]

II.

So unverkennbar das sein Pathos tragende Selbstbewußtsein des Phänomenologen einen anthropologischen Kern hat, indem er sich an der großen Kulturaufgabe mitwirken sieht, den Menschen als Herren über sich, nämlich vor allem sonst über sein Bewußtsein einzusetzen – „wir stehen im Zeitalter der zur Autonomie erwachten Menschheit" (Husserl 1931, 169) –, von dem man seit Descartes' radikalem Zweifel nicht mehr hatte sicher sein können, daß es als das scheinbar Eigenste und Sicherste des Menschen einen nicht am meisten betrüge, so heftig ist die Abwehr Husserls gegen alle Anthropologie ausgefallen.

Sie datiert von jenem „Werk des Durchbruchs". Einen Großteil der Argumentationen des ersten Bandes der *Logischen Untersuchungen*, der textitProlegomena zur reinen Logik, wendet Husserl an die Entkräftung des Relativismus in seinen beiden Hauptformen, der psychologistischen und der anthropologistischen. Das empirische Subjekt, sei es als Individuum, sei es als Gattungssubjekt verstanden, mag zur Konstitution der Erkenntnis beitragen; auf deren reine Gültigkeit hat es keinerlei Einfluß. So hat es deren Begründung nicht mit der Analyse der „reale(n) Bedingungen, die im einzelnen Urteilssubjekt oder in der wechselnden Spezies urteilender Wesen (z.B. der menschlichen) wurzeln", zu tun, sondern ausschließlich mit den „ideale(n) Bedingungen, die in der Form der Subjektivität überhaupt und in deren Beziehung zur Erkenntnis wurzeln" (Husserl 1900, § 32, 119). Dieser Ausschluß

[7] Husserl (1913, ^{4}1980) § 46, 86. – Zur Methodik vgl. Ströker (1987), 35-53; zur 'Reduktion': Sommer (1990), 219-236.

der empirischen Subjektivität wird im Verfahren der Epoché zum methodischen Essential der gesamten Phänomenologie werden.

In der Radikalität reiner Erkenntnis steht die Wahrheit als Inbegriff ihres Gelingens unter der anthropologischen Bedingung ihrer vollkommenen anthropologischen Neutralität. Für die reine Erkenntnis kommt es nicht darauf an, um welches Wesen es sich handelt, das sie hat. „Was wahr ist, ist absolut, ist 'an sich' wahr; die Wahrheit ist identisch eine, ob sie Menschen oder Unmenschen, Engel oder Götter urteilend erfassen. Von der Wahrheit in dieser idealen Einheit gegenüber der realen Mannigfaltigkeit von Rassen, Individuen und Erlebnissen sprechen die logischen Gesetze und sprechen wir alle, wenn wir nicht etwa relativistisch verwirrt sind“ (Husserl 1900, § 38, 125).

Diese „anthropologische Rücksichtslosigkeit der Phänomenologie“ (Blumenberg 1989, 709) wird zu einer ihrer größten Hypotheken werden und die Anstrengung, sie abzutragen, Husserls letzte Bemühung sein, wenn er im späten Konzept der „Urstiftung“ des europäischen Menschentums in der theoretischen Existenz den gesamten Sinn von Erkenntnis überhaupt auf die Bedingungen des Menschseins zurückzulenken unternimmt. Aber dahin ist noch ein langer, windungsreicher Weg.

In dem Vortrag, den er im Frühsommer 1931 in den Frankfurter, Berliner und Hallenser Ortsgruppen der Kantgesellschaft hielt, schlug Husserl noch einmal Alarm gegen „eine schnell anwachsende Hinneigung zu einer philosophischen Anthropologie“. Ungleich bedrohlicher als ein Wiederaufleben der Lebensphilosophie Diltheys, die er nennt, ist das Übergreifen der Tendenz auf Angehörige der phänomenologischen Bewegung selbst, die ungenannt bleiben. „Eine völlige Umkehrung der prinzipiellen Stellungnahme wird also vollzogen. Während die ursprüngliche Phänomenologie, als transzendentale ausgereift, jeder wie immer gearteten Wissenschaft vom Menschen die Beteiligung an der Fundamentierung der Philosophie versagt und alle darauf bezüglichen Versuche als Anthropologismus oder Psychologismus bekämpft, soll jetzt das strikte Gegenteil gelten: Die phänomenologische Philosophie soll völlig neu vom menschlichen Dasein her aufgebaut werden“ (Husserl 1941, 164). Die Begriffswahl macht unverkennbar, gegen wen die Alarmauslösung sich vor allen richtet: Heidegger hatte soeben in *Sein und Zeit* nichts anderes als die „Daseins-

Analyse“ zur Grundaufgabe einer Philosophie erklärt, die er selbst – noch – als Phänomenologie bezeichnete. Darin hat Husserl offenbar inzwischen begonnen, eine Gefährdung des Erreichten im Kern zu sehen. Glaubt er, sein Kronprinz begehe das schlimmste phänomenologische Sakrileg des Anthropologismus, so war dieser selbst zur gleichen Zeit angestrengt darauf bedacht, den entstandenen Eindruck wieder zu zerstreuen, seine Daseinsanalyse sei einer der um sich greifenden Entwürfe zu einer philosophischen Anthropologie, von denen bislang nur der 1928 verstorbene Max Scheler seinen eigenen, dessen erste Fassung er noch hatte fertigstellen können, auch ausdrücklich so nannte (Scheler 1928), gegen den Heidegger sich offen abgrenzte.[8]

„Ich kann nicht anders, als in der transzendentalen oder konstitutiven Phänomenologie die rein ausgewirkte und zu wirklich wissenschaftlicher Arbeit gekommene Transzendentalphilosophie zu sehen“. Was mehr als solchen Unwillen, es auch nur für möglich zu halten, es könnte nach der Endgültigkeit, die er ihr gegeben zu haben glaubte, Philosophie anders geben, hatte Husserl gegen die neue Konkurrenz ihrer Fundamentalbegründung vorzubringen?

Im wesentlichen: die Unbehobenheit jener Seinsungewißheit, deren methodische Disziplinierung in ihrer Verkehrung von ihrer Verhinderung zur Ermöglichung sicherer Erkenntnis der Einsatz der Phänomenologie gewesen war. „Ist die Seinsgewißheit der Welterfahrung fraglich geworden, so kann sie nun nicht mehr einen Boden abgeben für zu bildende Urteile. Damit ist uns, ist mir, dem meditierenden, philosophierenden Ich, eine universale Epoché hinsichtlich des Seins der Welt auferlegt, darin beschlossen aller Einzelrealitäten, welche mir Erfahrung, auch konsequent einstimmige Erfahrung, als Wirklichkeiten anbietet“. Husserl sieht den Anthropologen „in die naiv-natürliche Einstellung zurückgefallen, sein Denken bewegt sich auf dem Boden der vorgegebenen Welt statt im Bannkreis der Epoché: sich als Menschen nehmen, das ist schon, die Weltgeltung voraussetzen“ (Husserl (1931), 173).[9] Der

[8] Heidegger (1929), 198-239, wo er den Anspruch der neuen philosophischen Anthropologie, Grundlegung von Philosophie überhaupt zu sein, zurückweist, da Anthropologie die Bedingung der Existenz, die sie erforscht, ihrerseits nicht analysieren kann, den „Grund des Daseins im Menschen“, den nur ein „Verstehen des Seins“ freilegen kann.

[9] In dieser Kritik trifft Husserl sich mit seinem abtrünnigen Schüler Heidegger,

Mensch, der sich selbst zum Gegenstand der Erkenntnis macht, hebt die Distanz zur Welt als Voraussetzung von Erkennbarkeit auf, indem er für sich selbst eine unmittelbare Gegenständlichkeit annimmt, die für alles andere sonst ausgeschlossen ist.

„Denn es ist sofort klar: Jedwede Lehre vom Menschen, ob nun empirisch oder apriorisch, setzt seiende Welt bzw. möglicherweise seiende voraus. Philosophie vom menschlichen Dasein her fällt also in jene Naivität zurück, die zu überwinden, wie wir meinen, der ganze Sinn der Neuzeit ist. Nachdem diese Naivität endlich enthüllt ist, nachdem das echte transzendentale Problem in seiner apodiktischen Notwendigkeit gewonnen ist, gibt es zu ihr keine Rückkehr“ (Husserl 1931, 179). Die Aufgabe der Philosophie bleibt „eine wirklich radikale Welterforschung“.

III.

Mit dieser Wendung ist das Erbe der Phänomenologie bezeichnet, wie es sich in der Perspektive anthropologischer Verpflichtung des philosophischen Denkens als Nötigung der Geschichte des vergangenen, in seinen Wirkungen aber lange noch nicht beendeten, Jahrhunderts darstellt. Wovor Husserl warnte, es den „naiven“ Denkformen zu überlassen, zu denen er die Anthropologie zählen mußte, das ist nach einem Jahrhundert der Weltverluste zu deren eigener Aufgabe geworden: ein Denken der Möglichkeit von Welt zu sein.

Von Maurice Merleau-Pontys Fragment gebliebenem Anlauf zu einer solchen Weltphilosophie abgesehen (Merleau-Ponty 1964), hat die Phänomenologie selbst allerdings mit einem anderen Bezug ihrer husserlschen Spätzeit am wirkungsvollsten fortgewirkt, deren Kennwort nicht die 'Welt' sondern die 'Lebenswelt' wurde, ein Begriff, an dessen scheinbare Eindeutigkeit und Konkretheit sich noch einmal Hoffnungen knüpften, als wäre es der Philosophie nach allem dennoch möglich, letzte und letzthin verbindliche

---

der stets betont hat, als vergegenständlichende Lehre vom Menschen könne die Anthropologie die Frage nach ihrem Gegenstand gar nicht stellen, den sie deshalb verfehlen müsse. Über den Menschen ist nur etwas auf Umwegen auszumachen, im Absehen von ihm und im Hinblick auf das, womit er es in seinen Daseinsbemühungen zu tun bekommt: „Das Wesen des Menschen zu erblicken, ohne auf den Menschen hinzusehen“ (Heidegger 1959, 31).

Einsichten an Lebensorientierung zu gewinnen.

Beide Impulse verschränken sich in Husserls letztem Anlauf zu einer endgültigen Ausprägung der Phänomenologie, die von allen seinen Bemühungen schließlich in einer unerwarteten Wendung der so strikt abgelehnten Anthropologie naherückte, in seinem Versuch, „endlich den Sinn der neuzeitlichen Philosophie zu seiner Klarheit und Wahrheit zu führen“ (Husserl (1931), 180).[10]

Die als kalkulierte Akte einer Selbst-Zerstörung von Humanität auftretenden Schrecken der Geschichte verdichten sich im Terror der totalitären Regime des 20. Jahrhunderts im völlig neuen Phänomen der *Anthropolitik*: einer Gewaltpolitik am Menschen, die alle verfügbaren staatlichen und gesellschaftlichen Zwangsmittel einsetzt, um Lebensverhältnisse herzustellen, in denen es Lebensrecht und Lebensmöglichkeit nur noch für eine einzige Art von Menschen geben können soll, die einer verbindlichen staatlichen Definition unterliegt (Steffens 1999, 87-203).

Anthropologisch erweist sich als Motivationskern dieser Gewaltpolitik zur Durchsetzung einer letzten Bestimmung 'des' Menschen, die die Erfahrung der Geschichte dominiert und ihre hergebrachten Kategorien der Erkenntnis und Beurteilung außer Kraft setzt, das Problem des ungeklärten Weltverhältnisses des neuzeitlichen Menschen, der in der Leere des neuen, naturwissenschaftlichen Kosmos seiner bergenden Weltstellung verlustig gegangen ist: die Anthropolitik ist der Aufstand der von der Drohung der Weltlosigkeit terrorisierten Individualität, die sich ihre Selbstbehauptung aus eigener Kraft nicht mehr zutraut und sie an eine willkürlich bezeichnete transzendente Macht überantwortet, als deren Agenten die Akteure der Anthropolitik sich verstehen. Das Ergebnis ihres Handelns ist der Eintritt von Welt- und humanem Selbst-Verlust, der die Täter einer rationalistisch organisierten Unmenschlichkeit zuletzt nicht weniger trifft als ihre Opfer: Weltvernichtungen ungeheuersten Ausmaßes werden zu einer die

[10] Die Frage nach „dem Menschsein des Menschen“ wird allerdings erst nach Husserl zu einer phänomenologischen Frage, zuerst in Schelers Neometaphysik einer Hierarchie der Lebensformen, deren höchste die geistbestimmte menschliche ist, zuletzt in Jean-Paul Sartres Existentialismus, der die Setzung der Freiheit zum Akt menschlicher Selbstbestimmung und diese zum Motor der gesellschaftlichen Praxis macht, die die Geschichte bestimmt. Vgl. Arnold Metzger (1966).

Geschichte beherrschenden Massenerfahrung.

Jeder Versuch philosophischer Reflexion der Bedeutung dieses Bruchs in der europäischen Geschichte bekommt es unvermeidlich mit dem Problem der für die Konstitution von Humanität wesentlichen Weltlichkeit menschlicher Existenz zu tun. Was in der Begründungsgeschichte der Phänomenologie als Problem der transzendentalen Weltkonstitution verhandelt wurde, ist mit dieser Erfahrung der Geschichte zum Zentralproblem möglichen Menschseins selbst geworden. Die theoretische Not um eine reine Subjektivität ist umgeschlagen in die empirische Not der reinen Möglichkeit, ein Mensch zu sein.

Während der Philosoph sich am transzendentalen Subjekt abmüht, erfahren die empirischen Subjekte den Schock einer Geschichte, die ihr Selbstverstehen und ihre Selbsterfahrung inmitten ihrer katastrophischen Ereignisse auseinanderreißt. Fast so hart wie der Tod, dessen Zufügung zum universalen Mittel der Anthropolitik wird, den Menschen metaphysisch, so trifft die Geschichte Husserl im Heraufdämmern dieser Großkatastrophe Europas nun im eigenen Leben an. Was er in unerbittlicher Strenge ein Leben lang aus seinem Denken herauszuhalten bemüht war, die unmittelbare Erfahrung des empirischen Subjekts, wird nun in seiner eigenen Erfahrung zum Motiv eines letzten philosophischen Neuanfangs. In den Wirbel der Geschichte unmittelbar in persönlich dramatischer Erfahrung hineingerissen, versteht Husserl sich nun zum Unwahrscheinlichsten: der Anerkennung der Möglichkeit, ja der „unbedingte(n) Notwendigkeit einer rein geisteswissenschaftlichen Anthropologie", wie er in dem bewegenden Zeugnis dieser Wendung schreibt, seinem Brief an Lucien Lévy-Bruhl vom 11. März 1935 (Husserl, Briefwechsel, Bd. VII, 161-164). Er, der sich seit den eingehenden Auseinandersetzungen mit den Logikern seiner Zeit in den textitLogischen Untersuchungen kaum je einmal auf ein anderes Werk ausdrücklich eingelassen hat, läßt alles liegen und beginnt mit einem intensiven Studium des Gesamtwerkes des französischen Ethnologen.

Es führt ihn zu einer Neubestimmung des phänomenologischen Grundproblems, das sich als Kernproblem jeder Reflexion des historischen Bruches erweisen wird, den die Anthropolitik bewirken wird. „Die transzendentale Phänomenologie ist radikale und konsequente Wissenschaft von der Subjektivität, der letztlich Welt in sich konstituierenden", schreibt er an Lévy-Bruhl. „M.a.W. sie ist die Wissenschaft, die die universale Selbstverständlichkeit 'Welt und wir Menschen in der Welt' als Unverständlichkeit, somit als Rätsel, als Problem enthüllt und in der einzig möglichen Weise radikaler Selbstbesinnung wissenschaftlich verständlich macht". Das ist von unwillkürlicher Prophetie. Der Versuch, die verstörendste aller Erfahrungen des 20. Jahrhunderts, die seiner Geschichte, denkend einzuholen, wird sich genau mit diesem Rätsel aufgelöster Selbstverständlichkeit menschlichen Seins in einer menschlichen Welt abzumühen haben.

Zwei Monate nach diesem an Lévy-Bruhl gerichteten Bekenntnis wird die Einladung des Wiener Kulturbundes zum äußeren Anstoß einer noch einmal alles riskierenden Revision von Husserls Denken. Zum ersten Mal folgt er den Suggestionen der Zeitsituation: er spricht im Mai 1935 zweimal, vor ausverkauftem Haus, zweieinhalb Stunden lang über textitDie Philosophie in der Krisis der europäischen Menschheit. Von allen überraschenden Themen wählt er das für ihn überraschendste: „ die geschichtsphilosophische Idee (oder den teleologischen Sinn) des europäischen Menschentums" (Husserl 1935, 314-348). Was er entwickelt, ist nicht weniger als eine historische Anthropologie der geistigen Grundlagen 'Europas', das sich von anderen Kulturen dadurch unterscheidet, daß seinem „Menschentum eine Entelechie eingeboren ist, die den europäischen Gestaltenwandel durchherrscht und ihm den Sinn einer Entwicklung auf eine ideale Lebens- und Seinsgestalt als einen ewigen Pol verleiht" (Husserl 1935, 320).

Ihrer Zielgerichtetheit liegt als historisches „Urphänomen" die Entstehung der Philosophie im antiken Griechenland des 7. Jahrhunderts zugrunde. „Es ergreift den Menschen die Leidenschaft einer Weltbetrachtung und Welterkenntnis, die sich von allen praktischen Interessen abkehrt und im abgeschlossenen Kreis ihrer Erkenntnistätigkeiten und der ihnen gewidmeten Zeiten nichts anderes erwirkt und erstrebt als reine Theoria. Mit anderen Worten: der Mensch wird zum unbeteiligten Zuschauer, Überschauer der Welt, er wird zum Philosophen" (Husserl 1935, 331). In diesem Vorgang entsteht der erste Neue Mensch: der Europäer, dessen Leben von nun an geistgeleitet ist. „Mit der ersten Konzeption von Ideen wird der Mensch allmählich zu einem neuen Menschen" (Husserl 1935, 322); die gesamte europäische Geschichte wird darin bestehen, ihn zu vollenden und seine Existenz aufrechtzuerhalten.

Die Krise des europäischen Geistes tritt auf und droht in der des 20. Jahrhunderts zu kulminieren, seit die Philosophie als innerster Kern dieses Menschentums von der Idee einer Vernunft als „unendlicher Aufgabe“ abfällt und sich der Naivität des „Objektivismus“ ergibt, der für die Bedingungen, unter denen gedacht und erkannt wird, blind geworden ist. Die Abweichung vom Ursinn der europäischen Geschichte wird unausweichlich mit der Naivität, „in der die objektivistische Wissenschaft das, was sie objektive Welt nennt, für das Universum alles Seienden hält, ohne darauf zu achten, daß die Wissenschaft leistende Subjektivität in keiner objektiven Wissenschaft zu ihrem Rechte kommen kann“. Denn „der Naturforscher macht sich nicht klar, daß das ständige Fundament seiner doch subjektiven Denkarbeit die Lebensumwelt ist, sie ist ständig vorausgesetzt als Boden, als Arbeitsfeld, auf dem seine Fragen, seine Denkmethoden allein Sinn haben. (...). Indem die anschauliche Umwelt, dieses bloß Subjektive, in der wissenschaftlichen Thematik vergessen wurde, ist auch das arbeitende Subjekt selbst vergessen, und der Wissenschaftler wird nicht zum Thema“ (Husserl 1935, 342 f.). Im „Scheitern des Rationalismus“ zerspringt die „historische Teleologie unendlicher Vernunftziele“ (Husserl 1935, 347).

Hat es je eine souveränere Verabsolutierung der Bedeutung von Philosophie gegeben? Kein anthropologischer Philosoph hätte den Mut zu einer derart vollständigen Gleichsetzung von Geschichte, Menschsein und theoretischem Denken aufgebracht. Der Kunstmythos einer auf die Macht der Ideen gegründeten europäischen Geschichte wurde für seine letzten Lebensjahre zur Obsession einer endlich gefundenen Möglichkeit, das schon für gescheitert gehaltene Lebenswerk doch noch zu vollenden. Daran arbeitete Husserl in größter Anspannung, solange es ihm möglich war.

Am eindrücklichsten macht sich die Übermacht, das Überwältigende der Geschichte des Jahrhunderts in seiner Philosophie in der Art geltend, wie sie zuletzt auch in jene einbricht, die sie von allen am entschiedensten aus ihr überhaupt hatte heraushalten wollen. Der letzte seiner vielen Neuansätze zur Begründung der Phänomenologie, *Die Krisis der europäischen Wissenschaften und die transzendentale Phänomenologie*, an der er von 1935 bis zu seiner Krankheit zum Tode im August 1937 schrieb, und die wie alles Fragment blieb, steht ganz unter der für Husserl erstmaligen und nun gleich so tief erschreckenden Wahrnehmung dieser Geschichte, der er keinerlei Recht in der philosophischen Erforschung einzuräumen bereit gewesen war; nun bewegt ihre heraufziehende Großkatastrophe ihn zu seinem letzten Neuaufbruch in die Philosophie, deren ureigene Aufgabe ihm aus dieser unvermuteten späten Konfrontation mit dem lange Beiseitegschobenen erst jetzt recht deutlich zu werden scheint. Der radikale Antihistorist entdeckt den Ursprung der europäischen Grundverpflichtungen in den Tiefen der Geschichte. Deren aktuellste Bewegtheit sieht Husserl sie von ihrem eigenen Sinn vollständig ablenken.

Husserls 'Neuer Mensch', dessen Zeitgeist-Suggestion er nicht ausschlägt[11], sollte der älteste bekannte noch einmal werden: der griechische Stadtbürger, der seine Freiheit in der reinen Anschauung der Welt genießt, der „theoria". In ihr fand er das „europäische Menschentum" begründet, so daß er in der unhistorischen Umstandslosigkeit seiner eigenen reinen Theorie die schleunigste Rückkehr zu ihr als das angemessenste Mittel sah, die zur historischen Macht werdende Unmenschlichkeit in letzter Minute an ihrem Umsturz der menschlichen Dinge zu hindern.

Philosophiegeschichtlich ungleich einprägsamer als die so beherzte Geschichtsanthropologie wurde eine zunächst unscheinbare Wortprägung, die im Ursprungstext der textitKrisis-Schrift, im Wiener Vortrag vom Mai 1935, nahezu erreicht ist, als Husserl den Abfall der Wissenschaften vom europäischen Geschichtssinn auf ihren Objektivismus zurückführt, der sie die wichtigste Bedingung der Erkenntnis habe übersehen lassen, die „Lebensumwelt" des Wissenschaftlers. Mit einer für den um alle sprachliche Eleganz so vollkommen unbekümmerten Husserl ganz unpassenden Wendung entstand kurz darauf die „Lebenswelt" noch einmal, die Georg Simmel in seiner einzigartigen Goethe-Studie als Begriff gefunden, danach terminologisch aber ungenutzt gelassen hatte.[12]

Husserls Aufgabe seiner lebenslang beachteten Geschichtse-

[11] Zum Motiv des 'Neuen Menschen' als Leitmotiv in Politik und Philosophie der ersten Hälfte des 20. Jahrhunderts vgl. Steffens 1999, passim, 87-105.

[12] Vgl. Steffens 1999, 216-223; Fellmann (1983); Ströker (1979); Blumenberg (1986), Erster Teil.

poché, seine Abwendung von der Epoché des empirischen Subjekts, das sich als ein der Geschichte ausgesetztes Subjekt erweist, zeigen, wie existentiell erschütternd die Erfahrung der Geschichte ist, auf die er damit reagiert, noch ohne deren ganzes Ausmaß zu kennen, das er nicht mehr erleben wird. Mehr noch: seine Abkehr vom so lange eisern eingehaltenen Grundsatz bezeugt, daß die Erfahrung der Geschichte zur bestimmenden Macht der Existenz selbst geworden ist. Die Haltung des Zuschauers, die er im Wiener Vortrag noch einnimmt, indem er den Philosophen als den „unbeteiligten Zuschauer, Überschauer der Welt“ bestimmt, während er mit dessen Einsatz doch selbst bereits zum eingreifend Handelnden geworden ist, verurteilt inmitten der Gewalt der Geschichte dazu, zu ihrem Opfer zu werden. Nach ihrer radikalen Erschütterung gilt nun, was Reinhold Schneider ein Lebensalter später in seinem Wiener Tagebuch des Winters 1957 festhält: „Des Menschen paradoxes Wesen ist: Partizipation an Geschichte, seine Aufgabe: mitspielender Zuschauer zu sein“ (Schneider 1958, 8).

Mitspieler der Geschichte noch dann zu sein, wenn wir ihr scheinbar nur zuzuschauen scheinen, dies genau weist den Weg zu einer Reflexion der Erfahrung der Geschichte, deren Zerschlagung aller bisher geltenden Humanitätsbestimmungen sie zu einer Archäologie der Humanität, zur Recherche des von ihren Ereignissen Verschütteten anhält. Geschichte selbst hat in ihren Praktiken der Unmenschlichkeit die kulturelle Konvention, sie sei der Prozeß einer sich in ihr und durch sie stetig verwirklichenden Humanität, zerstört. Sie selbst hat eine vollständige Epoché der Kategorie Humanität vollzogen.

Husserl glaubte noch, über deren Begriff verfügen zu können, unbeschadet seiner Feststellung ihrer eingetretenen „Unverständlichkeit“, wie er sie gegenüber Lévy-Bruhl zuerst beschrieb. Deshalb war seine späte Philosophie der europäischen „Urstiftung“ des Menschentums in der theoretischen Existenz keine Anthropologie. Mit diesem Begriff des Menschentums, dessen Unbestimmtheit er betont, steht er jedoch im Übergang der historischen Erzwingung einer Anthropologie, die aus den Trümmern der Geschichte ein humanes Selbstverständnis zu bergen hat.

Eben das ist die Aufgabe einer 'Archäologie der Humanität': einer philosophischen Historie, die unter die Oberflächen der historiographischen Phänomene hinabtaucht, die mit der Erfahrung der Geschichte des 20. Jahrhunderts jenseits der Verstehbarkeit gerückt sind. Sie hat den in ihnen bis dahin scheinbar geborgen gewesenen Sinn einer Geschichte der Selbstverwirklichung des „europäischen Menschentums“ zerstört.

Einer Re-Konstruktion humanen Selbst-Verstehens stellt sich methodisch deshalb die Aufgabe einer historischen Tiefenschichtanalyse. Was in den Gestalten der überlieferten Phänomenalität der Geschichte keinen Platz mehr hat, muß in tieferen Schichten angesiedelt sein, wenn es überhaupt historische Wirklichkeit beanspruchen kann: Humanität muß in einer Geschichte unterhalb dieser Geschichte angesiedelt sein, oder es gibt sie nicht. Ihre Archäologie ist der Versuch, diese Region ausfindig zu machen.

Dem Begriff nach gibt es sie seit Michel Foucaults eigener Methodologie seines historiographischen Verfahrens der Diskursanalyse; der Sache nach seit Husserls Fahndung nach der 'Urstiftung' in den textitKrisis-Untersuchungen, in deren Zentrum die Rekonstruktion des „Ursprungssinns“ des naturwissenschaftlichen Objektivismus steht, der die Oberflächenstruktur des historischen Bewußtseins in verdunkelnder Selbstverständlichkeit bestimmt hat. Sein Verfahren einer historisch-spekulativen Freilegung von „sedimentierten Bedeutungen“, die den Oberflächenphänomenen des historischen Geschehens vorangehen müssen (Husserl 1935, 375), gibt ein Modell derartiger Archäologie.[13]

Phänomenologisch an der Arbeit einer derartigen Archäologie der Humanität ist vor allem, daß sie eine Perspektive zur Wiedergewinnung eines verlorenen Verständnisses, aber kein Feld von Forschung bezeichnet, so wie es Phänomenologie selbst nur als eine Haltung des Denkens, aber nicht als Korpus von Einsichten oder als Gegenständlichkeitsbereich gibt. Die Archäologie der Humanität forscht nicht nach einem Wissen vom Menschen, weshalb es in ihr um keine diskursiven Praktiken geht;[14] sie befragt das Wissen, das es von ihm gibt, nach möglichen Elementen eines humanen Selbstverstehens, nachdem die Erfahrung der Geschichte

[13] Vgl. die aufschlußreichen Hinweise bei Ströker (1987), 186-198; über das Motiv einer „inneren Historie“ vgl. Husserl (1935), Beilage III, 386.

[14] Vgl. dagegen Foucault 1969, 271.– Weiterführend für die Begründung einer Archäologie der Humanität ist die Interpretation, die der Historiker Paul Veyne vom historiographischen Verfahren des Historikers Foucault gegeben hat, in der er das Moment der „Praktik“ besonders betont (Veyne 1992).

uns das Wissen aufzwang, daß es die Unantastbarkeit des Humanen als Essenz der europäischen Geschichte nicht (mehr) gibt. Husserls letzter Einsatz bestand darin, sie mit dem geschichtsphilosophischen Handstreich einer archäologischen Fiktionsbildung in dem historischen Moment ins Bewußtsein zu heben, in dem ihre radikalste Aufkündigung sich vorbereitete.

Wir können nicht mehr wissen, was es heißt, ein Mensch zu sein, weil wir zu drastisch erfahren haben, was es *nicht*heißt. Dieses Wissen hat alle humanen Selbstverständlichkeiten außer Kraft gesetzt, mögen wir auch noch so unbekümmert weiter leben, als wären sie noch in Geltung.

Mag sein, daß dieses 'Als-Ob' zu den Bedingungen möglichen Lebens nach den erschütterndsten Erfahrungen seiner Selbstgefährdung gehört. Aber gerade dann muß alles darauf ankommen, das Unvermeidliche als das Ungewisseste zu verstehen.

Wenn die Phänomenologie eine „Erfahrungswissenschaft" ist, als die Arnold Metzger sie beschrieben hat, dann ist die phänomenologisch verfahrende Archäologie der Humanität eine Wissenschaft von der Erfahrung der Geschichte. Sie setzt alle Bestimmungen des Menschlichen in Epoché und unterwirft die historischen Zeugnisse einem Verfahren der Reduktion; so kann sie hoffen, den realhistorischen Prozeß der Reduktion der Menschlichkeit, den die Geschichte des 20. Jahrhunderts an den Menschen selbst vollzogen hat, umzukehren, indem sie danach fragt, welche Elemente es geben muß, damit Wesen, die für Menschen zu halten sind, an sich selbst erfahren können, *daß* sie Menschen sind. Denn eben das ist die abgründigste Erfahrung der Geschichte, daß es in ihrer Gewalt nicht einmal mehr diese geringste aller Gewißheiten gibt. Die Geschichte des 20. Jahrhunderts hat Situationen hervorgebracht, in denen Menschen des Selbstverständlichen: Menschen zu sein, nicht mehr gewiß sein konnten.

Der entschiedenste Dissident der Phänomenologie hat das in der Radikalität seiner zeitlebens verborgen gehaltenen Meditation der historischen Ernüchterung nach seinem mißratenen Abenteuer in den Fängen der Anthropolitik (vgl. Steffens 1999, 223-253), in den *Beiträgen zur Philosophie (Vom Ereignis)*, lakonisch festgehalten: „In der Frage, 'wer wir sind' liegt und steht die Frage, ob wir sind. Beide Fragen sind unzertrennlich, und diese Unzertrennlichkeit ist nur wieder die Anzeige des verborgenen Wesens des Menschentums und zwar des geschichtlichen“ (Heidegger 1989, 51).

Literatur

Blumenberg,Hans (1969), Paradigmen zu einer Metaphorologie. Bonn: Bouvier.

Blumenberg, Hans (1985), in: Georg Hensel / Volker Hage (Hg.), Indiskrete Antworten. Der Fragebogen des FAZ-Magazins, Stuttgart: DVA.

Blumenberg, Hans (1986), Lebenszeit und Weltzeit, Frankfurt/M.: Suhrkamp.

Blumenberg, Hans (1989), Höhlenausgänge. Frankfurt/M.: Suhrkamp.

Fellmann, Ferdinand (1983), Gelebte Philosophie in Deutschland. Denkformen der Lebensweltphänomenologie und der kritischen Theorie, Freiburg-München: Alber.

Foucault, Michel (1981), Archäologie des Wissens. Frankfurt/M.: Suhrkamp.

Heidegger, Martin (1929; 1973) Kant und das Problem der Metaphysik. Frankfurt/M.: Klostermann.

Heidegger, Martin (1989), Beiträge zur Philosophie (Vom Ereignis). GA Bd. 65. Frankfurt/M.: Klostermann.

Heidegger, Martin (1959), Gelassenheit. Pfullingen: Neske.

Husserl, Edmund (1900), Logische Untersuchungen I. Husserliana Bd. XVIII.

Husserl, Edmund (1913; ^{4}1980), Ideen zu einer reinen Phänomenologie und phänomenologischen Philosophie. Tübingen: Niemeyer.

Husserl, Edmund (1911; 1965), Philosophie als strenge Wissenschaft (hg. von Wilhelm Szilasi). Frankfurt/M.: Klostermann.

Husserl, Edmund (1907), Die Idee der Phänomenologie. Vorlesung Göttingen 1907, Husserliana II.

Husserl, Edmund (1931), Phänomenologie und Anthropologie. Vortrag in den Kantgesellschaften von Frankfurt, Berlin und Halle, Husserliana XXVII: Aufsätze und Vorträge 1922-1937, S. 164-181.

Husserl, Edmund, Briefwechsel, Bd. VII: Wissenschaftlerkorrespondenz, Husserliana Dokumente Bd. III, Teil 7.

Husserl, Edmund (1935), Die Krisis des europäischen Menschentums und die Philosophie. Husserliana Bd. VI, S. 314-348.

Janssen, Paul (1976), Edmund Husserl. Einführung in seine Phänomenologie. Freiburg-München: Alber.

Merleau-Ponty, Maurice (1986), Das Sichtbare und das Unsichtbare (hg. von Claude Lefort). München: Fink.

Metzger, Arnold (1966), Die phänomenologische Frage nach dem möglichen Menschen. Der Weg von Husserl zu Sartre. In: ders., Der Einzelne und der Einsame. Pfullingen: Neske.

Scheler, Max (1928; 1947), Die Stellung des Menschen im Kosmos. München 2. Aufl.: Nymphenburger Verlagshandlung.

Schneider, Reinhold (1958), Winter in in Wien. Aus meinen Notizbüchern 1957/58. Freiburg-Basel-Wien: Herder.

Sommer, Manfred (1990), Lebenswelt und Zeitbewußtsein. Frankfurt/M.: Suhrkamp.

Sommer, Manfred (1998), „Sagen zu können, was ich sehe". Zu Hans Blumenbergs Selbstverständnis. In: Neue Rundschau, Heft 1, S. 78-82.

Steffens, Andreas (1992), Die Unermessenheit der Geschichte. Historie als Praxis der Mikrologie. Kritische Theorie nach der Postmoderne. In: Sabine Gürtler (Hg.), Spontaneität und Prozeß. Zur Gegenwärtigkeit Kritischer Theorie. Hamburg: Europäische Verlagsanstalt, S. 75-90.

Steffens, Andreas (1997), Die Möglichkeit Mensch. Wiederaufnahme der Anthropologie am Ende des Jahrhunderts. In: Paragrana Bd. 6, Berlin: Akademie Verlag, S. 43-64.

Steffens, Andreas (1999), Philosophie des 20. Jahrhunderts oder Die Wiederkehr des Menschen. Leipzig: Reclam.

Steffens, Andreas (1999a), Vom Beginnen. In: neue deutsche literatur, Heft 1/1999, Berlin: Aufbau, S. 5-11.

Steffens, Andreas (1999b), Weltaufmerksamkeit. Eine übersehene anthropologische Grundkategorie. In: Claus-Volker Klenke e. a. (Hg.), Existenz, Negativität und Kritik bei Ulrich Sonnemann. Würzburg: Königshausen und Neumann, S. 98-106.

Ströker, Elisabeth (1987), Husserls transzendentale Phänomenologie. Frankfurt/M.: Klostermann.

Ströker, Elisabeth (1987 II), Das Problem der Epoché in der Philosophie Edmund Husserls. In: dies., Phänomenologische Studien. Frankfurt/M..: Klostermann, S. 35-53.

Ströker, Elisabeth (Hg.) (1979), Lebenswelt und Wissenschaft in der Phänomenologie Edmund Husserls. Frankfurt/M.: Klostermann.

Veyne, Paul (1992), Foucault: Die Revolutionierung der Geschichte. Frankfurt/M.: Suhrkamp.

Die reine Logik, die Idee der reinen Grammatik und das Problem einer Philosophie der Sprache in den *Logischen Untersuchungen*.

Christian Möckel

I.

Eine der zentralen, die Rezeption der *Logischen Untersuchungen* (LU) Edmund Husserls bis heute bewegenden Fragen betrifft das in ihnen niedergelegte, in der Auseinandersetzung u.a. mit G. Frege und A. Marty herausgearbeitete Verhältnis von Denken und Sprache, von Bedeutung und sprachlichem Ausdruck, von Wahrnehmung und Urteil, von Logik und Grammatik. Haben wir es hier doch mit einer Nahtstelle zu tun, die die LU nicht nur für die nunmehr 100 Jahre währende Rezeption innerhalb der phänomenologischen Bewegung zu einem klassischen Werk macht, sondern die auch ihre vielfältige, teilweise diskrete oder indirekte Wirkung auf die moderne Sprachwissenschaft, die Sprachphilosophie des 20. Jahrhunderts und die sprachanalytische Philosophie bewirkt hat.

Wie hatte Husserl das Verhältnis zwischen dem inneren Denken als dem Gegenstand der Logik und der Sprache als dem äußeren Ausdruck des Denkens in den LU bestimmt? In einem Brief an ihn betont Frege 1906 die Unabhängigkeit der Gedanken von allem seelischen Erzeugen und kennzeichnet das Denken als ein Erfassen von Gedanken, „die schon objektiv vorhanden sind“. Die Logik könne ihre Erkenntnisse folglich nicht aus der Sprache beziehen, sondern habe die Richterin über die Sprache zu sein.[1] Das schließt die Sprachgebundenheit der Gedanken bzw. des Denkens nicht aus, erklärt aber das Denken und nicht die Sprache bzw. Grammatik und ihre Verknüpfungsregeln[2] zum Primat. Husserl

[1] „Es kann nicht die Aufgabe der Logik sein, der Sprache nachzugehen und zu ermitteln, was in den sprachlichen Ausdrücken liege. [...] Als die Menschen die Sprache bildeten, befanden sie sich in einem Zustand des kindlichen, bildhaften Denkens. Die Sprachen sind nicht nach dem logischen Lineale gemacht. Auch das Logische in den Sprachen erscheint unter Bildern versteckt, die nicht immer zutreffen. [...] Die Logik soll Richterin sein über die Sprachen.“ – Frege an Husserl, 30.X.-1.XI. 1906 (Frege 1976, 102-103).

[2] R. Sokolowski, der den Bedeutungsgehalt der Begriffs „Grammatik“ mit den

steht in der Frage des Verhältnisses von Denken/Logik und Sprache/Grammatik auf ähnlichen Positionen wie Frege, auch wenn er mit seiner Wesensschau und Deskription die logischen Bedeutungen auf eine andere Weise aufzuklären sucht.

Allerdings ist zumindest der Husserl der transzendentalen Phänomenologie nicht mehr auf die Sprache als Prototyp aller Ausdrucksweisen von Gedanken bzw. idealen Bedeutungen fixiert. Kommt er in den *Ideen I* doch zu dem Schluß, daß das schlichte Wahrnehmungserlebnis keiner sprachlich-ausdrückenden Urteilsform bedarf, wohl aber einen möglichen sprachlichen Ausdruck fundiert (Hua III/1, 285). Die in der 1. Logischen Untersuchung entwickelte Lehre von sprachlichem Ausdruck und ausgedrückter Bedeutung sieht er nunmehr als einen Spezialfall der vielfältigen Weisen intentionalen Bewußtseinslebens bzw. als eine zu ihnen hinzutretende „logische Aktschicht". Allerdings findet dasjenige, was mit den Termini »Bedeuten« und »Bedeutung« erfaßt wird, auf „die ganze noetisch-noematische Sphäre Anwendung".[3] Zur phänomenologischen Wesensforschung könne man sowohl von den semantischen Problemen des sprachlich-logischen Ausdrucks von Bedeutung als auch von denen der vorsprachlichen Erfahrung und der sinnlichen Gegebenheiten her vordringen. Der erste Zugang war „[i]n der Tat [...] der Weg, auf dem die »Log[ischen] Unters[uchungen]« in die Phänomenologie einzudringen strebten" (ebd., 287 Anm. 1). Die Klarstellung weist darauf hin, daß für Husserl das Logische (ideale Bedeutung, Identisches, Wesensgesetze) sprachgebunden gegeben wird. Das wird später in der *Logik* noch einmal expliziert: „Da nun das menschliche Denken sich normalerweise sprachlich vollzieht und alle Betätigungen der Ver-

---

empirischen und logischen „Verknüpfungsregeln der [ausgedrückten, artikulierten - C.M.] Sprache" bestimmt, kommt zu dem Schluß, daß die Linguisten das Verhältnis zwischen empirischer Grammatik und Sprache, die Philosophen aber das Verhältnis zwischen logischer Grammatik und Denken interessiere. (Sokolowski 1988, 32/33)

3 „Ursprünglich haben diese Worte [Bedeuten und Bedeutung - C.M.] nur Beziehung auf die sprachliche Sphäre, auf die des »Ausdrückens«. Es ist aber nahezu unvermeidlich und zugleich ein wichtiger Erkenntnisschritt, die Bedeutung dieser Worte zu erweitern und passend zu modifizieren, wodurch sie in gewisser Art auf die ganze noetisch-noematische Sphäre Anwendung findet: also auf alle Akte, mögen diese nun mit ausdrückenden Akten verflochten sein oder nicht" (Hua III/1, 285).

nunft so gut wie ganz an die Rede gebunden sind, [...] so kommen zunächst nicht bloße Denkakte und Gedanken in Frage, sondern vor allem Aussagen, ausgesagte Gedanken“ (Hua XVII, 23).

Husserl erhebt durchaus den Anspruch, auf die „Sprachforschung“ bzw. die „Sprachwissenschaft“ seiner Zeit einzuwirken, indem er auf den „apriorischen Fundamenten“ jeder Sprache besteht.[4] Der Linguist und Sprachphilosoph A. Marty unterzieht die von Husserl 1901 geäußerte Idee der reinen Grammatik 1908 einer grundsätzlichen Kritik, die sich vor allem gegen ihren apriorischen Anspruch wendet. Marty weiß sich zwar „mit Husserl darin einig, daß eine allgemeine Grammatik möglich und notwendig ist“ (Marty 1908, § 20, 57), bestreitet aber ganz entschieden, daß sie allein auf den apriorischen Fundamenten der Sprache beruhe und diese auch noch „die »Logik« als ihren natürlichen Ort“ hätten, wie Husserl behauptet (ebd., 58, 63). Zur „allgemeinen Grammatik“, von reiner oder logischer Grammatik will er nicht reden, gehörten in erster Linie das Allgemeine der Semantik einer jeglichen Sprache, was nur empirisch-psychologisch an den realen Sprachen zu erkennen sei. Dieses Allgemeine rechnet Marty der von Husserl abgewerteten „ »Sphäre des allgemeinen Menschlichen im empirischen Sinne«“ zu (ebd., 61). Und den „natürlichen Ort“ aller apriorischen - wie auch der erfahrungsmäßigen - Einsichten, die nur gemeinsam eine „deskriptive Psychologie“ begründen könnten, sucht er an Stelle der „Logik“ in der „Sprachpsychologie“ (ebd., 66, 67).

Auf die Tatsache, daß die Husserlsche Anregung, die Sprache als ein Bedeutungsganzes aufzufassen, das von den psychischen Sprachakten unterschieden ist, „der inhaltlich gerichteten Sprachwissenschaft bedeutende Impulse [ge]geben“ hat, weist z.B. K.-O. Apel bereits Ende der 50er Jahre hin (Apel 1976, 88). Allerdings habe er, aus Gründen des Kampfes gegen den Relativismus und Psychologismus, den geschichtlichen Wandel des Bedeutungsgehaltes der Sprache bzw. ihrer „sprachlichen Inhalte“ nicht anerkennen können. In der Konsequenz ist „[d]ie Sprache [...] hier doch nur ein sekundäres Bezeichnungs- und damit Befestigungs-

[4] Vgl. Husserl Edmund, IV. Der Unterschied der selbständigen und unselbständigen Bedeutungen und die Idee der reinen Grammatik. In: Hua XIX/1, 346, 349 Anm. 2

mittel dessen, was vor aller Zeit und Geschichte als Sinngefüge der Welt feststeht" (ebd., 89). Das prinzipiell unabhängig von den geschichtlichen Sprachen erschaute distinkte Gefüge von Ideen, Wesenheiten, reinen Bedeutungen werde bei Husserl erst nachträglich mit den Mitteln der Sprache im Bewußtsein befestigt; eine philosophische Sprachauffassung, die nach Apels Ansicht erst Heideggers hermeneutische Phänomenologie überwinde.[5]

Wenn von den LU als einer rudimentären Phänomenologie der Sprache die Rede ist, dann ist wohl E.W. Orth darin zuzustimmen, daß sich in diesem Werk Husserls - wie auch in den folgenden - mit der Bedeutungslehre oder der Lehre von den Ganzen und den Teilen zwar vielfältige sprachphilosophisch relevante Bemerkungen finden und wesentliche Grundbegriffe mühelos in sprachphilosophische Begriffe umgedreht werden können, Husserl seine Terminologie jedoch „ganz und gar nicht in sprachphilosophischer Absicht entwickelt[e]" (Orth 1979, 13). Vielmehr haben mit K. Bühler und E. Cassirer im ersten Drittel des 20. Jahrhunderts Autoren sprachphänomenologische Beiträge zu einer Philosophie der Sprache entwickelt, die außerhalb der phänomenologischen Schule stehen, aber dennoch von ihr beeinflußt sind. Trotzdem hat Husserls Behandlung des Zeichen- oder Ausdrucksproblems als Bedeutungsproblem (Semiotik) und die Verbindung der Bedeutungslehre mit der Idee der reinen Grammatik eine wichtige erste Phase in der Entfaltung der phänomenologischen Sprachphilosophie ausgemacht, auch wenn dies alles vor allem logischen und erkenntnistheoretischen Klärungen diente (ebd., 23).

Mögliche Berührungspunkte zwischen sprachanalytischer Philosophie und Phänomenologie werden in der Regel für die hermeneutische Phänomenologie (Heidegger) konstatiert, während ihre deskriptive Fassung (Husserl)[6] als ihr Widerpart gilt, da sie die sprachliche, grammatische Ebene hintergehen soll. Eine entsprechende Kritik entwickelt E. Tugendhat in den 9. und 10. *Vorlesungen zur Einführung in die sprachanalytische Philosophie* (Tugend-

[5] „Husserl kennt [...] nur formallogische und semantische Wahrheiten eines ≫Bewußtseins überhaupt≪", jedoch kein historisches Bewußtsein in Weltbezügen, weshalb bei ihm überhistorische ideale Bedeutungen die konkreten Muttersprachen fundieren (ebd., 165).

[6] Zum Verhältnis von deskriptiver und hermeneutischer Phänomenologie siehe auch den Beitrag von J.N. Mohanty (Mohanty 1988, 11-30).

hat 1976, 143-175). Und für Apel hat die Heideggersche „zweite Phase der Phänomenologie (in gewisser Hinsicht schon der späte Husserl)“ nicht nur versucht, „der Geschichtlichkeit auch des Sinnes und dem Schöpferischen der Sprache gerecht zu werden“ (Apel 1976, 89), sondern auch ihren strengen methodischen Gegensatz „zu der semiotischen Erkenntniskritik des Neopositivismus“ (Wittgenstein) eingebüßt, obwohl natürlich gewichtige Unterschiede geblieben sind (ebd., 163/64; vgl. auch Bermes 1996). Neuere Forschungen haben zu Tage gefördert, daß der russische Phänomenologe und Husserl-Schüler G. Spet diesen Übergang zur hermeneutischen Phänomenologie und einer entsprechend modifizierten Sprachphilosophie bereits 1918 mit seinem Werk *Die Hermeneutik und ihre Probleme* vollzogen hatte (Vgl. Möckel 1996).

Der Dialog zwischen Phänomenologen und Sprachanalytikern wurde in neuerer Zeit u.a. von H.-U. Hoche konstatiert und befördert (vgl. Hoche 1979), und jüngst machte H. Schnädelbach auf eine methodische Annäherung zwischen hermeneutischer Phänomenologie und Wittgensteinscher Sprachanalyse aufmerksam. Hatte Wittgenstein die Aufklärung von Sinn, Bedeutung und Wahrheit unserer Ausdrücke nahezu ausschließlich der Grammatik bzw. Sprachanalyse überantwortet (Vgl. Wittgenstein 1990, Satz 4, 24; § 38, 119 ff.), so sieht der sprachanalytisch argumentierende und die Husserlsche Wesensschau abweisende Schnädelbach die Welt bedeutungsmäßig zwar auch „sprachlich erschlossen“, besteht aber darauf, daß es mit dem Qualitativen „Bereiche unseres Erlebens gibt, die die grammatische Analyse nicht auszuschöpfen vermag“ und die als „Inseln in der sprachlich erschlossenen Welt“ phänomenologisch, d.h. vorsprachlich bzw. nichtpropositional erfaßt, dann allerdings in grammatischen Formen vergegenwärtigt werden (Schnädelbach 2000, 97).

Mit dem Abweisen des Verdachtes, wie Wittgenstein einem „grammatischen Reduktionismus“ zu verfallen, ist nicht nur die - von Schnädelbach abschlägig beantwortete - Frage nach der Möglichkeit einer phänomenologischen Beschreibung idealer Bedeutungen jenseits der sprachlichen (grammatischen) Formen, Strukturen und Überlieferungen aufgeworfen, sondern auch die Frage nach Berechtigung und Leistung der von Husserl favorisierten apriorischen reinen Grammatik der Bedeutungsformen.[7] Den Weg „über bloß natürlich-sprachliche Grammatiken hinaus zu einer »reinen Grammatik«" als dem „Apriori einer jeden natürlichen Sprache", den sich Husserl durch den - per eidetischer und phänomenologischer Reduktion möglichen - Aufstieg von „psychischen Daten, die unsere gewöhnlichen Wortbedeutungen auszumachen scheinen, zu reinen »idealen Bedeutungen«" eröffne, ist Schnädelbach nicht bereit mitzugehen. Befinde sich doch Husserl mit seiner reinen Grammatik auf einem „Weg hinter dem Rücken von Sprache und Symbol", was dieser dann auch ihren Symbolcharakter nehme (ebd., 83/84).

II.

Während es für den späten Wittgenstein „keine »reine« Grammatik, sondern nur die Grammatik natürlicher und künstlicher Sprachen" gibt, aus der wir weder heraus noch hinter die wir zurück können (Schädelbach 2000, 85), entwickelt Husserl in seiner berühmten 4. Logischen Untersuchung in Anlehnung an sprachwissenschaftliche bzw. sprachphilosophische Positionen bei H. Steinthal und W. von Humboldt Überlegungen zur Idee einer reinen Grammatik (Hua XIX/1, 351, Anm. 4), die bis heute das Interesse sowohl phänomenologisch als auch sprachphilosophisch orientierter Philosophen hervorrufen, ohne allerdings einen besonderen Schwerpunkt der weitverzweigten internationalen Rezeption zu bilden.

[1.] Zum einen hält Husserl der „moderne[n] Grammatik", d.h. der modernen Sprachwissenschaft oder Linguistik vor, daß sie ausschließlich auf Psychologie und sonstige empirische Wissenschaften baut, sie bedürfe aber einer apriorischen Grundwissenschaft als Fundament, die - gestützt auf die „alte Idee einer allgemeinen,

[7] So wenn Schnädelbach die von Wittgenstein in seinen *Philosophischen Untersuchungen* präsentierte Lösung des Problems der Wesens- und Bedeutungsaufweisung wie folgt zusammenfaßt: „Was Husserl zufolge die eidetische Reduktion durch ideierende Abstraktion leisten soll [...] fällt hier der grammatischen Analyse selbst zu, freilich ohne daß dabei noch der Unterschied zwischen natürlichsprachlicher und »reiner« Grammatik getroffen werden könnte: An die Stelle des »Wesens« treten die grammatischen Regeln der Sprachverwendung" (Schnädelbach 2000, 88).

und spezieller, die einer apriorischen Grammatik" - die „apriorische[n], die möglichen Bedeutungsformen bestimmende[n] Gesetze" umfaßt und „jedenfalls *eine* bestimmt umgrenzte Sphäre der Gültigkeit" besitzt (ebd., 302, 344). Damit bestätigt sich für Husserl das „zweifellose Recht" der Idee einer „universellen Grammatik", wie sie im 17./18. Jahrhundert vom Rationalismus entwickelt wurde (ebd., 344/45). Das apriorische Grammatische (die „idealistische Form" der Sprache [ebd., 345]) sondere sich vom Empirischen in der Grammatik. Das Empirische ist grundsätzlich durch die faktische Menschennatur bestimmt, durch Rasseunterschiede, Besonderheiten des Volkes, des Individuums und seiner Lebenserfahrung. Das Apriorische dagegen ist von unbedingter Geltung. Auch das Allgemeinmenschliche vermag für Husserl keinen zweifelsfreien Ansatz für eine apriorische universelle Grammatik zu stiften, habe doch deren Apriori in sich selbst und nicht in der Natur des Menschen zu ruhen.

Die apriorische Grammatik habe das „Logische" (Ideale, Identische) jeglicher Sprache überhaupt zum Gegenstand, d.h. die Apriori der Sprachformen, die ihr Wesen in den Apriori der Bedeutungsformen fundiert finden. Sprache habe so neben den historisch-empirischen Fundamenten auch ihre apriorischen Fundamente (vgl. ebd., 346/47). Dieses Fundament, die apriorischen Gesetze der Bedeutungsformen, soll nun in der 4. Logischen Untersuchung aufgewiesen werden. Das Fundament, die apriorische Formenlehre der Bedeutungen legt ein ideales Gerüst frei, dem jede faktische Sprache folgt und das sie mit empirischen Gehalt umgibt. Husserl macht aber auch ausdrücklich darauf aufmerksam, daß es durchaus „noch andere Sphären eines zur Grammatik gehörigen Apriori" geben kann (ebd., 348 Anm. 1). Orth gibt deshalb völlig zurecht den Fingerzeig, daß die Husserlsche „reinlogische Grammatik" nicht mit einer universal-linguistischen Strukturtheorie für alle möglichen konkreten Sprachen verwechselt werden darf, da sie nur als „*ein* Fundament der Sprachbetrachtung" beabsichtigt ist (Orth 1979, 30).

Die apriorische reine Grammatik, so Husserl, sei durchaus - im weitesten Sinne - zu einer „universellen Grammatik erweiterbar, die die Sphäre des „allgemein Menschlichen im empirischen Sinne heranzieht". Andererseits bedarf selbst eine „empirisch-allgemeine" Grammatik nach Husserl der apriorischidealen Grundlegung, und diese ist als reine Grammatik klar abzusondern (Hua XIX/1, 345/346). Gegen das von Husserl vertretene Verhältnis zwischen empirischer und apriorischer Grammatik erhebt Marty bekanntlich Einspruch (Marty 1908, § 20, 59, 61).[8] Die anvisierte reine Grammatik dürfe als „ »allgemeine« Grammatik" wiederum nicht so verstanden werden, als ob dies impliziere, daß sie „alle besonderen Grammatiken als zufällige Spezialitäten [a priori] in sich fasse" (Hua XIX/1, 349 Anm. 2). Die »allgemeine« oder reine Grammatik behandle eben nicht alle „Voraussetzungen oder Fundamente", die für die bestimmten Sprachen „alle gleichmäßig in Betracht kommen", sondern „nur *eines* dieser Fundamente", „und zwar jenes, dessen theoretisches Heimatgebiet die reine Logik ist" (ebd.).

[2.] Damit ist das Verhältnis von reiner Grammatik und reiner Logik zum Thema erklärt. Für Husserl hat diese „Frage nach dem richtigen Verhältnis zwischen Logik und Grammatik" ein großes Gewicht (ebd., 350 Anm. 3). Wegen ihres auf objektive Geltung gerichteten Interesses sei die bisherige Logik - einschließlich der Bolzanoschen - „nicht einmal zu einer wissenschaftlichen Formulierung dieser Probleme bzw. zu einer wissenschaftlichen Formulierung einer reinlogischen Formenlehre [der bloßen Bedeutung - C.M.] gekommen", die vom Geltungsproblem absieht (Ebd.). „Auf diese Weise fehlt der Logik ein erstes Fundament" (ebd.). Radikal zu sondernde grammatische und logische Problemschichten werden immer noch vermengt, auch der Psychologismus sei aus der Logik nicht völlig vertrieben, und Marty vertrete psychologistische Positionen in der Sprachphilosophie.

Da Husserl die rein grammatische Bedeutungslehre sowohl der reinen Logik vorhergehen läßt als auch „innerhalb" der logischen Geltungslehre verortet (ebd., 302), erscheint es mir lohnend, der Frage nach dem Verhältnis von rein logischen und rein grammatischen Untersuchungen bzw. Unterscheidungen, nach dem Verhältnis von reiner Logik und reiner Grammatik nachzugehen. Als passendste Formulierung schlägt Husserl einmal vor, der grammatischen „ *reinen Formenlehre* der Bedeutungen die

[8] Marty will grundsätzlich nichts davon wissen, „daß den wesentlichen Inhalt der allgemeinen Grammatik a priori erkennbare Wahrheiten bildeten" (ebd., § 21, 63.)

sie voraussetzende [logische - C.M.] *reine Geltungslehre* derselben gegenüber" zu stellen (ebd., 303). Den Zusammenhang von apriorischer Grammatik und apriorischer Logik stellt er im Text mehrfach heraus, vor allem in der Einleitung zur 4. Logischen Untersuchung und in ihrem abschließenden § 14.

Eine erste wichtige Erörterung führt Husserl aber bereits in der Einleitung zu den LU II/1. Wohl müsse die in den *Prolegomena* entworfene bzw. anvisierte reine Logik mit „sprachlichen Erörterungen" ihrer Objekte, der Bedeutungen, beginnen, zielt sie doch auf Klarheit und Wesenseinsicht (vgl. ebd., 5/6). Dabei handle es sich jedoch „nicht um grammatische Erörterungen im empirischen, auf irgendeine historisch gegebene Sprache bezogenen Sinn, sondern um Erörterungen jener allgemeinsten Art, die zur weiteren Sphäre [...] einer reinen Phänomenologie der Denk- und Erkenntniserlebnisse gehören" (ebd., 6). Indem diese phänomenologischen „sprachlichen Erörterungen" der allgemeinsten Art auf unmittelbare Wesensschau und Wesensbeschreibung gründen, ist für die Aufklärung von Sinn, Bedeutung und Wahrheit unserer sprachlichen Ausdrücke der Gegensatz von phänomenologischer (deskriptiver) und grammatischer (explikativer) Analyse vorweggenommen, wie ihn später die sprachanalytische Philosophie betonen wird.

Eine zur Klarheit führende phänomenologische Deskription der Wesen bzw. idealen Bedeutungen bedarf eines gereinigten, äquivokationsfreien Sprach- bzw. Wortgebrauchs als dem Ausdrucks- und Darstellungsmittel (vgl. ebd., 7), die grammatische Explikation (der späte Wittgenstein) dagegen entnimmt die Bedeutungen der Worte und Sätze der natürlichen Sprache und ihrer empirischen Grammatik. Für Husserl ist es eine im Einzelnen zu beantwortende Frage, ob das gedachte bzw. geschaute logische Wesen/Bedeutung eine ihm angemessene sprachliche Form des Urteils erhält, lassen sich doch logische Urteile „ohne sprachlichen Ausdruck kaum vollziehen" (ebd., 8). Das „grammatische Gewand" der Objekte der reinen Logik als „Einbettung" in die Funktion der Bedeutungsintention oder Bedeutungserfüllung bleibt, im Unterschied zu den erwähnten „sprachlichen Erörterungen jener allgemeinen Art", ein psychisches, empirisches Gewand, unter bzw. hinter dem sich ein logisches Objekt verbirgt. Ohne das „grammatische Gewand", das immer von der Gefahr der

Äquivokationen bedroht ist, ist uns kein logisches Objekt („geltende Denkeinheit“) gegeben. Doch nicht die Aufklärung oder Explikation des empirischen „grammatischen Gewandes“ der Objekte, d.h. der „bloßen Worte“, sondern allein die Beschreibung ihres „Ursprungs in der Anschauung“, durch Vollzug der ideierenden Abstraktion auf Grund psychischer Erlebnisse, klärt nach Husserl die „geltenden Denkeinheiten“ der reinen Logik auf (ebd., 10). Sie sind die »Sachen selbst«, die sich ein „grammatisches Gewand“ anlegen, sich aber weder aus ihm erschließen lassen noch sich gar in ihm erschöpfen.

Die „sprachlichen Erörterungen“ allgemeinster Art, die die reine Phänomenologie als „analytische“ anzustellen hat und die sogar die „sinnlich-sprachliche Seite“ der Ausdrücke und die Weise ihrer Verknüpfung mit der Bedeutung beachten muß, dürfe als „grammatische Analyse“ die eigentlich bezweckte direkte „Bedeutungsanalyse“ nicht „gängeln“ (ebd., 17). Die logische Bedeutungsanalyse hat demnach mit der „vorlogischen“ Erörterung zu beginnen, ohne sich von ihr gängeln zu lassen. In einer den Logiker täuschenden Weise könne sich die „grammatische Analyse“, so warnt Husserl, der bezweckten logischen „Bedeutungsanalyse“ unterschieben, weil es „einen gewissen Parallelismus zwischen Denken und Sprechen“, d.h. zwischen Bedeutung und sprachlichem Ausdruck (Wort) gibt (ebd., 17/18). Da sie sich aber nicht decken, deckten sich folglich auch die Bedeutungsanalyse („Phänomenologie der Bedeutungserlebnisse“) und die grammatische Analyse („Phänomenologie der sprachlichen Formen“) nicht. Letztere, die auf die unterschiedlichen Ausdrucksformen zielt, müsse erstere, die auf die Bedeutungsunterschiede aus ist, immer einschließen bzw. mit heranziehen.

Da unterschiedliche sprachliche, grammatische Ausdrucksformen nicht allein bzw. nicht immer durch Bedeutungsdifferenzen bedingt werden (vgl. ebd., 18), sind für Husserl die entscheidenden Unterscheidungen eben die logischen, auf Bedeutungsdifferenzen fußenden, d.h. solche „Unterschiede, die im allgemeinen Wesen der Bedeutungen *a priori* gründen“, und nicht die bloß grammatischen Unterscheidungen (ebd., 19). Dennoch besitzen beide Untersuchungen, die logische Formenlehre und die grammatische Formenlehre „jener allgemeinsten Art“, ihr eigenes „Recht“. Rein logische und grammatische Formenlehre sind jedoch unbedingt in ein „aufgeklärtes“ Verhältnis zu bringen, so wie logische und „bloß grammatisch[e]“ Unterscheidungen logischer Formen von einander abzugrenzen sind (ebd., 21). Dem wollen wir im Weiteren nachgehen, zumal sich Husserl in der Frage der Zuordnung von reiner, „allgemeiner“ Grammatik und reiner Logik bzw. von reiner Grammatik und „allgemeiner Sprachwissenschaft“ durch den geschätzten Brentano-Schüler Marty gründlich mißverstanden fühlt (ebd., 349 Anm. 2). Husserl wendet sich gegen jegliche Vermengung von reiner Grammatik (reine Formenlehre der Bedeutungen) und reiner Logik (reine Geltungslehre der Bedeutungen) mit empirischen Wissenschaften und Disziplinen wie einer „Sprachpsychologie“ durch Marty (ebd., 349 Anm. 2; vgl. Marty 1908, § 21, 63 ff).

Eine vorläufige Interpretation deutet Unterschied und Verhältnis folgendermaßen: Diejenigen apriorischen Gesetze, die - als *logische* - die notwendigen Bedingungen für wahre, objektive, gegenständliche Aussagen vorgeben, schließen widersprüchlich-widersinnige Sätze, d.h. bedeutende, bedeutsame, aber *gegenstandslose* Ausdrücke aus den Erkenntniserwägungen aus bzw. machen sie als solche kenntlich. Mit den apriorischen *reingrammatischen* Gesetzen steht ihnen eine ganz andere Klasse von Gesetzen gegenüber, die die Normen für sinnausdrückende (bedeutsame) Aussagen und ihre Abgrenzung von unsinnigen, *bedeutungslosen* Sätzen, Komplexen regeln. Während sich Husserl parallel dazu abmüht, das Verhältnis zwischen Bedeutung und Gegenstand eines Erlebnisses, eines Urteils etc. „aufzuklären“ (vgl. Tugendhat 1976, 144, 159, 169), scheinen die grammatischen apriorischen Gesetze die Normen für das Bedeuten vorzugeben, die logischen apriorischen Gesetze für das objektive Bedeuten. Und die Disziplin, welche die grammatischen Apriori erforscht, ist dann eben die „reine Lehre von den möglichen Formen der Bedeutung“ bzw. „die reine Grammatik“.

Unser Bemühen soll nun dahin gehen, eine solche Deutung des Verhältnisses von reiner Logik und reiner Grammatik, von reinlogischen und reingrammatischen Gesetzen herauszuarbeiten und zu begründen, das die eben erläuterte Interpretation dahingehend erweitert und vertieft, daß die Beschreibung der apriorischen, rein grammatischen Gesetze der verbindenden Satzformen der Logikfundierung nicht irgendwie vorangeht, sondern bereits eine [Vor-

]Arbeit an bzw. innerhalb der reinen Logik selbst darstellt. Mit anderen Worten, es ist zu prüfen, ob die Gesetze der reinen Grammatik, obwohl sie bloß eine Voraussetzung für die eigentliche logische Frage nach Wahrheit und Gegenständlichkeit bilden, in der 4. Logischen Untersuchung nicht so ausgelegt werden, daß sie bereits als Bestandteil der reinen Logik anzusehen sind. Damit würde sich auch die Frage, ob die Untersuchungen zur »Idee der reinen Grammatik« als Fortsetzung der logischen oder eher als selbständige Episode innerhalb von ihnen zu verstehen sind, eindeutiger beantworten lassen. Allerdings ist damit noch nichts oder nicht viel über die Begründetheit und Legitimität einer reinen Grammatik als Grunddisziplin der allgemeinen Sprachwissenschaft gesagt.

Ein erster Anlaß, die ins Auge gefaßte Deutung des Verhältnisses von Logik und Grammatik zu prüfen, findet sich bereits im 11. Kapitel der *Prolegomena*, das der »Idee der reinen Logik«ootnoteFür Husserl umfaßt die reine Logik „einen theoretisch geschlossenen Kreis von Problemen, die sich auf die Idee der Theorie wesentlich beziehen." Da keine Wissenschaft ohne Theorie, d.h. ohne „Erklärung aus Gründen" möglich ist, umspanne die reine Logik „die idealen Bedingungen der Möglichkeit von Wissenschaft überhaupt." (Hua XVIII, 256) gewidmet ist. Hier scheint sich die unterscheidende Rede von Bedeutung und Gegenstand allein auf die rein logische Frage von Geltung, Wahrheit und Objektivität zu beziehen. So stellt Husserl im § 67 die „den Zusammenhang der Erkenntnis in *objektiver* Beziehung" ermöglichenden Begriffe bzw. Kategorien fest (ebd., 244). Auf der untersten Arbeitsebene sind die „reinen Bedeutungskategorien" (d.h. die „elementaren Verknüpfungsformen" von Begriffen/Worten zu Sätzen und von Sätzen) und die ihnen korrelativen „formal-gegenständlichen Kategorien" (Gegenstand, Sachverhalt, Anzahl, Vielheit) zu beschreiben (vgl. ebd., 245/46). Um „alle diese Begriffe [...] zu fixieren" ist ihr »Ursprung« weiter zu erforschen, und dies ziele nicht auf die psychologische Entstehung, sondern auf den „phänomenologischen Ursprung", der sich allein durch Wesenseinsicht der Begriffe, durch „intuitive Vergegenwärtigung des Wesens in adäquater Ideation" der Begriffe bzw. „der ihnen einwohnenden Elementarbegriffe und der Begriffe ihrer Verknüpfungsformen" erschließt, was letztlich eine „Fixierung eindeutiger, scharf unterschiedener Wortbedeutungen" ermöglicht (ebd., 246).

Auf einer zweiten Arbeitsebene (§ 68) haben wir es - gemäß Husserl - mit diesen zwei scharf zu scheidenden „Klassen“ von kategorialen, d.h. Denkformen ausmachenden Begriffen zu tun, in denen jeweils zu unterscheidende Typen von Gesetzen wurzeln, die je verschiedene Typen von Theorie konstituieren (vgl. ebd., 247/48). Die beiden Klassen betreffen nicht nur die Verknüpfungs- bzw. Bildungsformen der theoretischen Einheiten, „sondern vielmehr die *objektive* Geltung der erwachsenen Bildungsformen“ (ebd., 247). Die zu unterscheidenden zwei Klassen von Gesetzen der reinen Logik, die „auf Bedeutungen und Gegenstände überhaupt gehen“ und die selbst wieder entsprechende Theorien (Theorien der Schlüsse *und* Vielheitslehre, Anzahllehre) konstituieren, teilen sich in logische Gesetze der „Wahrheit und Falschheit von Bedeutungen überhaupt rein auf Grund ihrer kategorialen Bildungsform“ und - „hinsichtlich ihrer gegenständlichen Korrelate“ - in logische Gesetze vom „Sein und Nichtsein von Gegenständen überhaupt“ (ebd.). Hier werden beide Klassen folglich ausschließlich unter dem formal-logischen Gesichtspunkt betrachtet.

Aus dem „allumfassenden Fond“ dieser „alle möglichen Bedeutungen und alle möglichen Gegenstände umspannenden“ Gesetze und Theorien, die die „Idee einer Wissenschaft“ ermöglichen, schöpfe jede theoretische Wissenschaft (d.h. auch die Grammatik) für ihre deduktiv gültigen Theorien die zu ihrer Form gehörenden idealen Gründe ihrer Wesenhaftigkeit (vgl. ebd., 248). Diese Idee einer Wissenschaft (Theorie) weise aber, so die dritte Aufgabenebene in § 69, über sich hinaus auf eine ergänzende Idee, die von den wesentlichen Formen bzw. Formklassen von Theorie und den dazugehörigen Beziehungsgesetzen handelt (vgl. ebd.). Hier wird nicht mehr die Theorie überhaupt, sondern werden die möglichen Theorien erforscht, die aus rein kategorialen Begriffen beider Klassen ausgestaltet werden, aber einen anderen „Gehalt und Charakter“ als die Grund- und Lehrsätze der Theorien der zweiten Arbeitsebene haben (vgl. ebd., 249). Diese nur der Form nach bestimmte Theorie besitzen je ein gegenständliches Korrelat im Begriff eines „möglichen, durch eine Theorie solcher Form zu beherrschenden Erkenntnisgebietes überhaupt“, das eine Mannigfaltigkeit darstellt (ebd., 250).

Die entscheidenden Passagen zu unserem Thema finden sich

erst in der 4. Logischen Untersuchung. In der Einleitung zu den LU II hatte Husserl von den notwendigen „sprachlichen Erörterungen jener allgemeinsten Art“ im Beginn der Untersuchungen zwecks Grundlegung der reinen Logik gesprochen. In der kurzen Einleitung zur 4. Untersuchung selbst wird deren Aufgabe mit der Klärung des „fundamentalen Unterschied[es] im Gebiet der Bedeutungen“ umschrieben, „der sich hinter unscheinbaren grammatischen Unterscheidungen“ zwischen selbständigen und unselbständigen Ausdrücken samt ihrer jeweiligen Gegenstände und Bedeutungen verbirgt (Hua XIX/1, 301). Diese Klärung ermögliche es, diejenigen Bedeutungskategorien bzw. Bedeutungsformen festzustellen, in welchen rein grammatische Bedeutungsgesetze wurzeln, die „von der objektiven Gültigkeit (realen formalen Wahrheit bzw. Gegenständlichkeit) der Bedeutungen absehen[...]“ (ebd., 302).

Hier ist zunächst einmal von „apriorischen Bedeutungsgesetzen“ die Rede, die „noch nicht die im prägnanten Sinn sogenannten logischen Gesetze“ sind, sondern der reinen Logik sinnvolle apriorische „Bedeutungsformen“ (syntaktische Formen) vorgeben, indem sie unsinnige, d.h. bedeutungslose Verbindungen, Komplexionen von Bedeutungen bzw. Ausdrücken ausscheiden. Erst die apriorischen logischen Gesetze im prägnanten Sinne regeln ihre „ »formale« Wahrheit bzw. »Gegenständlichkeit«“, scheiden den formalen, analytischen Sinn vom formalen, analytischen Widersinn, Widerspruch. Ein logischer Widersinn besteht u.a. in der Gegenstandslosigkeit einer eigentlich sinnvollen (bedeutsamen) und damit verstehbaren Aussage (vgl. Tugendhat 1976, 144). Die logischen Gesetze bezwecken die Geltung der „ »formalen« Wahrheit“ bzw. „ »Gegenständlichkeit«“ der Bedeutungen und Ausdrücke (Hua XIX/1, 302). Die apriorischen „Bedeutungsgesetze“ dagegen sehen von der Frage nach der objektiven Gültigkeit, Wahrheit, Gegenständlichkeit der Bedeutungen (Ausdrücke) ab, sie umschreiben nur die formalen Forderungen von deren Sinnhaftigkeit für den Fall, daß sich „Bedeutungen der verschiedenen Bedeutungskategorien [...] zu einer [Satz- oder Aussage-]Bedeutung vereinen“ (ebd.).

Für mich stellt sich der Sachverhalt so dar, daß der von Husserl gebrauchte Ausdruck „*noch nicht*“ wohl das Bedeutungsgebiet mit seinen apriorischen Gesetzen der verbindenden, komplektierenden Bedeutungs- bzw. Ausdrucksformen vom Gegenstandsgebiet mit seinen die objektive Geltung regelnden Gesetzen der Logik im prägnanten Sinn unterscheidet, nicht jedoch aus der reinen Logik ausschließen will. Heißt es doch im Anschluß: „*Innerhalb* der reinen Logik gibt es eine Sphäre von aller Gegenständlichkeit [d.h. formal widerspruchsfreier objektiver Geltung - C.M.] absehender Gesetze, die, im Unterschiede von den logischen Gesetzen im üblichen und prägnanten Sinn [welche die formale Möglichkeit der gegenständlichen Beziehung von Bedeutungen klären - C.M.], mit guten Gründen als *reinlogisch grammatische* zu bezeichnen wären." (ebd., 302/03). Die »reinlogische Grammatik« erforscht die unter apriorischen Gesetzen stehenden Verbindungsformen der Bedeutungen bzw. sprachlichen Ausdrücke, die ihre Komplexion regeln (vgl. ebd., 325). Der Ausdruck „reinlogisch" bedeutet hierbei „apriorisch-formal".[9] Die grammatisch-formalen Bedeutungsgesetze müssen „im weiteren Wortsinn [eben auch - C.M.] als formale logische Gesetze gelten" (ebd., 342). Sie lassen dabei völlig offen, ob sie „gegenständlich" oder „gegenstandslos" sind, weisen aber der Logik im engeren Wortsinn die möglichen Bedeutungsformen für ihre den formalen Widersinn ausschließenden Gesetze zu. Die „reine Formenlehre der Bedeutungen"[10] bzw. der sinnvollen Satzformen bilde somit eine „erste und grundlegende Sphäre" „*innerhalb* der reinen Logik" (ebd., 347).

[9] Die Tatsache, daß Husserl in der 2. Auflage nicht mehr den Terminus „reine Grammatik" gebraucht, sondern den modifizierten Terminus „reinlogische Grammatik" (ebd., 342) bzw. „reinlogisch-grammatische Sphäre" (ebd., 302) vorzieht, erklärt sich aus der Präzisierung, daß sich die apriorische Grammatik nicht in dem Apriori der Bedeutungsformen erschöpft. Er begründet diese terminologische Modifikation mit der Einsicht, daß „die reine Formenlehre der Bedeutungen [keineswegs - C.M.] das gesamte allgemein-grammatische Apriori umspanne", sondern nur den Teil, den er als „reinlogischen" heraushebt (ebd., 348/49 Anm. 1).

[10] „Es handelt sich also in einer reinlogischen Formenlehre der Bedeutungen" zunächst um die Fixierung der einfachen, ursprünglichen, primitiven grammatischen, d.h. morphologischen und syntaktischen Formen der logischen Urteile oder Sätze (ebd., 337/338). Eine »gültige« einfache grammatische Verknüpfungsform (»und«, »wenn«) liefert wirklich seiende Bedeutungen. Zu jeder einfachen Form gehört ein apriorisches Existenzialgesetz, das die Formung wirklicher Bedeutungsverknüpfung vom Angehören der verknüpfenden Termini zu gewissen grammatischen Bedeutungskategorien abhängig macht. „Die wissenschaftliche Fixierung dieser Kategorien ist offenbar eine der ersten Aufgaben unserer Formenlehre" (ebd., 339).

Abschließend spricht Husserl im § 14 auch vom „unteren“ und „oberen“ Gebiet der reinen Logik (vgl. ebd., 348, 350). Beide „logischen Sphären“ dürften nicht beständig vermengt werden (vgl. ebd., 350 Anm. 3). Sie sind durch ihre „negativen Gegenstücke“ als „die Sphären des Unsinns und des formalen Widersinns“ zu scheiden. In den Bestand des „unteren Gebietes“ der reinen Logik als der von Husserl angestrebten Grundwissenschaft gehören die formalen Bedeutungsgesetze bzw. Bedeutungstypen.[11] Die Logik „im prägnanten Sinne“ mit ihren formalen - „reinlogischen“ - Gesetzen, die „die Fragen nach der Wahrheit, Gegenständlichkeit, objektiven Möglichkeit“ aufwirft, bleibt „noch außer Spiel“ (ebd., 348), ist „für die Grammatik sicherlich gleichgültig“ (ebd., 350 Anm. 3). Umgekehrt gilt die Gleichgültigkeit des unteren für das „obere Gebiet“ nicht. Das „untere logische Gebiet“ als ein „fundierendes Gebiet der reinen Logik“, bezeichnet Husserl, wie bereits ausgeführt, zunächst als die „reine Grammatik“, in der 2. Auflage als „reinlogische Grammatik“.

Die ein unteres und oberes Gebiet umfassende reine Logik ist folglich auf zwei Ziele gerichtet: ihre „*reine Geltungslehre*“ der gegenständlichen Bedeutungen, die von den logischen Gesetzen im prägnanten Sinne getragen wird, setzt die „*reine Formenlehre der Bedeutungen*“ voraus, die die Gesetze umfaßt, die von der objektiven Geltungslehre absehen. Die reinlogisch-grammatische „Lehre vom Wesensbau der Bedeutungen und den Gesetzen ihrer Formenbildungen“ bildet somit das Fundament „*in* der reinen Logik der Bedeutungen“ (ebd., 337). Weil die auf objektive Geltung gerichtete Logik von der Frage der grammatischen Sinnhaftigkeit der Bedeutungen bzw. Verbindungsformen nicht absehen kann, haben „Logik *und* Grammatik“ gleichsam die fundamentale Aufgabe, die „das Reich der Bedeutungen umspannende apriorische Verfassung herauszustellen, das apriorische System der formalen, d.i. alle sachhaltige Besonderheit offenlassenden Strukturen in einer »*Formenlehre der Bedeutungen*« zu erforschen“ (ebd., 329). Nur daß dabei die Grammatik auf die objektive Geltung der Formen keine Rücksicht zu nehmen hat, die Logik aber wohl.

11 Als „Bedeutungstypen“ stellt die „reine Formenlehre“ der Bedeutungen u.a. „die Grundformen der Sätze“ heraus, die „im idealen Wesen der Bedeutungen als solcher wurzeln [...]“ (ebd., 347).

[3.] Die fundamentale Aufgabe zielt auf die formalen Strukturen aus syntaktischen »Stoffen« (syntaktischen Substraten, d.h. Variablen), die unter festen grammatischen Bedeutungskategorien (z.B. »Verb«, »Substantiv«) stehen, und syntaktischen, verbindenden Satz-»Formen«, die sich zu einem festen »Formensystem« zusammenschließen. Das jeweils konkrete Ineinander von »Stoffen« (Variablen) und »Formen« bilde die konkrete Bedeutung, die wiederum einer reinen Gestaltidee (Kategorie) untersteht, der ein apriorisches Bedeutungsgesetz entspricht (vgl. ebd., 329). Das Zergliedern sinnvoller Ausdrücke, Sätze in sinnvolle Teile läßt sich nach Husserl nicht beliebig vorantreiben: wir gelangen irgendwann zu form- und bedeutungslosen syntaktischen Stoffen, d.h. zu sinnlichen Wortlauten ohne Sinn, zu „letzten" Wortstoffen. Hier wiederholt sich wohl das Problem nichtintentionaler Inhalte.

Obwohl rein logisch betrachtet für Husserl aller Bedeutungswandel von Ausdrücken (d.h. ihre Modifikation) eine Abnormität ist - fordert die apriorische Logik doch die Konstanz der identisch-einheitlichen Bedeutungen -, komme er dennoch in den realen, natürlichen Sprachen vor: das logisch Abnorme erscheint somit empirisch-grammatisch als sanktioniert. Die anormale Funktionsweise der Ausdrücke werde dann u.a. durch »[...]« angezeigt (vgl. ebd., 331). Die Änderungsweise der syntaktischen Form bzw. der Bedeutungskategorie (z.B. von der Form des Adjektivs zu der des Substantivs) gegenüber dem syntaktischen Stoff des Satzes (»grün«) ist als ein Hauptthema der Deskription durchgehender Strukturen des Bedeutungsgebietes zu fixieren: aus »der Baum ist *grün*« wird z.B. »*Grün* ist eine Farbe« (vgl. ebd., 333/34). Die grammatischen Regeln der Verknüpfung von Redeteilen bilden die grammatische Ausprägung bzw. Anwendung der logisch-grammatischen apriorischen Gesetzmäßigkeiten. Daneben gibt es zufällige Sprachgewohnheiten und Tatsächlichkeiten in einer Sprachgenossenschaft (vgl. ebd., 335/36).

In den *Ideen* I (§ 11) kommt Husserl noch einmal auf die in den *Prolegomena* und in der 4. Logischen Untersuchung getroffene Unterscheidung zwischen „Bedeutungskategorien", einschließlich der grammatisch-syntaktischen Formen der Wörter und Sätze bzw. Wort- und Satzverbindungen, und „formal-gegenständlichen Kategorien", „syntaktischen Gegenständen" zu sprechen. Beide Klassen von Kategorien versteht er hier wie in den Prolegomena (11.

Kapitel, §§ 67-69) als „logische Kategorien“ (vgl. Hua III/1, 28-30). Husserl hält es für wichtig zu betonen, daß nicht nur die Beschreibung der formalen syntaktischen Gegenstände auf das Thema der „letzten Substrate“, d.h. syntaktisch-formloser Substrate sprachlicher Gebilde führt, sondern daß auch die „reine Formenlehre der Bedeutungen“ über die „letzten Termini“, d.h. die variablen Stoffe einer syntaktischen Form auf letzte Substrate der Satzform eines Satzes führe, die keine „syntaktische Formung“ mehr enthalte (ebd., 29/30).

Die Schwierigkeit, die sich in dem Zusammenhang stellt, ist die, zu entscheiden, inwieweit die reine Grammatik als Formenlehre der sprachlichen Ausdrücke, Bedeutungen und Verbindungen es ausschließlich mit den syntaktischen Formen (Satzform, Satzbau, Satzglieder) zu tun hat oder auch mit den syntaktischen Gegenständlichkeiten, die an und für sich von der formalen Ontologie erforscht werden. (Vgl. ebd., 27 Anm. 2) Faßt Husserl die syntaktische (Verknüpfungs- oder Satz-)Form nicht gleichzeitig als syntaktischen/s Stoff/Substrat auf, wenn das Verknüpfungsresultat laut Gesetz derselben Bedeutungskategorie angehört und erneut durch die gleiche syntaktische Form (»und«) verknüpft werden kann?[12] So wenn Husserl beschreibt, wie der »Stoff« durch eine Verknüpfungs-»form« substituiert werden kann (vgl. ebd., 339/40). Kommen wir doch zu deduktiv gesicherter Gültigkeit durch das Ersetzen der Verknüpfungstermini in den einfachen Formen durch eben diese Verknüpfungsformen. Die so gebildeten Bedeutungsverknüpfungen existieren notwendig, d.h. müssen „einen einheitlichen Sinn darstellen“. So erschließe sich uns die formale apriorische Konstitution des Bedeutungsgebietes.

III.

Hinsichtlich der Frage, inwieweit Husserls Lehre von den reinen logisch-grammatischen Formen der Bedeutungen dem entspricht bzw. sich von dem unterscheidet, was seinerzeit die Logik, die theoretische Sprachwissenschaft und die Sprachphilo-

[12] „Wieder gehören zu zwei beliebigen Sätzen *M, N* die primitiven Verknüpfungsformen »*wenn M, so N*« [...] derart, daß das Resultat wieder ein Satz ist“ (Hua XIX/1, 339).

sophie auf dem Gebiet der Bedeutung vorlegten, lassen sich nicht nur interessante Bezüge zu Marty herstellen, sondern auch zu dem der Marburger Schule des Neukantianismus entstammenden E. Cassirer. So macht Orth in dem bereits erwähnten Beitrag darauf aufmerksam, daß Cassirer als ein von der Phänomenologie beeinflußter Denker einen vielleicht größeren Beitrag zur Sprachphänomenologie beisteuert als Husserl und die orthodoxen Phänomenologen selbst (Orth 1979, 13/14). Deshalb sollen uns hier weniger Würdigung und Kritik Husserls durch Marty (Vgl. Marty 1908, §§ 20/21, 61-66) interessieren, als vielmehr Cassirers Überlegungen zur Sprache als einem philosophischen Problem. Selbstverständlich kann dabei das grundsätzliche und vielschichtige Verhältnis von Phänomenologie und Philosophie der symbolischen Formen nicht dargestellt oder umrissen werden (Siehe dazu Orth 1995; Möckel 1998, 138-154).

Der veröffentlichte Briefwechsel beider Denker, die jeweils die Werke des anderen mit Interesse verfolgen, zeugt von gegenseitigem Respekt. In vielen Schriften Cassirers sind die vielfachen Berührungspunkte der philosophischen Positionen beider Philosophien explizit angesprochen, die gründliche Kenntnis der LU dokumentiert er seit 1907. Von der beiderseitigen Hochschätzung zeugt u.a. die Tatsache, daß Husserl die 1910 veröffentlichte programmatische Schrift Cassirers *Substanzbegriff und Funktionsbegriff* am „1. Oct[ober] 1910 vom Verfasser“ erhält und sie seiner privaten Bibliothek einfügt. Nachdem er schon Cassirers 1906 erschienene Habilitationsschrift (Cassirer 1999a) „mit soviel Freude und Anregung gelesen“ hatte, knüpft er nun „an das Studium dieses Werkes nicht geringe Erwartungen“, wie es in einem Dankesbrief an Cassirer heißt (Husserl an Cassirer, 3.IV. 1925, HusDok III, V, 3). Besonders bei der Kritik und Ablehnung der traditionellen empiristischen und psychologistischen Abstraktionstheorie, die gemeinsame Merkmale an sinnlich-anschaulichen Einzeldingen zu Gattungsbegriffen erhebt, deckt sich der Standpunkt Cassirers mit der Position, die Husserl in der 2. Logischen Untersuchung entwickelt, weshalb er diese Untersuchung auch mehrfach würdigend zitiert (Cassirer 1994a, 33).[13]

[13] Bereits 1907 hatte Cassirer auf die in den LU II enthaltenen „treffenden Einwendungen gegen Berkeleys Repräsentationstheorie“ verwiesen (Cassirer

Cassirer, dem Husserl später einmal bescheinigt, „den alten Marburger Kantianismus um phänomenologische Motive, ja um eine große und echte phänomenologische Problematik“ bereichert zu haben (Husserl an Cassirer, 3.IV. 1925, HusDok III, V, 4), legt 1923 mit dem Werk *Die Sprache* nicht nur ein beeindruckendes kulturphilosophisches Konzept vor, sondern eben auch eine Geschichte der Sprachwissenschaft bzw. Sprachphilosophie und eine eigene sprachphilosophische Theorie, die sich derjenigen Humboldts eng verbunden weiß (vgl. Göller 1986). Eigentümlicherweise finden in dem Buch zwar Martys Auffassungen, nicht jedoch Husserls LU explizit Erwähnung, dagegen wird mehrfach auf die Hegelsche *Phänomenologie des Geistes* angespielt (vgl. Möckel 2000); und auch Husserl nimmt im Briefwechsel mit Cassirer in den darauf folgenden Jahren keinen Bezug auf die bedeutsame sprachphilosophische Schrift seines Briefpartners. Dennoch sind Husserl und die *Logischen Untersuchungen* in vielen Schriften und Beiträgen Cassirers präsent. So in seinem letzten Vortrag, den er im Februar 1945 kurz vor seinem Tode vor dem Linguistic Circle in New York unter dem Titel *Strukturalismus in der modernen Linguistik* hält (vgl. Cassirer 1993a).

Der Vortrag beschäftigt sich sowohl mit der Geschichte der Sprachwissenschaft bzw. Sprachphilosophie bis in die 40er Jahre als auch mit der Geschichte derjenigen universellen philosophischen Methode, die in der strukturalistischen Linguistik z.B. bei R. Jakobson (vgl. Holenstein 1975) ihre Besonderung erfuhr. Dabei vertritt auch Cassirer den von Husserl eingenommenen Standpunkt, daß sprachwissenschaftliches bzw. sprachphilosophisches Denken neben einem historisch-empirischen Vorgehen auch einer allgemein-philosophischen Deutung und Erklärung bedarf.[14] In

1999b, 250).

[14] Hier wäre u.a. noch zu klären, inwieweit die Begriffe Grammatik und Sprachwissenschaft/Linguistik überhaupt synonym gebraucht werden dürfen, besitzen doch die Ausdrücke Sprachwissenschaft, Linguistik und Grammatik keinen völlig identischen Inhalt. Marty grenzt in den §§ 2 und 3 zudem Sprachwissenschaft und Sprachphilosophie ab, indem er letztere neben der Sprachgeschichte zu einem Teil ersterer erklärt (vgl. Marty 1908, 4 ff., 19 f.). Husserl will reine Grammatik nicht als „allgemeine“ Grammatik, sondern als Teildisziplin der allgemeinen, philosophischen Sprachwissenschaft verstanden wissen, die sich an der Logik und nicht an der Psychologie orientiert, wie Marty irrtümlich meine (vgl. Hua XIX/1, 349 Anm. 2). Der russische Linguist A.N.

dem Zusammenhang konstatiert auch er, daß die Ende des 19. Jahrhunderts historisch und vergleichend vorgehende Linguistik den „logischen Aspekt der menschlichen Sprache? vergessen hatte (Cassirer 1993a, 320). Diese Einschätzung könnte der 4. Logischen Untersuchung entnommen sein, heißt es doch da u.a., daß „in unserer Epoche? der Sinn für die „apriorische Wissenschaft" in „grammatischen Dingen" „zu verkümmern droht", während „empirisch-allgemeine Forschungen" stetig ausweitet werden (vgl. Hua XIX/1, 346).

Cassirer fährt mit der Feststellung fort, daß das vernachlässigte „logische Interesse an der menschlichen Sprache" durch Husserls *Logische Untersuchungen* - er hat u.a. die *Prolegomena* und ihr Konzept der reinen Logik idealer Bedeutungen im Auge -, einen „neuen und machtvollen Impuls" erfahren hat: „In der philosophischen Welt hatte Husserls Werk die Wirkung eines reinigenden Gewitters. Es vertrieb die Wolken und klärte die gesamte geistige Atmosphäre" (Cassirer 1993a, 322). Bei allen Kontroversen zu unmittelbarer Intuition und symbolischer Repräsentationstheorie zeigt diese Bemerkung klar und deutlich, daß sich Cassirer mit Husserl einig weiß im Zurückweisen empiristischer und psychologistischer Argumentationen, wenn es um grundsätzliche philosophische Fragen geht. Bereits im zweiten Band des *Erkenntnisproblems* (1907) hatte er sich zu dem von Husserl in der *Prolegomena* herausgestellten Gegensatz zwischen logischen und psychologischen Auffassungen bekannt und im Manuskript über die Basisphänomene (1940) sieht er das Verdienst der LU, ihren „Kern" darin, daß sie „das Thema einer allgemeinen Bedeutungslehre und Formenlehre" gegenüber der vielfältigen psychologistischen Verkennung und Mißdeutung wieder sichtbar machen (vgl. Cassirer 1999b, 482; Cassirer 1995, 178).

Allerdings - so schränkt Cassirer im Vortrag von 1945 den Husserlschen Impuls für die philosophische Sprachtheorie wieder ein

---

Gvozdev wiederum gliedert - an Hand der Darstellung der modernen russischen Literatursprache - die Sprachwissenschaft in drei Hauptgebiete: die ersten beiden Gebiete, I. die Phonetik (Lautlehre) samt Orthoepie (Lehre der Aussprache) und II. die Orthographie (Lehre der Schreibweise), befassen sich mit den „Tatsächlichkeiten" (Cassirer) der Sprache. Die eigentliche Grammatik (III.) mit ihren Untergebieten Morphologie (Formenlehre der Worte) und Syntax (Satzlehre) erforsche den formalen Bau der Sprache (vgl. Gvozdev 1973).

- habe der alle Verbindung und Kommunikation zwischen reiner Logik und empirischer Psychologie auf einmal zerschnitten, ohne die jedoch keine „kohärente Sprachtheorie" zu entwickeln sei. Hier soll zunächst nur angemerkt werden, daß Husserl gegen Ende des § 14 genau diesen Zusammenhang anzumahnen scheint. So mit der Aufforderung an die empirisch-historisch forschenden Sprachwissenschaftler, „sich die Einsicht zuzueignen, daß die Sprache nicht bloß ihre physiologischen, psychologischen und kulturhistorischen, sondern auch ihre apriorischen Fundamente hat" (Hua XIX/1, 346/47). Die apriorischen Fundamente jeglicher Sprache sind die „wesentlichen Bedeutungsformen und die apriorischen Gesetze ihrer Komplexion bzw. Modifikation", die Husserl in den idealen Bedeutungen selbst wurzeln sieht.

Interessant ist auch, daß Cassirer in seinem Werk *Die Sprache* (1923) sich auf einen weiteren Gedanken der LU bezieht, ohne diese zu erwähnen. Im § 14 der 4. Logischen Untersuchung findet sich ein Absatz, in dem Husserl „von aller Frage der objektiven Geltung" der Bedeutungen absieht und sich auf „das rein im gattungsmäßigen Wesen der Bedeutung als solcher" wurzelnde Apriori der Form beschränkt, was „das zweifellose Recht des vom Rationalismus des 17. und 18. Jahrhunderts konzipierten Gedankens einer universellen Grammatik" erkennen lasse (ebd., 344). Hier stellt er seine „Idee einer rein[logisch]en Grammatik" in die Tradition des idealistischen Rationalismus, die von den einzelwissenschaftlichen Forschungen und Fortschritten des 19. Jahrhunderts beiseite gedrängt werden sollte. Und auch Cassirer konstatiert, daß mit diesem Ideal des alten Rationalismus in der Sprachwissenschaft und Sprachphilosophie der Jahrhundertwende das Verständnis des logischen Gehaltes der Sprache verloren gegangen sei.[15]

Wenn Cassirer im Weiteren in seinem Vortrag von 1945 die moderne, angemessene Methode der strukturalistischen Lingui-

[15] „Das Ideal einer schlechthin universellen, einer »philosophischen« Grammatik, dem noch der Empirismus und der Rationalismus des 17. und 18. Jahrhunderts auf verschiedenen Wegen nachgegangen waren, schien seit der Grundlegung der wissenschaftlichen Sprachvergleichung ein für allemal zerstört: nun blieb nur übrig, die Einheit der Sprache statt in ihrem logischen Gehalt, in ihrer Entstehung und in den psychologischen Gesetzen dieser Entstehung aufzuweisen" (Cassirer 1988, VI).

stik und der Kulturphilosophie überhaupt auf die von Goethe und Cuvier entwickelte Theorie bzw. Methode der »Morphologie« zurückführt, dann fügt er seiner mindestens seit *Freiheit und Form* (1916) manifesten Wertschätzung für den Philosophen Goethe eine letzte Episode hinzu.[16] An der Methode der Morphologie hebt er hervor, daß sie alle Formen eines organischen Ganzen zueinander in Korrelation stehen lasse und folglich keinen Gegensatz zwischen Formhaftem und Tatsächlichem der Sprache, zwischen morphologischen und phonologischen Systemen kennt. Sowohl die Erforschung der realen, sinnlichen Laute der Sprache und ihrer Verschiebung als auch die Beschreibung der idealen Bedeutungen der Wortlaute bilden so ein korrelatives Ganzes, ein Ganzes korrelativer Funktionen (vgl. Cassirer 1993a, 336). Sprache gestalte, realisiere sich als eine symbolische Funktion, [17] die das Ideelle, die ideelle Bedeutung im Reellen, im Zeichen zur Äußerung, zum Ausdruck bringt: „Sprechen ist Bedeutung - ein immaterielles Ding - ausgedrückt in Lauten, die materielle Dinge sind" (ebd., 337).

Verblüffend ist nun, daß sich Husserl mit seinem Terminus einer reinlogisch-grammatischen „Formenlehre" der Bedeutungen (vgl. Hua XIX/1, 302) bewußt oder unbewußt des durch Goethe berühmt gewordenen Begriffs einer Morphologie bedient, selbst die Bezeichnung „morphologisch" wird in den LU explizit gebraucht (vgl. ebd., 337/38). Und auch im § 145 der *Ideen* I greift er im Zusammenhang mit seinem Evidenzbegriff den Begriff der Morphologie bzw. des Morphologischen auf und handelt von einer „systematische[n] bzw. eidetische[n] Morphologie" - also Formenlehre (Hua III/1, 336). Wenn bei Husserl die gesetzmäßigen Bedeutungsverknüpfungen als in die Struktur einer einzelnen Be-

16 In *Freiheit und Form* würdigt Cassirer ausführlich das philosophische Schaffen Goethes, in dem er zunehmend Vorgriffe und Anregungen für sein eigenes Philosophieverständnis sieht (vgl. Cassirer 1961, Viertes Kapitel: Goethe, 171-268). Dabei spielen Goethes Auffassungen von den Bildungsgesetzen der Gestalten, der Formenlehre und der Metamorphose eine zentrale Rolle, zumal er dies weitgehend mit dem verehrten Sprachphilosophen von Humboldt teilt. Auf diese Gemeinsamkeiten hatte Cassirer u.a. in einem Manuskript von 1937 aufmerksam gemacht (vgl. Cassirer 1999c, 170 ff.).

17 „Sprache ist eine »symbolische Form«. Sie besteht aus Symbolen, und Symbole sind kein Teil unserer physischen Welt. Sie gehören zu einem völlig anderen Universum des Diskurses. Natürliche Dinge und Symbole können nicht auf den gleichen Nenner gebracht werden. Die Linguistik ist ein Teil der Semiotik, nicht der Physik" (ebd., 338).

deutung »einge-schrieben« gedacht werden und sich so aus einer einzelnen Bedeutung als Ganzes rekonstruieren lassen, dann erinnert zumindest dieser korrelative Charakter im Verhältnis von Gebiet der Bedeutungsformen und formalem Gegenstandsgebiet an die bei Cassirer unter Bezug auf Goethe herausgearbeiteten organischen, symbolischen und repräsentativen Bezüge zwischen Einzelnem und Ganzen, Tatsächlichem und Möglichem.

Den Übergang der Sprache als einem Zeichensystem mit eigentümlicher symbolischer Funktion des Schöpferischen aus dem Reich der physischen Natur in das kulturelle Reich der Symbole und ideellen Bedeutungen hat der Philosoph der symbolischen Formen einmal mit dem Hinweis auf den Doppelsinn erläutert, wie ihn Husserl in der 1. Logischen Untersuchung »Ausdruck und Bedeutung« durch die Unterscheidung zwischen dem Zeichen als bloßem „Anzeichen“ und dem eigentlichen „bedeutsamen“ Wortzeichen auf den Punkt bringt. Cassirer akzeptiert dabei, daß das subjektiv leistende, deutende und die Bedeutung intendierende Bewußtsein den sprachlichen Ausdruck konstituiert und ihn vom leeren Wortlaut trennt (vgl. Cassirer 1993c, 111). Nicht das symbolische Zeichen nimmt zusätzlich eine Bedeutung in sich auf, sondern erst die Bedeutungsfunktion macht es zum symbolischen Zeichen und Repräsentanten des Ideellen, der »Gestalt« (vgl. Cassirer1988, 42/43).

Er ist sich mit Husserl darin einig, daß eine ausschließlich empirische, historisch oder psychologisch vorgehende Linguistik zu keiner wirklich wissenschaftlich kohärenten Sprachtheorie gelangen wird, da sie die »inneren Sprachformen« nicht hinreichend erklären kann. Es bedarf einer „Logik der Sprachwissenschaft?, die sich aus einer allgemeinen, „erkenntnistheoretischen“ (d.h. philosophischen) Logik heraussondert (Cassirer 1993a, 334) und dabei die „reinen Sprachformen“ herausarbeitet (Cassirer, PSF I, VIII). Allerdings könne sich die »Logik der Sprache« nicht mit den „inneren Sprachformen“ (d.h. Bedeutungsformen) und dem Gesetz des grammatischen Aufbaus der Sprache allein befassen, da diese ihren sprachlichen Ausdruck im bedeutenden Wortzeichen, d.h. in einem Zeichensymbol realisiert (vgl. ebd., 12). Die Lehre von den Bedeutungsformen muß nach Cassirer ihre Ergänzung in einer philosophischen Zeichen- und Ausdruckslehre finden. Da alle anderen symbolischen Funktionen kulturellen Bedeutens sprachlich vermittelt werden, bezeichnet Cassirer die allgemeine Logik der kulturellen Sinnsphären bzw. symbolischen Zeichensysteme einmal als die „Grammatik der symbolischen Funktionen“ (ebd., 19, 24). Es ist an dieser Stelle nicht erforderlich, ausdrücklich und ausführlich darauf hinzuweisen, daß Husserl allen Zeichen- und Symboltheorien äußerst ablehnend gegenüber steht, auch wenn er und Cassirer gelegentlich unter den Termini etwas anderes verstehen (vgl. Möckel 1996, 69 ff.; Möckel 1998, 148 ff.).

Auffällig ist zudem die Husserl und Cassirer gemeinsame Wertschätzung der Sprachphilosophie W.v. Humboldts. In der letzten Anmerkung zur 4. Logischen Untersuchung hebt ihr Autor mit Genugtuung hervor, daß „wir uns mit dem hier Vorgetragenen dem großen [...] hochverehrten Forscher einigermaßen annähern“ (Hua XIX/1, 351). Sowohl in dem Werk *Die Sprache* als auch in einer Reihe von Vorträgen und Aufsätzen arbeitet Cassirer die grundsätzliche Bedeutung Humboldts für seine eigene Sprachphilosophie, aber auch für die philosophische Methode überhaupt heraus. So hebt er das tiefe Verständnis Humboldts dafür hervor, daß zu jedem Akt sprachlicher Bezeichnung eines Begriffs noch „eine eigene formale Bestimmung hinzutreten [muß], durch die der Begriff in eine gewisse Kategorie des Denkens versetzt, also z.B. als Substanz, als Eigenschaft oder Tätigkeit bezeichnet wird“ (Cassirer 1988, 106/07). Damit wird der einzelne Fall, das individuelle Wort auf die Gesamtheit der möglichen Fälle in der Sprache bezogen. Eines der Verdienste von Humboldts Sprachphilosophie sieht Cassirer darin, die historisch-genetische Frage nach dem »Woher« der einzelnen Sprachbegriffe durch die philosophische Frage nach ihrem »Was« ersetzt zu haben (Cassirer 1994b, 101).

Die gelegentlich anzutreffende These, wonach sich die Husserlsche Theorie der Bedeutung, ihre Interpretation des Verhältnisses von Bedeutung und Gegenstand eines Ausdrucks gegen dasjenige sperre, was die Sprachwissenschaft bzw. Sprachphilosophie nach W.v. Humboldt als „innere Form“ und Bedeutung untersucht, bedarf noch einer gründlichen Befragung der phänomenologischen Bedeutungstheorie. Wenn Cassirer - im Anschluß an Humboldt - von der „inneren Sprachform“ spricht, die das Gesetz des Sprachaufbaus bestimmt (vgl. Cassirer 1988, 12), dann werden jedenfalls nicht nur die ideellen Bedeutungen gemeint, die Ausdruck durch materielle sprachliche Zeichen erfahren, sondern auch die gesetzmäßigen Verbindungsformen der Bedeutungen, um sinnvolle Aussagen/Sätze zu bilden.[18] In dem Zusammenhang verweist er auf die wichtige Funktion der kategorialen Formung, „insbesondere durch die Kategorien der Relation als die grundlegenden Verhältnisbegriffe", die jeglichen »Stoff«, jegliches »Substrat« erst zum sprachlich ausgedrücktem Gegenstand werden lassen.[19] Cassirer scheint damit um ein Problem zu ringen, daß auch in der phänomenologischen Sprachtheorie Husserls aufgeworfen wird.

Literatur

Apel, Karl-Otto (1976), Transformation der Philosophie. Band 1: Sprachanalyse, Semiotik, Hermeneutik. Frankfurt/Main: Suhrkamp.

Bermes, Christian (1996), Wittgensteins Phänomenologie. Phänomenologie als Motiv und Motivation Wittgensteinscher Philosophie. In: Phänomenologische Forschungen. NF 1, 1. Hb., S. 5-21.

Cassirer, Ernst (1999a), Das Erkenntnisproblem in der Philosophie und Wissenschaft der neueren Zeit. Erster Band. In: Ders., Gesammelte Werke. Hamburger Ausgabe 2, Hamburg: Meiner.

Cassirer, Ernst (1999b), Das Erkenntnisproblem in der Philosophie und Wissenschaft der neueren Zeit. Zweiter Band. In: Ders., Gesammelte Werke. Hamburger Ausgabe 3, Hamburg: Meiner.

Cassirer, Ernst (1994a), Substanzbegriff und Funktionsbegriff. Untersuchungen über die Grundfragen der Erkenntniskritik. Darmstadt: Wissenschaftliche Buchgesellschaft.

Cassirer, Ernst (1961), Freiheit und Form. Studien zur deutschen Geistesgeschichte. Darmstadt: Wissenschaftliche Buchgesellschaft.

Cassirer, Ernst (1988), Philosophie der symbolischen Formen. Teil I: Die Sprache. Darmstadt: Wissenschaftliche Buchgesellschaft.

Cassirer, Ernst (1964), Philosophie der symbolischen Formen. Teil III: Phänomenologie der Erkenntnis. Darmstadt: Wissenschaftliche Buch-

[18] „[Die innere Sprachform - C.M.] offenbart sich nicht nur in der allgemeinen Struktur, in dem, was wir den grammatischen Bau der Sprachen nennen, sondern sie tritt bis in die individuellen Besonderungen der Bezeichnung, die als solche stets zugleich Besonderungen der Auffassung sind, hervor" (Cassirer 1993b, 263).

[19] „Und in der Tat sehen wir, nach Humboldt, in allen wahrhaft durchgebildeten Sprachen die Trennung zwischen Stoff und Form, zwischen Dingbestandteil und Relationsbestandteil, vollzogen und doch auf der anderen Seite beide zu reiner Einheit zusammengefaßt" (ebd., 264).

gesellschaft.
Cassirer, Ernst (1995), Zur Metaphysik der symbolischen Formen (hg. von John Michael Krois). In: Ders., Nachgelassene Manuskripte und Texte 1, Hamburg: Meiner.
Cassirer, Ernst (1999c), Ziele und Wege der Wirklichkeitserkenntnis. (hg. von Klaus-Christian Köhnke und John Michael Krois). In: Nachgelassene Manuskripte und Texte 2, Hamburg: Meiner.
Cassirer, Ernst (1993a), Strukturalismus und moderne Linguistik. In: Ders., Geist und Leben. Schriften zu den Lebensordnungen von Natur und Kunst, Geschichte und Sprache (hg. von Ernst Wolfgang Orth). Leipzig: Reclam, S. 317-348.
Cassirer, Ernst (1993b), Die Kantischen Elemente in Wilhelm von Humboldts Sprachphilosophie. In: Ders., Geist und Leben. Schriften zu den Lebensordnungen von Natur und Kunst, Geschichte und Sprache (hg. von Ernst Wolfgang Orth). Leipzig: Reclam, S. 236-273.
Cassirer, Ernst (1993c), Erkenntnistheorie nebst den Grenzen der Logik und Denkpsychologie. In: Ders., Erkenntnis, Begriff, Kultur (hg. von Rainer A. Bast). Hamburg: Meiner, S. 77-154.
Cassirer, Ernst (1994b), Sprache und Mythos. In: Ders., Wesen und Wirkung des Symbolbegriffs. Darmstadt: Wissenschaftliche Buchgesellschaft, S. 71-167.
Frege, Gottlob (1976), Nachgelassene Schriften und Wissenschaftlicher Briefwechsel (hg. von Hans Hermes u.a.), Zweiter Band: Wissenschaftlicher Briefwechsel (hg. von Gottfried Gabriel u.a.). Hamburg: Meiner.
Göller, Thomas (1986), Ernst Cassirers kritische Sprachphilosophie. Darstellung, Kritik, Aktualität. Würzburg: Königshausen & Neumann.
Gvozdev, Aleksandr Nikolajevic (1973), Sovremennyi russkij literaturnyi jazyk. Cast' I: Fonetika i morfologija, Cast' II: Sintaksis. Moskva: Prosvescenije.
Hoche, Hans-Ulrich (1979), Husserls Phänomenbegriff im Lichte sprachanalytischen Philosophierens. In: Studien zur Sprachphänomenologie. Phänomenologische Forschungen 8, S. 65-90.
Holenstein, Elmar (1975): Roman Jakobsons phänomenologischer Strukturalismus. Frankfurt: Suhrkamp.
Husserl, Edmund (1975), Logische Untersuchungen. Erster Band: Prolegomena zur reinen Logik. In: Ders., Husserliana. Gesammelte Werke XVIII (hg. von Elmar Holenstein). Den Haag: Martinus Nijhoff.
Husserl, Edmund (1984), Logische Untersuchungen. Zweiter Band: Untersuchungen zur Phänomenologie und Theorie der Erkenntnis. I. Teil. In: Ders., Husserliana. Gesammelte Werke XIX/1 (hg. von Ursula Panzer). Den Haag: Martinus Nijhoff.

Husserl, Edmund (1976), Ideen zu einer reinen Phänomenologie und phänomenologischen Philosophie. I. Buch: Allgemeine Einführung in die reine Phänomenologie. In: Ders., Husserliana. Gesammelte Werke III/1 (hg. von Karl Schuhmann). Den Haag: Martinus Nijhoff.

Husserl, Edmund (1974), Formale und transzendentale Logik. Versuch einer Kritik der logischen Vernunft. In: Ders., Husserliana. Gesammelte Werke XVII (hg. von Paul Janssen). Den Haag: Martinus Nijhoff.

Husserl, Edmund (1994), Briefwechsel (hg. von Karl Schuhmann in Verbindung mit Eva Schuhmann), Band V: Die Neukantianer. In: Ders., Husserliana. Dokumente III Dordrecht/Boston/London: Kluwer.

Marty, Anton (1908), Untersuchungen zur Grundlegung der allgemeinen Grammatik und Sprachphilosophie. Erster Band. Halle: Niemeyer.

Möckel, Christian (1996), Das Problem des Verstehens von sprachlichen Ausdrücken. Zur Rezeption von Edmund Husserls 1. Logischen Untersuchung durch Gustav ?pet. In: Recherches Husserliennes 5, S. 53-81.

Möckel, Christian (1998), Einführung in die transzendentale Phänomenologie. München: Fink.

Möckel, Christian (2000), Ernst Cassirers „Philosophie der symbolischen Formen“ als eine erneuerte „Phänomenologie des Geistes“. In: Phänomenologie und Geschichte. Festschrift für Gerd Irrlitz von seinen Schülern und Studenten zum 65. Geburtstag. Zweite veränderte und vermehrte Auflage, Berlin: Humboldt-Universität zu Berlin, S. 128-143.

Mohanty, Jitendranath (1988), Beschreibung und Auslegung als Möglichkeiten für die Phänomenologie. In: Sprache, Wirklichkeit, Bewußtsein. Studien zum Sprachproblem in der Phänomenologie. Phänomenologische Forschungen 21, S. 11-30.

Orth, Ernst Wolfgang (1979), Das Phänomen Sprache und die Sprachlichkeit des Phänomens. In: Studien zur Sprachphänomenologie. Phänomenologische Forschungen 8, S. 7-30.

Orth, Ernst Wolfgang (1995), Phänomenologie in Ernst Cassirers Philosophie der symbolischen Formen. In: Rudolph Enno, Sandkühler Hans Jörg (Hg.), Symbolische Formen, mögliche Welten - Ernst Cassirer. Dialektik Heft 1, S. 47-60.

Schnädelbach, Herbert (2000), Phänomenologie und Sprachanalyse. In: Allgemeine Zeitschrift für Philosophie 25, Heft 1, S. 79-97.

Sokolowski, Robert (1988), Grammatik und Denken. In: Sprache, Wirklichkeit, Bewußtsein. Studien zum Sprachproblem in der Phänomenologie. Phänomenologische Forschungen 21, S. 31-45.

Tugendhat, Ernst (1976), Vorlesungen zur Einführung in die sprachanalytische Philosophie. Frankfurt/Main: Suhrkamp.

Willems, Klaas (1998), Edmund Husserl und Hendrik J. Pos. Phänomenologie, Sprache und Linguistik. In: Phänomenologische Forschungen. NF 3, 2. Hb., S. 211-244.
Wittgenstein, Ludwig (1990), Tractatus logico-philosophicus. Philosophische Untersuchungen. Leipzig: Reclam.

Die Sprache des Geldes. Georg Simmel und die Tragödie der europäischen Kultur

Ferdinand Fellmann

Die Aktualität des Themas Geld bedarf keiner langen Erklärungen. Die Verselbständigung der internationalen Geldmärkte und die dadurch verursachten sozialen und moralischen Verwerfungen stehen jedermann lebhaft vor Augen. Das Schreckensbild des „flexiblen Menschen“, der auszog, um das Scheitern zu lernen, schürt die Angst vor der Globalisierung (Sennett 1998). Weder der längst zusammengebrochene Sozialismus noch das Ideal eines „demokratischen Kapitalismus“ (Novak 1992) bieten für die Betroffenen einen Ausweg. Abgeschnitten von den Gewißheiten der Tradition und der Nation suchen die Menschen vergeblich nach einem archimedischen Punkt, der ihnen inneren Halt gibt. Es sieht so aus, als sei das Geld das Schicksal unserer Kultur.

Um zur Klärung der Situation beizutragen und vielleicht auch Perspektiven aufzuzeigen, wie man damit leben kann, beziehe ich mich auf Georg Simmel, den bedeutenden Soziologen und Kulturphilosophen, der im Jahre 1900 die *Philosophie des Geldes* veröffentlicht hat. Sie gehört neben Edmund Husserls *Logische Untersuchungen* und Sigmund Freuds *Die Traumdeutung* in die Reihe der Bücher, die um die Jahrhundertwende die Weichen für die geistige Entwicklung gestellt haben. Es handelt sich aber nicht nur um eine zeitliche Koinzidenz, sondern um den gleichen Geist, der alle drei Werke beseelt. Obwohl Freud die Psychoanalyse später in die Reihe der Kränkungen einreiht, welche die modernen Wissenschaften dem Menschen zugefügt haben, sind alle drei Bücher von der Überzeugung durchdrungen, durch den Bruch mit der Tradition die Stellung des Menschen zu stärken. Es handelt sich also um Aufbruchsliteratur der Jahrhundertwende, die einen Neuanfang setzen will, der Optimismus verbreitet und vom Positivismus verspieltes Terrain wiedererobern will.

Bei aller Verschiedenheit ihrer Thematik liegt der gemeinsame Nenner der Werke darin, daß sie einer säkularen Denkform zum Durchbruch verholfen haben. Gegenüber dem Positivismus des 19. Jahrhunderts, der das Geistige auf die Feststellung und Beschreibung von Tatsachen beschränken wollte, zeichnet sich die neue Denkform dadurch aus, daß sie nach der von Wilhelm Dilthey 1883 konstatierten „Euthanasie der Metaphysik“ dem Geistigen wieder Eigenständigkeit zuerkennt. Auf eine kurze Formel gebracht, läßt sich die Denkform als „symbolischer Pragmatismus“ bezeichnen (Fellmann 1991). Er besagt, daß Wert und Bedeutung menschlicher Handlungen nicht auf ihrer Teilhabe an überzeitlichen Urbildern, an „Ideen“ beruht, sondern auf der spezifisch menschlichen Form des symbolischen Handelns. Das Denken bleibt auf der Erde, vollzieht aber eine Bewegung von unten nach oben, sodaß sich die Geltung von der Genesis ablöst. So unterscheidet Husserl in der Logik zwischen psychologisch beschreibbaren Akten des Denkens und Gedanken, Freud zwischen dem triebhaften Unbewußten und dem Bewußtsein und Simmel zwischen Bedürfnissen und Wert, der aus diesen hervorgeht, sich aber nicht darauf reduzieren läßt.

Simmels *Philosophie des Geldes* ist als Versuch zu lesen, das Geld als allgemeine Denk- und Lebensform zu rechtfertigen. Kulturphilosophisch schlägt sich das in seiner positiven Bewertung des Lebensstils der Moderne nieder, der in der Freiheit der europäischen Großstädte seinen prägnantesten Ausdruck findet. Das heißt aber nicht, daß Simmel für die Gefahren blind war, die im Gewinn an Freiheit liegen. Postmoderne Euphorie der Beliebigkeit liegt ihm fern. Zur Zeit des Ersten Weltkriegs hat er die europäische Kultur als Tragödie definiert. Darunter versteht er eine unauflösbare Dialektik des modernen Lebens, das zwischen Individuum und Gesellschaft, zwischen Herkunft und Zukunft einen permanenten Ausgleichskampf ausfechten muß. Das scheint mir auch für die gegenwärtige Phase des Übergangs vom 20. ins 21. Jahrhundert zuzutreffen. Die neue Ökonomie zeigt ihr Doppelgesicht nicht nur im Bereich des wirtschaftlichen, sondern auch des kulturellen Lebens. Hier prallen Herkunftsorientierung und Zukunftserwartung ungebremst aufeinander, eine Konfrontation, die ich im Alten Rathaus von Wien besonders lebhaft empfinde. Simmels *Philosophie des Geldes*, ein Werk aus dem preußischen Berlin, kontrastiert mit der Innerlichkeit der alten österreichischen Kultur, deren Werte sich nicht ohne weiteres in die Sprache des Geldes übersetzen lassen. Da liegt die Vision einer „Vereinigung von Wirtschaft und Seele“, von der Robert Musil in seinem Roman *Der Mann ohne Eigenschaften* Diotima träumen läßt, natürlich nahe. Aber die Frage lautet, wie die kalte Sprache des Geldes in die warme Sprache des Herzens übersetzt werden kann.

Die Rechtfertigung des Geldes und der von ihm geprägten Lebensform der Moderne war seinerzeit keine leichtere Aufgabe als heute. Hatte Simmel doch gegen eine mächtige Geistesströmung zu kämpfen, die im Geld den Repräsentanten einer verfehlten Gesellschaftsordnung sah, die es mit allen Mitteln zu überwinden galt. Gemeint ist natürlich der Marxismus, dessen Hauptwerk eine vernichtende Kritik des Geldes enthält. Obwohl Simmel nur spärlich auf Karl Marx Bezug nimmt, ist er sich doch der Bedeutung und Wirkung seines Werkes bewußt. Bezeichnenderweise versteht sich die Philosophie des Geldes nicht als Widerlegung von Marx, sondern Simmel beschreibt in der Vorrede die Absicht seines Buches mit den Worten, es gehe ihm darum „dem historischen Materialismus ein Stockwerk unterzubauen“ (Simmel 1958, VIII). Ist ihm das gelungen? Wenn ja, welche Folgerungen lassen sich daraus für die kulturphilosophische Einschätzung des Geldes ziehen?

Zur Beantwortung dieser Fragen möchte ich Simmels *Philosophie des Geldes* darauf hin betrachten, welche universale Denkform sie repräsentiert, die für die moderne Lebensform prägend ist (I). Sodann werde ich zeigen, welche bewußtseinstheoretischen Voraussetzungen dem zugrunde liegen (II). Schließlich möchte ich im Ausblick auf das 21. Jahrhundert den Beitrag bilanzieren, den die *Philosophie des Geldes* zum Verständnis der geistigen Situation unserer Zeit leistet (III).

I. Das Absolute und das Relative

Simmels *Philosophie des Geldes* macht auf den Leser einen unakademischen, geradezu unwissenschaftlichen Eindruck. Anders als *Das Kapital* von Karl Marx enthält das Buch keine Statistiken, keine Quellenangaben und keine Literaturhinweise. Man kann die Darstellungsweise am besten als idealtypisch bezeichnen. Ziel ist eine allgemeine Wesensbestimmung des Geldes bzw. der durch den Geldverkehr repräsentierten Wertbildung, die sich auf die neukantianische Formel „von der Substanz zur Funktion“ (Cassirer 1994) bringen läßt. Während im ersten „Analytischen

Teil“ eine funktionale Werttheorie, die Wert neben Wirklichkeit als selbständige Kategorie der menschlichen Welterfahrung definiert, entwickelt wird, konzentriert sich der zweite „Synthetische Teil“ des Buches auf das Geld als Interpretationsschema für kulturelle Phänomene wie „individuelle Freiheit“, „Persönlichkeit“ und „Stil des Lebens“ (Fellmann 1994). Hier entfaltet Simmel seine ans Künstlerische grenzende Fähigkeit, durch die Strukturformel des Geldes dem positivistischen Blick verborgen bleibende Phänomene der gesellschaftlichen Wirklichkeit sichtbar zu machen. In diesem Sinn ist die *Philosophie des Geldes* kein wirtschaftswissenschaftliches Buch, kein Beitrag zur Geldtheorie im technischen Sinn, sondern ein philosophischer Traktat, der den logischen Aufbau der gesellschaftlichen Welt beschreibt.

Es wäre reizvoll, einzelne Beispiele der Sichtbarmachung oder, um einen Begriff der ästhetischen Theorie von Paul Cézanne zu gebrauchen, der „Realisation“ vorzuführen, wie beispielsweise soziale Differenzierung im Medium Geld, Objektivierung subjektiver Empfindungen und Beschleunigung des Lebensrhythmus, - alles Phänomene der sich herausbildenden modernen Industrie- und Massengesellschaft, für die Simmel ein geradezu seismographisches Gespür besaß.[1]

Wegen der gebotenen Kürze muß ich mich auf die Darlegung der symbolischen Funktion beschränken, die das Geld zur universalen Lebensform der Moderne macht. Pragmatischer Ausgangspunkt der Funktionsanalyse ist der Tausch, den Simmel als spezifische Form kommunikativen Handelns ansieht, in der jeder Partner als Nehmender und Gebender gleichberechtigt ist. Im Tausch vollzieht sich die Bildung von Werten, welche die individuellen Bedürfnisse der Tauschenden repräsentieren, diese zugleich aber objektivieren.

Die Objektivierung erfolgt in Form der Wechselwirkung, die Simmel später in seiner Soziologie zum leitenden Prinzip der gesellschaftlichen Welt gemacht hat. Wechselwirkung ist mehr als ein Ausgleich, sie bringt einen realen Zuwachs an Wert, der psychologisch darin zum Ausdruck kommt, daß sich beim Tausch jeder als Gewinner fühlen kann, und logisch darin, daß durch die

1 Einen Eindruck der verschiedenen Facetten von Simmels geistiger Physiognomie liefern die Beiträge in dem von Böhringer (1976) herausgegebenen Sammelband.

Relationen zwischen den Tauschobjekten ein verbindlicher Wert entsteht, der in den Objekten selbst nicht enthalten ist. Das ergibt sich daraus, daß im Tausch die Wechselwirkung real zwar nur zwischen zwei Partnern stattfindet, ideal aber die Wertschätzung aller möglichen Tauschpartner eine Rolle spielt (Tauschbarkeit). Der Wert repräsentiert somit den gesamten Markt, der nach liberalistischer Überzeugung daher die einzig funktionierende Instanz der Preisfeststellung bildet (von Hayek 1977).

Eine Bestätigung seiner Analyse der Wechselwirkung als allgemeiner Denkform findet Simmel in der Wahrheitstheorie. Diese sieht das Kriterium der Übereinstimmung von Vorstellung und Sache, die man als Wahrheit zu bezeichnen pflegt, rein syntaktisch in der Zusammenstimmung der Vorstellungen untereinander. Damit zeigt sich Wahrheit im Verhältnis der Teile zum Ganzen, wobei das Ganze nach gestaltpsychologischer Lehre mehr enthält als die Summe der Teile: „Die Einheit der Elemente ist doch nichts außerhalb der Elemente selbst, sondern die in ihnen selbst verharrende, nur von ihnen dargestellte Form ihres Zusammenseins“ (Simmel 1958, 71).

Hier wird die gestaltpsychologische Übersummativität als Repräsentationsverhältnis interpretiert, eine Interpretation, die Simmels Logik des Geldes mit Husserls dritter logischer Untersuchung verbindet, die sich mit der „Lehre von den Ganzen und Teilen“ (Husserl 1968, 225-342) befaßt. Was Husserl wahrnehmungstheoretisch als „wechselseitige Fundierung“ von Sinnesqualitäten nach bestimmten Gesetzen beschreibt, fällt bei Simmel unter die Denkform der Wechselwirkung, die für ihn ganz elementar schon in der Gegenstandswahrnehmung wirksam ist: „Wenn ich den Gegenstand Zucker dadurch als solchen erkenne, daß ich die durch mein Bewußtsein gleitenden Eindrücke: weiß, hart, süß, kristallinisch usw. in eine Einheit zusammenfüge, so heißt das, daß ich diese Anschauungsinhalte als aneinander gebunden vorstelle, daß unter diesen gegebenen Bedingungen ein Zusammenhalt, d. h. eine Wechselwirkung unter ihnen besteht, daß der eine an dieser Stelle und in diesem Zusammenhang da ist, weil der andere es ist, und so wechselseitig“ (Simmel 1958, 71). Erkenntnistheoretisch von Bedeutung ist an dieser Analyse, daß Simmel die Zusammenfügung von Eindrücken zu einer gegenständlichen Einheit, die bei Husserl „intentionale Synthesis“ heißt, von der Wechselwirkung als einer

Funktion abhängig sein läßt, die sich nicht aus der Aktivität des erkennenden Subjekts allein ableiten läßt. Simmel verdeutlicht die Zusammenhangsform der Wechselwirkung am Kunstwerk, dessen „Wahrheit“ nicht in der Referenz, sondern in der Bedeutung „als Verhältnis seiner Elemente untereinander“ liege (Simmel 1958, 71). Die Analogie macht deutlich, daß Wert ebenso wie Wahrheit von Simmel als Relationsbegriff aufgefaßt wird, der sich nicht mehr rein zweckrational als ein Akt der Setzung beschreiben läßt.

Damit ist der Wechsel von der pragmatischen zur symbolischen Ebene vollzogen, auf der sich Simmels Analyse des Geldes bewegt. Der Preis repräsentiert in meßbarer Form den Wert der Güter, der sich im Tausch bildet. Geld fungiert somit nicht nur als Zeichen des Wertes, sondern wird selbst zum Wert. Dadurch nimmt das Geld den Charakter einer Sprache an, insofern man unter Sprache ein durch Regeln geleitetes System der Verwendung von Zeichen versteht. Zur Sprachgemeinschaft gehören neben Sprechern immer auch Hörer, da Sprechen eine Handlung ist, deren einziger Zweck darin besteht, verstanden zu werden. Verstehen und Sprechen stehen im Verhältnis der Wechselwirkung, was sich darin äußert, daß der Sprechende immer zugleich ein Verstehender ist. In der Wechselwirkung von Sprechen und Verstehen bilden sich die Bedeutungen, sodaß Ludwig Wittgenstein die Bedeutung von sprachlichen Ausdrücken auf ihren Gebrauch zurückführen konnte.

Die Analogie der Wert- bzw. Preisbildung zur Bedeutungsbildung in der Sprachpraxis springt in die Augen. Die Grundoperation der Sprache ist die Prädikation, die Grundoperation des Geldverkehrs ist das Bezahlen. Im Akt des Bezahlens, das man auch (eine Rechnung) „begleichen“ nennt, wird ein Wert festgelegt bzw. bestätigt. Bedeutung resp. Wert sind demnach keine abstrakten Entitäten aus dem Reich der Ideen, sondern Objektivationen von Handlungsvollzügen gemäß der Denkform der Wechselwirkung. In den Wert des Geldes gehen die materiellen Lebensverhältnisse ebenso ein wie psychologische Einschätzungen. So hängt die Stärke einer Währung bekanntlich wesentlich vom Vertrauen in die Wirtschaft ab. Die „Realfaktoren“ werden im Geld im dialektischen Sinn aufgehoben, d.h. in „Idealfaktoren“ transformiert, die dem Marktgeschehen die Gesetze vorschreiben. Dabei reicht die Idealität des Geldes tendenziell weiter als die der natürlichen Sprachen. Im Unterschied zu den Wortsprachen, bei denen die Übersetzung schwierige hermeneutische Probleme aufwirft, ermöglicht die Sprache des Geldes vollständige Übersetzung, d.h. Verrechnung von einer Währung in die andere. Die Einführung einer weltweiten Einheitswährung folgt aus der Logik des Geldes zwingend und kann daher nur noch eine Frage der Zeit sein.

Die symbolische Ebene eröffnet Simmel die Möglichkeit, das Geld nicht nur als Instrument, sondern auch als Medium zu begreifen, durch das und in dem sich die Kommunikation in der modernen Kultur abspielt. Der mediale Charakter macht das Geld zur Sprache, man könnte sagen: zur normalen Idealsprache oder besser: zur idealen Normalsprache. Denn das Geld markiert zunehmend die Grenzen der Einen Welt, zu der die historisch differenzierten Lebenswelten derzeit zusammenwachsen. Insofern gibt sich Simmels *Philosophie des Geldes* als vorgezogene europäische Parallelaktion zum *linguistic turn* zu erkennen, der in den angelsächsischen Ländern eingesetzt und die geistige Welt des 20. Jahrhunderts verändert hat. Die Parallele wird dadurch verstärkt, daß auch die sprachanalytische Philosophie vom Pragmatismus ausgeht und von da zur semantischen Analyse vorgedrungen ist.

Simmel hat seine Logik des Geldes nicht explizit als Sprachlogik formuliert, aber es kann kein Zweifel daran bestehen, daß sich sein Ansatz in diese Richtung fortführen läßt. Dadurch wird verständlich, wie Simmel dem Medium Geld eine symbolische Funktion zuschreiben kann, die darin besteht, eine Welt zu erschließen und mit der Welterschließung das In-der-Welt-Sein der Subjekte zu bestimmen. Die Logik des Geldes liefert das Schema für ein lebensweltliches Apriori, dessen Universalität darin liegt, daß der durch das Geld repräsentierte Wert der Spiegel des gesamten Kreislaufs ist. „Wenn Gott rechnet, entsteht eine Welt"; dieser Satz von Leibniz läßt sich auf den Menschen übertragen, wobei allerdings die Recheneinheit nicht mehr die reinen Zahlen sind, sondern das Geld. Denn In-der-Welt-Sein heißt für den Menschen, Rechnungen begleichen. Geld ist in der modernen Welt nichts weniger als ein Existenzial, die Übersetzung der „Sorge" Heideggers. Aber, so wird man entsetzt einwenden, ist das nicht reine „Kolonialisierung der Lebenswelt", die Jürgen Habermas so eindrucksvoll kritisiert hat?

Zur Beantwortung dieser Frage ist ein Blick auf die beißende

Kritik unvermeidbar, die Karl Marx in *Das Kapital* am Geld als der „Hure der Menschen" (Shakespeare) geübt hat (Marx 1970). Marx verdammt das Geld als Ausdruck der Entfremdung des Menschen und der Verkehrung der Welt. Die Entfremdung beginnt mit der Warenform, die den Gebrauchswert der von Menschen erzeugten Dinge in Tauschwert verwandelt: „Fetischcharakter" der Ware. Die Wertverschiebung gipfelt in der Ware Geld. Als den entscheidenden Faktor der Verschiebung erkennt Marx die Form, die er als „phantasmagorische Form" bezeichnet (Marx 1970, 86), da sie den gesellschaftlichen Ursprung der Wertbildung verdeckt. Bei der Ware ist die Form wie beim Geld die Austauschbarkeit, welche die Zirkulation ermöglicht. Dadurch werden die Gegenstände von der Produktion ebenso abgeschnürt wie von der Konsumtion. Als Ware haben die Dinge ihren Wert nur noch in ihrem Verhältnis zueinander, das den Menschen mit dem Schein reiner Sachlichkeit gegenübertritt.

Durch die scheinbare Sachlichkeit des Geldes werden laut Marx die Menschen über die gesellschaftlichen Bedingungen der Werterzeugung getäuscht: „Es steht dem Wert nicht auf der Stirn geschrieben, was er ist. Der Wert verwandelt vielmehr jedes Arbeitsprodukt in eine gesellschaftliche Hieroglyphe. Später suchen die Menschen den Sinn der Hieroglyphe zu entziffern, hinter das Geheimnis ihres eigenen gesellschaftlichen Produkts zu kommen, denn die Bestimmung der Gebrauchsgegenstände als Werte ist ihr gesellschaftliches Produkt so gut wie die Sprache" (Marx 1970, 88). An anderer Stelle findet sich der Vergleich mit der Sprache weiter ausgeführt. Geld wird dort als „entfremdete Sprache" bezeichnet, die den Menschen zur „Falschmünzerei" verleitet. Diese gehe so weit, daß der Mensch sich keine unmittelbar menschlichen Regungen mehr gestattet, da er selbst zum Geld geworden ist.[2]

Blickt man von hier auf die *Philosophie des Geldes*, so sind die Übereinstimmungen in der Analyse unübersehbar. Auch Simmel betrachtet die Form als entscheidenden Faktor der Wert- bzw. Bedeutungsbildung. Die Differenz liegt in der Bewertung. Wo Marx nur Entfremdung sieht, erkennt Simmel auch Befreiung. Die Freiheit besteht nicht nur in der Lösung von den Fesseln naturhafter Reaktionen, sondern auch und in erster Linie in der Verpflichtung,

[2] Vgl. Marx (1968), 445-463.

Regeln im Umgang mit Geld einzuhalten, die der Logik der Wechselwirkung entsprechen. Freiheit steht damit für eine bestimmte Form der Rationalität, die über die instrumentelle Vernunft darin hinausgeht, daß die anderen als gleichberechtigte Partner Anerkennung finden. Ebenso wie man in einer „Privatsprache“ nicht kommunizieren kann, läßt sich mit „Privatgeld“ nichts kaufen. Denn nur unter der Voraussetzung der öffentlichen Anerkennung funktioniert die Zirkulation des Geldes. Wer sich darüber hinwegsetzt, begeht aus der Sicht des Pragmatismus einen „performativen Selbstwiderspruch“.

Wie kommt es zu der unterschiedlichen Sichtweise, die Simmel von Marx trennt? Die Differenz liegt letztlich im Menschenbild. Für Simmel ist der Mensch erst dort ganz Mensch, wo er sich vom Substantialismus der äußeren und inneren Verhältnisse löst und sein Leben den Gesetzen der Form unterstellt. Nicht die krude Natur der Bedürfnisse und der Gefühle, sondern erst deren Artikulation und Transformation befähigt den Menschen dazu, sich selbst als gesellschaftliches Wesen zu artikulieren. In diesem Sinn hat der Kulturphilosoph Ernst Cassirer den Menschen als *animal symbolicum* definiert. Simmels Einsicht in die symbolische Dimension des Pragmatismus macht deutlich, daß sich das Geld keineswegs einer korrigierbaren gesellschaftlichen Fehlentwicklung verdankt, sondern die dem Menschen angemessene Form der Kommunikation seiner Bedürfnisse darstellt. So wie für Wittgenstein die Sprache eine Lebensform repräsentiert, begreift auch Simmel das Geld als die spezifisch menschliche Lebensform. Selbst die Rede von „Sprachspielen“ läßt sich auf das Geld übertragen. Geldspiele werden im *global player* zur universalen Form kommunikativen Handelns, sodaß die Grenzen des Geldes zu den Grenzen der Lebenswelt werden.

Simmel war sich der Kritik von Marx durchaus bewusst und nicht ohne Grund bezeichnet er es als Hauptziel seiner *Philosophie des Geldes*, dem Marxismus ein Stockwerk unterzubauen. Dieses Bild mag zunächst überraschen, da schwer vorstellbar ist, wie man tiefer als der Materialismus gehen kann, der bei den Bedürfnissen und Gefühlen des Menschen als Naturwesen ansetzt. Zumal Simmels Formsprache des Geldes sich eher idealistisch ausnimmt und daher dem zuzurechnen ist, was im Marxismus „Überbau“ heißt. Allerdings zeigt sich hier, daß Simmels

Denken in Wahrheit dialektischer ist als der historische Materialismus. Während Marx nur die Umkehrung des ursprünglichen Repräsentationsverhältnisses beklagt („Also nur, insofern sie [die Gegenstände] ihn [den Mittler, d. h. das Geld] *repräsentieren*, haben sie Wert, während es ursprünglich schien, daß er nur Wert hätte, soweit er sie repräsentierte", Marx 1968, 446), erkennt Simmel die bedeutungsbildende Leistung der wechselseitigen Repräsentation. Er hat gesehen, daß der Mensch als handelndes Wesen zwar von seinen Bedürfnissen abhängt, daß die Handlungen aber erst dann menschlich werden, wenn sie durch Sprache vermittelt von der Wirklichkeit in die Sphäre der Möglichkeiten gehoben werden. Das Geld steht für den „Möglichkeitssinn", der die Wirklichkeit aller erst verständlich und damit für den Menschen erträglich macht. Damit unterläuft Simmel den starren Gegensatz von Unterbau und Überbau, von Materialismus und Idealismus, und macht deutlich, daß im Geld als Medium kommunikativen Handelns Bedürfnis und Bedeutung in einem wechselseitigen Repräsentationsverhältnis stehen, in dem sich das ausdrückt, was wir Kultur nennen. Und da der Mensch für Simmel von Natur aus ein Kulturwesen ist, kann er mit Recht für sich in Anspruch nehmen, mit der *Philosophie des Geldes* der Gesellschaftstheorie des Marxismus ein Stockwerk untergebaut zu haben.

Wahrscheinlich wird diese Argumentation Neomarxisten kaum zufrieden stellen. Sie werden auch heute, wie schon in den 60er Jahren geschehen (durch Hans-Joachim Lieber), Simmel vorwerfen, daß er die soziale Frage ausklammere und damit affirmativ auf dem status quo beharre (Lieber 1974). Sicherlich war Simmel und kein sozialer Revolutionär, geschweige denn ein politischer; er mag als Denker des liberalen Bürgertums zu sehr auf das freie Spiel der Kräfte gesetzt haben. Wie dem auch sei, eins kann man Simmel nicht absprechen: Er hat erkannt, daß die Sprache des Geldes und die ihr zugrunde liegende Denkform der Wechselwirkung das Bewußtsein der Menschen überhaupt erst in die Lage versetzt, ihre Entfremdung als Verkehrtheit der Welt zu empfinden und den Entfremdungsmechanismus zu durchschauen. Solange dem Geld ein Substanzwert zugeschrieben wurde, war die ständisch gegliederte Gesellschaft mit ihren unerträglichen Folgen für die Mehrzahl der Menschen eine schicksalhafte Naturgegebenheit, an der sich scheinbar nichts ändern ließ. Mit großem Nachdruck hat Simmel das im Geld liegende Potenzial der Befreiung des Individuums vom Schein naturwüchsiger Verhältnisse hervorgehoben, eine Bewußtseinsänderung, die einer kopernikanischen Wende des Geistes gleichkommt, von der alle sozialen Revolutionen ihren Ausgang nehmen.

II. Konflikt und Tragödie

Es stellt sich die Frage, welche Einsicht Simmel zu seinem neuen Menschenbild befähigt hat. Zur Beantwortung ist ein Blick auf Simmels Denkwege über die Philosophie des Geldes hinaus erforderlich. Der Dualismus von personaler und sachlicher Kultur, wie Simmel in der *Philosophie des Geldes* die beiden Seiten des Kulturprozesses nennt, hat das Doppelgesicht der sich auflösenden bürgerlichen Gesellschaft vor dem Ersten Weltkrieg geprägt und Simmel hat darauf mit zunehmender Sensibilität reagiert. In der Spätphase seines Denkens, die unter dem Einfluß der Lebensphilosophie von Henri Bergson steht, hat er sich um einen zeitgemäßen Begriff der modernen Kultur bemüht, der die *Philosophie des Geldes* zu Ende denkt. Einschlägig sind zwei Aufsätze: *Der Begriff und die Tragödie der Kultur* sowie *Der Konflikt der modernen Kultur* aus den Jahren 1914 und 1918. Simmels kulturphilosophische Wende bereitet das vor, was wir auch von den beiden anderen Denkern kennen: Freud hat 1930 seine Schrift *Das Unbehagen in der Kultur* veröffentlicht und Husserl etwas später *Die Krisis des europäischen Menschentums und die Philosophie* zum Thema gemacht.[3]

In meiner Rekonstruktion des Simmelschen Kulturbegriffs beschränke ich mich auf die Frage, inwieweit der in der *Philosophie des Geldes* angelegte Sprachcharakter weiterhin zur Geltung kommt und welchen Transformationen er unterliegt. Einen Hin-

[3] Freud erkennt in seiner Schrift das relative Recht der marxistischen Kapitalismuskritik an, da auch er davon überzeugt ist, daß nur „eine reale Veränderung in den Beziehungen der Menschen zum Besitz" die Aggression eindämmen kann. Allerdings weist er das idealistische Menschenbild des Marxismus als haltlose Illusion zurück, sodaß der kommunistische Traum einer klassenlosen Gesellschaft für Freud nicht infrage kommt. Husserl hat das Thema unter dem Titel *Die Philosophie in der Krisis der europäischen Menschheit* 1935 im Wiener Kulturbund vorgetragen. Vgl. dazu Fellmann (1983), 101ff.

weis darauf kann die bereits erwähnte Analogie geben, die Simmel zwischen dem Wert des Geldes und der Wahrheit des Kunstwerkes herstellt. Während Marx die Warenform des Geldes auf rein berechnende Rationalität reduziert, läßt Simmels Analogie die Darstellungsqualität erkennen, welche die Sprache des Geldes mit der Sprache der Kunst teilt. Worin sich die Darstellungsqualität äußert und was sie für das Selbstbewußtsein des modernen Menschen bedeutet, läßt sich an Simmels Kulturbegriff zeigen.

In seinem Aufsatz von 1914 definiert Simmel Kultur als „Weg der Seele zu sich selbst“ (Simmel 1968). Der Weg ist aber kein Königsweg, sondern erweist sich als mühevoller Umweg über die Hervorbringungen und Äußerungen des Menschen. Seine Subjektivität ist immer mehr als „nackte Unmittelbarkeit“, sie ist auf Vermittlungen durch die Formen des objektiven Geistes wie Wissenschaft und Kunst angewiesen. Da diese eine Tendenz zur Verselbständigung zeigen, kann eine Entfremdung zwischen subjektivem Empfinden und objektivem Ausdruck nicht ausbleiben. In der Subjekt-Objekt-Spaltung sieht Simmel den Grund dafür, daß die menschliche Kultur unvermeidlich einen tragischen Verlauf nimmt. Tragödie heißt allerdings nicht „Untergang des Abendlands“, sondern steht für die Spannungen, denen die menschliche Subjektivität durch die unpersönlichen Formen ihrer gesellschaftlichen Artikulation ausgesetzt ist. Simmel erinnert an den „Fetischcharakter“, den Marx den wirtschaftlichen Objekten zuspricht[4] und weist darauf hin, daß auch die Sprache der Entfremdung unterliegen kann. Der Fetischcharakter trifft insbesondere für die Ware Geld zu, dessen Seelenlosigkeit alle Regungen der empfindsamen Seele im Keim erstickt. Was die Herrschaft des Geldes um die Jahrhundertwende für das individuelle Erleben bedeuten konnte, hat Thomas Mann 1901 am Schicksal von Tony Buddenbrock eindrucksvoll dargestellt.

Im Aufsatz von 1918 führt Simmel den tragischen Verlauf der Kultur auf den Gegensatz von Leben und Form zurück. Mit dem Leben-Form-Dualismus erhält der Kulturbegriff eine neue semantische Dimension. Das wird allerdings erst deutlich, wenn man beachtet, woher Simmel den Lebensbegriff bezieht und welche Inhalte er damit verbindet. Sein Lebensbegriff ist wie der aller

[4] Vgl. Marx 1970, 140.

lebensphilosophischen Denker Arthur Schopenhauer verpflichtet, der statt von Kants „Ich denke“ vom „Primat des Willens im Selbstbewußtsein“[5] ausgeht.[6] Für Schopenhauer ist der Wille ein zielloser Drang und das einzig Reale, das wir an unserem eigenen Körper unmittelbar erfahren. Das klingt heute vertraut, kommt in der Nachfolge Kants aber einer Revolution im Selbstverständnis des Menschen gleich. Der Mensch hört auf, Herr im eigenen Hause zu sein, und die ganze Anstrengung seiner Vernunft ist darauf gerichtet, mit dem fremden Gast in seinem Inneren fertig zu werden.

Die Revolution im Selbstverständnis des Menschen hat auch das Denken Freuds geprägt. Schopenhauers Wille tritt bei Freud als das Unbewußte auf, das er in der *Traumdeutung* als „das eigentlich reale Psychische“ definiert, das dem Menschen ebenso unbekannt sei wie das Reale der Außenwelt.[7] Das Bewußtsein gibt nach Freud die Inhalte des Unbewußten nur unvollständig wieder: „Alles, was Gegenstand unserer inneren Wahrnehmung werden kann, ist virtuell“ (Freud 1941, 616). „Virtuell“ heißt nicht „unwirklich“, sondern bezeichnet einen besonderen ontologischen Status zwischen Körper und Geist. Dabei orientiert sich Freud an der Optik, in der unter „virtuellem Bild“ ein solches verstanden wird, das durch die rückwärtige Verlängerung der durch eine Linse gebrochenen Strahlen entsteht. Ein virtuelles Bild kann man im Unterschied zu reellen, d. h. materiellen Bildern zwar sehen, nicht aber auf einem Bildschirm auffangen. Genau so verhält es sich nach Freud mit den unmittelbaren Gegebenheiten des Bewußtseins, sodaß er den Unterschied zwischen Physischem und Psychischem als „Übergang in ein neues Medium“ interpretieren kann. Hier ist daran zu erinnern, daß auch Husserl, der den Begriff des Unbewußten ablehnt, die Bewußtseinsinhalte als „Medium der Phänomenalität“ bezeichnet, aus dem die Wissenschaften ihre Welten „herauskonstruieren“.[8]

Im Licht von Freuds Theorie des Unbewußten erhält Simmels Leben-Form-Dualismus eine neue Dimension. Anders als in der

[5] Siehe Schopenhauer (1988), Kap. 19.

[6] Schopenhauer, dem Simmel neben Nietzsche einen Vorlesungszyklus gewidmet hat, wird in seiner Bedeutung für die Subjekttheorie der Moderne immer noch unterschätzt. Vgl. dazu Fellmann (1993; 1996).

[7] Vgl. Freud (1941), 617.

[8] Vgl. Husserl (1911), 310.

Philosophie des Geldes, in der Leben noch für die positiv konstatierbaren Bedürfnisse steht, wird Leben nun zum Inbegriff auch der Regungen und Wünsche, deren Realität sich die Menschen nur widerwillig eingestehen. Davon war auch Marx noch weit entfernt, da er mit Auguste Comte die naturalistisch-positivistische Auffassung vom Menschen als Bündel von natürlichen Bedürfnissen und Fähigkeiten teilt. Die „verrückte Form“ (Marx 1970, 90) des Geldes verschleiert aber nicht nur, wie Marx argwöhnt, sondern offenbart zugleich den Menschen als „noch nicht festgestelltes Tier“ (Nietzsche). Insofern besteht eine nicht auf den ersten Blick erkennbare Affinität zwischen der Sprache des Geldes und der Sprache der Träume. Im Erwerb und in der Anhäufung von Geld drücken sich oft die geheimen Wünsche und Sehnsüchte der Menschen aus, deren Realisierung sie sich niemals gestatten würden.

Damit bekommt die Form, auch und gerade wenn sie als Geld auftritt, genau die Funktion, die Freud dem Traum zuerkennt, nämlich die eines Mediums, das immer eine Deutung erfordert. Da das Geld nur einen Teil der Wünsche des Menschen repräsentiert, wird es zur „gesellschaftlichen Hieroglyphe“, wie Marx sich ausdrückt. Von hier aus erhält Simmels Absicht, dem Materialismus ein Stockwerk unterzubauen, seine tiefste Bedeutung. Das Sein, das nach marxistischer Doktrin das Bewußtsein bestimmt, entpuppt sich als die Tiefenschicht des Unbewußten, das in der Sprache des Geldes zur Darstellung kommt. Diese Deutung eröffnet Perspektiven für eine Psychoanalyse des Geldes, die Simmel selbst allerdings nicht in Angriff genommen hat.

Hätte Simmel das getan, wäre er wahrscheinlich zu dem Schluß gekommen, den Jean Baudrillard 1976 in seinem Buch *Der symbolische Tausch und der Tod* gezogen hat: Die durch die Sprache des Geldes repräsentierten Werte bleiben virtuell, es sind die „Simulakren“, in denen sich alle Lebensmöglichkeiten durchspielen lassen (Baudrillard 1976). Die Paradigmen der Imitation der Natur sowie der Produktion der Güter werden durch die Ordnung der Simulation „aufgehoben“. Deren Gesetze sind keineswegs weniger zwingend als die Gesetze der materiellen Natur und der Produktionsgesellschaften. Virtuelle Realität hat demnach nichts mit freier Einbildung oder Fiktion zu tun, sondern kennzeichnet einen ontologischen Status zwischen Geist und Materie, dessen Plastizität das Geld vor anderen symbolischen Formen auszeichnet. Die

Semantik der Sprache des Geldes, die sich als vorzügliche Artikulationsform der Tiefenschicht des Bewußtseins erweist, ist eine Mögliche-Welten-Semantik, in der die Intension die Extension der Ausdrücke festlegt. In der Praxis heißt das: Erfolg oder Mißerfolg der Geschäfte legen den Menschen nicht für immer fest, sondern geben ihm die Chance eines Neuanfangs. Während sich der „ehrbare Kaufmann" im 19. Jahrhundert noch erschießen mußte, wenn seine Firma in Konkurs ging, besteht heute die Möglichkeit einer gesetzlich geregelten Entschuldung, die sich im Politischen als Ritual der öffentlichen Entschuldigung manifestiert (Lübbe). Auch das gehört zur Medialisierung der Lebenswelt, die den Übergang vom Lebensgefühl und Lebensstil der Moderne zur Postmoderne kennzeichnet.

III. Nähe und Distanz

Die These, die Sprache des Geldes eigne sich wie die Sprache des Traumes zur Artikulation von Innerlichkeit, mag wie ein Hohn in den Ohren derjenigen klingen, die den gegenwärtigen Zustand der europäischen Kultur mit Sorge verfolgen. Wie lassen sich die Namen der Innerlichkeit wie „Pflicht", „Gewissen", „Verantwortung" in die Sprache des Geldes übersetzen? Sind wir nicht Zeuge einer unsäglichen Veräußerlichung, die, um mit David Riesman zu sprechen, „innen-geleitete" durch „außen-geleitete" Verhaltensstile ersetzt? Nicht mehr die Substanz, sondern nur noch die Verwendung entscheidet über den Wert der Dinge und der Menschen.

Sicherlich machen es die Exzesse des Neoliberalismus nicht leicht, die Sprache des Geldes zu verteidigen und die moralische Ordnung aus der symbolischen Form des Geldes abzuleiten. Mit einer bloßen Verdammung des Pragmatismus ist es aber nicht getan. Die symbolische Dimension eröffnet die Möglichkeit, Gesellschaftskritik auch als Sprachkritik durchzuführen. Denn das Geld ist mehr als ein Mittel zum Zweck, es hat einen Wert an sich. Aber der Wert entspringt nicht abstrakten Prinzipien aus dem Kopf, sondern der Realität der Tauschgesellschaft. Daher erzieht der Umgang mit Geld zum Realismus. Die Regeln, die im Umgang mit Geld einzuhalten sind, verpflichten die Menschen auf ein berechenbares Verhalten. Daher kann die Kritik nicht auf die

Abschaffung des Geldes zielen, sondern auf seinen richtigen Gebrauch. Die Sprache des Geldes ist unmißverständlich, da sie die Menschen auf die Bedingungen verweist, unter denen sie im Existenzkampf ihre moralische Identität bewahren können. In diesem Sinn ist das Geld immer auch die Sprache der Moral.

Um diese Ansicht zu begründen, bietet sich ein Kategorienpaar an, das besser als der traditionelle Dualismus von Innerlichkeit und Veräußerlichung geeignet ist, den von der Sprache des Geldes getragenen Wertewandel zu verstehen und zu beurteilen. Einen wertvollen Hinweis gibt Ernst Cassirer, der in seiner Schrift *Zur Logik der Kulturwissenschaften* (1941) die Befreiung des Geistes von der Natur beschreibt, die durch die „symbolischen Formen" des Mythos, der Sprache und der Kunst erreicht wird: „Sie sind die eigentümlichen Medien, die der Mensch sich selbst erschafft, um sich kraft ihrer von der Welt zu trennen und sich in eben dieser Trennung umso fester mit ihr zu verbinden" (Cassirer 1961, 25). Der Satz klingt wie ein Echo der letzten Kapitel der *Philosophie des Geldes*, in denen Simmel die Dialektik von Nähe und Distanz beschreibt, die er für den Stil als konstitutiv betrachtet: „Der Stil in der Äußerung unserer inneren Vorgänge besagt, daß diese nicht mehr unmittelbar hervorsprudeln, sondern in dem Augenblick ihres Offenbarwerdens ein Gewand umtun. Der Stil, als generelle Formung des Individuellen, ist für dieses eine Hülle, die eine Schranke und Distanzierung gegen den anderen, der die Äußerung aufnimmt, errichtet. Diesem Lebensprinzip aller Kunst: uns den Dingen dadurch näher zu bringen, daß sie uns in eine Distanz von ihnen stellt - entzieht sich auch die naturalistische Kunst nicht" (Simmel 1958, 537). Man könnte ergänzen: und auch die materialistische Gesellschaftstheorie nicht. Das Lebensprinzip der Kunst wird im Medium des Geldes universal und zum Lebensprinzip der modernen Kultur. Denn die Sprache des Geldes verleiht die Fähigkeit, sich aus dem engen Kreis der naturwüchsigen Lebenszusammenhänge zu lösen, ohne sich in Beliebigkeit und Relativismus aufzulösen. Das Wertbewußtsein bildet sich an den Strukturen des Geldverkehrs, die den Dualismus von Sein und Bewußtsein unterlaufen und eine neue Ebene der Reflexion aufspannen.

Die Dialektik von Nähe und Distanz läßt den Dualismus von Leben und Form in neuem Licht erscheinen. Denn nun zeigt sich, daß die Lebensqualität, die wir durch das Geld bedroht sehen, nicht automatisch mit Formlosigkeit gleichzusetzen ist. Gerade die Distanzierung, die in der Sprache des Geldes ihr Maximum erreicht, schafft und sichert den semantischen Raum für das, was wir heute ein „gutes Leben" nennen. Ein gutes Leben wird nicht durch den falschen persönlichen Ton der sogenannten Spontis garantiert, sondern nur durch die Fairness in der Einhaltung der Regeln, auf die sich eine Gesellschaft verpflichtet hat. Damit verliert „Leben" das Irrationale, das die deutsche Lebensphilosophie so abgründig gemacht hat. Leben wird zu einem Strukturbegriff, der Geld und Dasein miteinander versöhnt.

Diese abstrakt klingenden Überlegungen mögen abschließend durch Beispiele konkretisiert werden. Die Sprache des Geldes hat die Art verändert, wie die Menschen in der Massengesellschaft miteinander kommunizieren. Das gilt auch und insbesondere für die Moral, deren Sprache in Deutschland seit Luther und Kant durch die protestantische Innerlichkeit geprägt ist. Seit Max Weber wissen wir, daß die protestantische Ethik dem „Geist" des Kapitalismus entsprungen ist. Die hierin liegende Spannung äußert sich auch in der Sprache der Moral. Simmel kritisiert daher am Kategorischen Imperativ Kants, er gebe dem Individuum nicht genügend Raum, weil er alles an der einzelnen Tat messe. In seiner Ethik des individuellen Gesetzes versucht Simmel daher eine Sprache zu entwickeln, die das Allgemeine mit der Totalität des Lebens verbindet. Das Formprinzip, das hier herrscht - „eine Form, durch die sehr mannigfaltige Daseinsstücke zirkulieren können" (Simmel 1968, 175) -, entspricht der symbolischen Form des Geldes, sodaß Wert und Sollen die gleiche logische Struktur aufweisen.

Die Brücke von der Philosophie des Geldes zur Ethik läßt die kulturkritische Klage über den Verlust der Seele und der damit verbundenen inneren Werte gegenstandslos werden. Bei genauerem Hinsehen erkennt man nämlich, daß die Dialektik von Nähe und Distanz, die das Verhältnis des postmodernen Menschen zur Welt prägt, auch sein Verhältnis zu sich selbst auf eine neue Stufe hebt. Selbstbewußtsein hat sein Fundament nicht mehr in der Vertrautheit mit einem kernhaften Selbst, sondern emergiert in der Darstellung von Lebensformen. Husserl beschreibt diesen Vorgang als „Selbstkonstitution" des Ego, wobei dem „inneren Zeitbewußtsein" noch die zentrale Rolle zufällt. Allerdings scheint sich mit zunehmender Lebenserwartung das Gewicht immer mehr von einem naturwüchsigen Zeitbewußtsein in Richtung auf virtuelle Zeiten zu verschieben. Die Dialektik von Nähe und Distanz spielt somit auch für das Zeitbewußtsein eine nicht zu unterschätzende Rolle. Die traditionsreiche Grundfigur der Geschichte mit Anfang, Mitte und Ende weicht der Serie, deren Modularität sich die erlebte Zeit anpasst. Das entspricht der Ungeschichtlichkeit des Geldes, die Simmel als dominierendes Merkmal seiner logischen Struktur heraushebt.

Daß durch die Distanzierung für das menschliche Selbstwertgefühl der Gewinn an Freiheit den Verlust an Unmittelbarkeit mehr als aufwiegt, darüber läßt Simmels *Philosophie des Geldes* keinen Zweifel aufkommen: „Die entweder offenbare oder in tausend Gestalten verkleidete Geldhaftigkeit der Beziehungen schiebt eine unsichtbare, funktionelle Distanz zwischen die Menschen, die ein innerer Schutz und Ausgleichung gegen die allzu gedrängte Nähe und Reibung unseres Kulturlebens ist“ (Simmel 1958, 542). Damit erfüllt sich in der durch das Geld geprägten Kultur der modernen Massengesellschaften auf demokratische Weise das „Pathos der Distanz“, das Friedrich Nietzsche ausschließlich dem aristokratischen Übermenschen vorbehalten wollte. So verschieben sich mit der Sprache auch die Bedeutungen, von denen unser individuelles Selbstverständnis geprägt ist. Simmel hat das an der modernen Form der Verschriftlichung der Sprache exemplifiziert: „Ein bezeichnender Einzelfall dieser Bewegung ist die Schreibmaschine; das Schreiben, ein äußerlich-sachliches Tun, das doch in jedem Fall eine charakteristisch-individuelle Form trägt, wirft diese letztere nun zugunsten mechanischer Gleichförmigkeit ab. Damit ist aber nach der anderen Seite hin das Doppelte erreicht: einmal wirkt nun das Geschriebene seinem reinen Inhalte nach, ohne aus seiner Anschaulichkeit Unterstützung oder Störung zu ziehen, und dann entfällt der Verrat des Persönlichsten, den die Handschrift so oft begeht, und zwar vermöge der äußerlichsten und gleichgültigsten Mitteilungen nicht weniger als bei den intimsten“ (Simmel 1958, 523).

Wo sich der Mensch über die schriftliche Mitteilung hinaus in elektronisch verbreiteten Bildern den Blicken der Öffentlichkeit zeigt, bildet sich an den Rändern der Freigiebigkeit und Freizügigkeit eine Zone der Unberührbarkeit (Fellmann 1998). Niemand ist uns ferner als die Personen, die wir allabendlich auf dem Bildschirm im Wohnzimmer aus nächster Nähe erleben. Die ferne Nähe macht die Bildersprache der Sprache des Geldes vergleichbar. Denn der Umgang mit Geld lehrt, Distanz zu wahren, auch und gerade dort, wo die Hüllen fallen und die Körpersprache direkt wird. Simmel hat das eindrucksvoll am Beispiel der Prostitution unter der Überschrift „Das Geldäquivalent personaler Werte" dargestellt (Simmel 1958, 387). Diese Beispiele mögen als Belege dafür genügen, wie viel sich aus der Logik des Geldes für das Verständnis des modernen Lebensstil herausholen läßt.

Von den drei Jahrhundertbüchern wird der *Philosophie des Geldes* am wenigsten Gewicht zuerkannt. Das entspricht m. E. nicht ihrer sachlichen Bedeutung. Ganz im Gegenteil: Aus heutiger Perspektive ist Simmels Buch in systematischer wie in historischer Hinsicht mindestens genauso bedeutungsvoll wie die beiden anderen Bücher. Nur daß die Bedeutung erst heute, ein Jahrhundert nach seinem Erscheinen, in ihrer ganzen Tragweite sichtbar wird und daß die Aufwertung des Geldes zur symbolischen Form neben der Sprache in unserer herkunftsorientierten Kultur der Innerlichkeit immer noch auf starke intellektuelle Vorbehalte und emotionale Widerstände stößt. In der Ablehnung des Geldes trafen sich Materialismus und Idealismus in seltener Einmütigkeit. Wo der Materialismus Entfremdung sah, fürchtete der Idealismus Verlust innerer Werte. Daran hat sich bis heute kaum etwas geändert, obwohl offenkundig geworden ist, daß die Sprache des Geldes den Erfahrungshorizont in allen Bereichen von der Wirtschaft bis zur Kultur erweitert. Das Selbstwertgefühl der Menschen wird nicht mehr in den dunklen Raum einer unaussprechlichen Innerlichkeit eingesperrt, sondern kann sich frei artikulieren. So befinden wir uns derzeit in einer zwiespältigen Lage: Wir empfinden das Geld als Bedrohung kultureller Werte, wir sehen aber zugleich, daß der Rückweg ins Paradies vorkapitalistischer Unmittelbarkeit uns für immer versperrt ist. Wir sehen auch, daß die Frage einer gerechten Verteilung des Geldes unter den Bedingungen der Globalisierung soziale Probleme aufwirft, für die noch keine befriedigende Lösung in Sicht ist. In dieser prekären Situation bleibt der Philosophie nur eine radikale Kritik der Sprache, um die syntaktischen und semantischen Inkonsistenzen zu beseitigen, die den Menschen das Verständnis für die im Geld liegenden neuen Ausdrucksmöglichkeiten versperrt und sie daran hindert, in der Sprache des Geldes menschlich zu kommunizieren.

Literatur

Baudrillard, Jean (1976), L'échange symbolique et la mort. Paris: Éditions Gallimard.

Böhringer, Hannes e.a. (Hg.) (1976), Ästhetik und Soziologie der Jahrhundertwende: Georg Simmel. Frankfurt am Main: Klostermann.

Cassirer, Ernst (1994), Substanzbegriff und Funktionsbegriff. Untersuchungen über die Grundfragen der Erkenntniskritik. Darmstadt: Wissenschaftliche Buchgesellschaft.

Cassirer, Ernst (1961), Zur Logik der Kulturwissenschaften. Fünf Studien. Darmstadt: Wissenschaftliche Buchgesellschaft.

Fellmann, Ferdinand (1983), Gelebte Philosophie in Deutschland. Freiburg / München: Alber

Fellmann, Ferdinand (1991), Symbolischer Pragmatismus. Hermeneutik nach Dilthey. Reinbek bei Hamburg: Rowohlt.

Fellmann, Ferdinand (1993), Lebensphilosophie. Elemente einer Theorie der Selbsterfahrung. Reinbek bei Hamburg: Rowohlt.

Fellmann, Ferdinand (1994), Georg Simmels Persönlichkeitsbegriff als Beitrag zur Theorie der Moderne. In: E.W. Orth / H. Holzhey (Hg.), Neukantianismus. Perspektiven und Probleme. Würzburg: Königshausen & Neumann, S. 309-328.

Fellmann, Ferdinand (1998), Von den Bildern der Wirklichkeit zur Wirklichkeit der Bilder. In: K. Sachs-Hombach e.a. (1998), Bild - Bildwahrnehmung - Bildverarbeitung. Wiesbaden: Deutscher Universitätsverlag, S. 187-196.

Fellmann, Ferdinand (Hg.) (1996), Geschichte der Philosophie im 19. Jahrhundert, Reinbek bei Hamburg: Rowohlt.

Freud, Sigmund (1941), Die Traumdeutung. In: ders., Gesammelte Werke II/III. London: Imago.

Hayek, Friedrich August von (1977), Die Illusion der sozialen Gerechtigkeit. In: Schicksal? Grenzen der Machbarkeit. Ein Symposion. München: dtv, S. 91-103.

Husserl, Edmund (1911), Philosophie als strenge Wissenschaft. In: Logos, Band I.

Husserl, Edmund (1968), Logische Untersuchungen II/1. Tübingen: Niemeyer.

Lieber, Hans-Joachim (1974), Kulturkritik und Lebensphilosophie. Stu-

dien zur Deutschen Philosophie der Jahrhundertwende. Darmstadt: Wissenschaftliche Buchgesellschaft.
Lübbe, Hermann (2001), 'Ich entschuldige mich'. Das neue politische Bußritual. München: Siedler.
Marx, Karl (1968), Auszüge aus James Mills Buch „Élément d'économie politique". In: ders., Werke. Ergänzungsband, 1. Teil. Berlin: Dietz, 445-463.
Marx, Karl (1970), Das Kapital. In: ders. / Friedrich Engels, Werke. Band 23. Berlin: Dietz.
Novak, Michael (1992), Der Geist des demokratischen Kapitalismus, Frankfurt am Main: Knecht.
Schopenhauer, Arthur (1988), Die Welt als Wille und Vorstellung. Band II. Zürich: Haffmans.
Sennett, Richard (1988), Der flexible Mensch. Die Kultur des neuen Kapitalismus. Berlin: Berlin-Verlag.
Simmel, Georg (1958), Philosophie des Geldes. Berlin: Duncker & Humblodt.
Simmel, Georg (1968), Das individuelle Gesetz. Philosophische Exkurse. Frankfurt am Main: Fischer.

Simmel und Freud. Randnotizen zur Psychologie des Geldes und des Traums

Stefan Goldmann

Im Jahre 1900 sind einige bedeutende Literaturwerke erschienen, die auf die deutsche Geistes- und Kulturgeschichte des 20. Jahrhunderts einen starken Einfluß ausübten. Zu diesen zählen Sigmund Freuds *Traumdeutung* und Arthur Schnitzlers *Reigen*, Edmund Husserls *Logische Untersuchungen* (Bd. 1) und die kurz vor Jahresende auf den Markt gekommene *Philosophie des Geldes* von Georg Simmel. Unter welchen Bedingungen diese Bücher auch entstanden und welche Verlegerinteressen, Zensurmaßnahmen und andere Zufälligkeiten ihre Publikation mitdeterminierten, es ist der bibliographische Blick, der im identischen Erscheinungsdatum dieser so disparaten Werke den kleinsten gemeinsamen Nenner auffindet, welchem mit zunehmendem Zeitabstand ungeahnte Bedeutung zuwächst. Tatsächlich war Freuds *Traumdeutung* ja schon im November 1899 erschienen, während Schnitzlers *Reigen*, seit drei Jahren im Manuskript abgeschlossen, als Privatdruck nur an Freunde ausgeliefert werden konnte, hingegen eine Vielzahl von Passagen aus Simmels *Philosophie des Geldes* längst als Zeitungsessays publiziert vorlagen. Doch was seinerzeit beziehungslos erscheinen konnte, führte die Zeit enger zusammen und dem Rückblick erschließt sich ein Netz mannigfaltiger Beziehungen zwischen den verschiedenen Werken und den Autoren untereinander. So empfand Freud Schnitzler als seinen Wiener Doppelgänger[1], mit Husserl teilte er die Schülerschaft zu dem Wiener Philosophieprofessor Franz Brentano.[2] Simmel wiederum führte später mit Husserl einen kollegialen Briefwechsel (Gassen/Landmann 1993, 82-90) und sprach sich in einem Gutachten 1914 gegen eine Wiederauflage von Schnitzlers *Reigen* aus.[3] Doch welche Beziehungen lassen sich zwischen Freud (1856-

1 Siehe Freuds Brief vom 14. Mai 1922 zum 60. Geburtstag von Arthur Schnitzler, Freud (1968), 357.

2 Zu Freuds Begegnung mit Brentano vgl. Freud (1989). Zu Husserls Beziehung zu Brentano vgl. Prechtl (1998), 11f.

3 Schnitzler (1984), 43 u. 849f.; vgl. auch Pfoser u.a. (1993).

1939) und Simmel (1858-1918), die einander offenbar nie begegneten, ermitteln? Beide haben eine durchgreifende Blickänderung, einen Paradigmenwechsel eingeleitet, indem sie Alltagsphänomene in neue Sinnzusammenhänge stellten, neue Methoden einführten und Begriffe prägten, mithin zur Entstehung und Institutionalisierung neuer Forschungszweige beitrugen. Doch soll hier nicht nach tatsächlich vorhandenen biographischen oder systematischen Parallelen gesucht werden[4], sondern nach gemeinsamen literarischen Bezugspunkten und möglichen Orten wechselseitiger Kenntnisnahme. Im Zentrum des Interesses stehen Wortgeschichten, einzelne Begriffe, die dem Leser, der sich mit Freud schon einmal beschäftigt hat, bei der Lektüre von Simmels *Philosophie des Geldes* ins Auge fallen. Durch Beleuchtung des Sprachgebrauchs und des unterschiedlichen Schicksals, das den Begriffen in den untersuchten Werken zuteil wurde,geraten beide Autoren nachträglich in einen Dialog, den sie um 1900 allerdings nicht geführt haben, und dem sie, vor die Wahl gestellt, so ausgewichen wären, wie sie ihm ausgewichen sind.

Eine kürzlich von David Frisby (2000) herausgegebene Publikation über *Georg Simmel in Wien* versammelt nun all jene Aufsätze, die Simmel in der k.u.k. Metropole veröffentlicht hat. Auf der Grundlage dieser Anthologie kann man mutmaßen, daß Freud als langjähriger Abonnent der *Neuen Freien Presse*[5] beispielsweise Simmels Aufsatz über „Das Geld in der modernen Cultur" 1896 hätte lesen können. Darüber hinaus hätte er in dem psychologischen Lehrbuch von Friedrich Jodl (1896), der in Wien ein Lobredner Simmels war (Gassen/Landmann 1993, 84), weitere Hinweise auf die Schriften des Berliner Philosophen, Soziologen und Sozialpsychologen finden können.[6] Da er jedoch

4 Beispielsweise blieben beide Forscher, nicht zuletzt aufgrund ihrer jüdischen Herkunft, lange Zeit im Stand des Privatdozenten: Freud habilitierte sich 1885, ein Jahr nach Simmel, der im Jahre 1900, zwei Jahre vor Freud, zum Extraordinarius ernannt wurde. 1914, als Simmel dem Ruf nach Straßburg folgte, hatte Freud inzwischen jenseits der Universität eine Internationale Vereinigung mit eigenen Fachzeitschriften und regelmäßigen Kongressen gegründet; vgl. auch Grözinger (2000).

5 Vgl. Schur (1977), 127.

6 Jodl (1896), 20, 22, 298 u. 762, führt folgende Schriften Simmels an: Die Probleme der Geschichtsphilosophie. Eine erkenntnistheoretische Studie (1892); Über soziale Differenzierung. Soziologische und psychologische Untersuchun-

dieses Lehrbuch einzig und allein im Hinblick auf die *Traumdeutung* konsultiert hatte (Freud 1900, 80), boten ihm die ohne inneres Interesse gelesenen bibliographischen Angaben keine Anknüpfungsmöglichkeiten. Was konnte hingegen der zwei Jahre jüngere Simmel von Freud und der Wiener Psychologie wissen? Diese Frage muß einmal gestellt werden, zumal schon die Zeitgenossen bedauert haben, daß die Väter von Simmels Gedanken immer unbekannt bleiben (Landmann 1976, 276). Die *Philosophie des Geldes*, die ursprünglich als eine *Psychologie des Geldes*[7] konzipiert war, tritt mit dem Anspruch auf, eine Phänomenologie der modernen Geldwirtschaft zu entwerfen und „dem historischen Materialismus ein Stockwerk unterzubauen“ (Simmel 1977, VIII). Da sie Wirtschaftsprozesse erklärtermaßen auf das zu reduzieren sucht, „was *wirklich*, d.h. in der Seele jedes Wirtschaftenden, geschieht“ (Simmel 1977, 36), gründet diese Philosophie in einer Psychologie, die überdies mit reichem Belegmaterial aus der Kinderpsychologie und Ethnologie aufwartet. Studiert hatte Simmel Völkerpsychologie bei dem Herbartianer Moritz Lazarus (Landmann 1993, 15) und Adolf Bastian, dem Direktor des Berliner Völkerkundemuseums. Als Privatdozent las Simmel in den 90er Jahren in regelmäßigem Turnus im Sommer „Soziale Psychologie“ und im Winter „Soziologie“ (Gassen 1993, 346f). Die akademische Sozialisation innerhalb der Berliner Völkerpsychologie und Simmels stete Betonung des psychologischen Gesichtspunktes verlangt eine längst überfällige Darstellung der Simmelschen Psychologie[8] und legitimiert nicht zuletzt den vergleichenden Blick, der hier stichprobenartig auf die beiden zur Diskussion stehenden „Jahrhundertbücher“[9] geworfen werden soll.

---

gen (1890); Psychologische und ethnologische Studien über Musik (1882).

7 Vgl. Rammstedt (1993), 19.

8 1896 nahm Simmel an dem internationalen Kongreß für Psychologie in München teil (Dritter internationaler Congress 1897, XXXVIII), den zu besuchen auch Freud ursprünglich beabsichtigt hatte (Freud 1986, 178). Eine systematische Darstellung der Psychologie Simmels bleibt ein Desiderat; zum Forschungsstand vgl. Müller (1995).

9 Vgl. die Auflagenfolge nach Freud (1900), 13 und Gassen (1993), 314: *Die Traumdeutung* ^{1}1900, ^{2}1909 (verm. und rev.), ^{3}1911 (verm. und rev.), ^{4}1914 (verm. und rev.), ^{5}1919 (verm. und rev.), ^{6}1921, ^{7}1922. – *Die Philosophie des Geldes* ^{1}1900, ^{2}1907 (verm. und rev.), ^{3}1920, ^{4}1922, ^{5}1930, ^{6}1958, ^{7}1977.

Bekanntlich hatte Freud für jene Philosophen, die das Unbewußte ablehnten, nur ein Achselzucken übrig (Freud 1900, 579). In Simmel wäre ihm jedoch ein gleichgesinnter Weggefährte begegnet, da dieser betont, daß Wirtschaftsprozesse vielfach „unterhalb des Bewußtseins der Wirtschaftenden selbst" (Simmel 1977, 138) ablaufen. Simmel zufolge erzwingt der menschliche Erklärungstrieb die hypothetische Annahme „unbewußter Vorstellungen und Schlüsse": „Bei dem jetzigen Stand des Wissens ist es unvermeidlich und deshalb legitim, die Wertbildungen, ihre Fixierungen und Fluktuierungen als unbewußte Vorgänge nach den Normen und Formen der bewußten Vernunft zu deuten" (Simmel 1977, 138f.).

Mit der Annahme unbewußter Vorstellungen und Schlüsse, die in der Philosophie Ende des 19. Jahrhunderts umstritten war und von der Wundt-Schule in Leipzig bekämpft wurde (Wundt 1874, 790 u. 712; Radestock 1879, 81 u. 284-287), knüpft Simmel an die Forschung von Gustav Theodor Fechner[10] und Hermann Helmholtz an.[11] Während Helmholtz[12] in seinem *Handbuch der physiologischen Optik* (1867) darauf hinwies, daß „die psychischen Acte der gewöhnlichen Wahrnehmung als unbewußte Schlüsse zu bezeichnen"[13] sind, vertrat Fechner im zweiten Band der *Elemente der Psychophysik* (1860) die Auffassung, daß die Psychologie von unbewußten Empfindungen und Vorstellungen nicht abstrahieren könne und daß der von ihm eingeführte Begriff der psychophysischen Schwelle überhaupt erst ein festes Fundament für den Begriff des Unbewußtseins ergebe (Fechner 1907, Bd. 2, 432). Simmel zeigt sich mit den Meß- und Forschungsmethoden des „Psychophysikers"[14] vertraut. Fechners Konzept der

[10] Simmels Anlehnung an Fechner, insbesondere an dessen „physikalische und philosophische Atomenlehre" hat Böhringer (1976) herausgearbeitet.

[11] „Zur Geschichte und Theorie der unbewußten Schlüsse" vgl. Zöllner (1872), 342ff.

[12] Helmholtz war Gutachter der Dissertation Simmels, vgl. Landmann (1993), 15ff.

[13] Helmholtz (1867), 430 zit. nach Zöllner (1872), 346.

[14] Simmel (1977), 102f. Es wäre näherhin zu untersuchen, ob nicht Simmel mit der *Philosophie des Geldes* Wilhelm Diltheys Forderung nach einer „Psychophysik der Gesellschaft" insgeheim einlöst. Vgl. Dilthey (1990), 114; zu

(Reiz-, Bewußtseins-, Unterschieds-) Schwelle und die damit zusammenhängenden Begriffe der „Unterschiedsempfindlichkeit“[15] und „Unterschied(s)empfindung“[16] führt er in neue Forschungskontexte ein, wobei er in Anlehnung an das vieldiskutierte Paradigma der „Schwelle des Bewußtseins“[17] die Aufmerksamkeit auf die „Schwelle des Wertes“[18] und die Schwellen des ökonomischen, ästhetischen, philosophischen und sozialen Bewußtseins[19] lenkt.

Von Freud wissen wir, daß er als Student nicht nur die Vorträge von Helmholtz gelesen und die „Physiologische Optik“ antiquarisch zu erwerben suchte, sondern auch gern in Berlin ein Semester unter dessen Leitung studiert hätte.[20] Als Schüler von Ernst Brücke ist Freud, wie Bernfeld[21] dargelegt hat, in der sogenannten Helmholtz-Schule sozialisiert worden. Auch die Schriften Fechners begeisterten ihn seit seiner Studentenzeit.[22] In verschiedenen Lebensabschnitten und auf unterschiedlichen Stufen der Theoriebildung entnahm er ihnen Begriffe und immer wieder neue Anregungen.[23] In unserem Kontext ist festzuhalten, daß Freud wohl der einzige Forscher war, der positiv an einen Gedanken der – verglichen mit der breiten Rezeption der „äußeren Psychophysik“ – wenig beachteten „inneren Psychophysik“ anknüpfte (Scheerer/Hildebrandt 1988, 279) und ihn in eigenwil-

Simmels Auseinandersetzung mit Dilthey vgl. Köhnke (1996), 380-397.

15 Simmel (1977), 21 u. 275ff.; vgl. z. B. Fechner (1907), Bd. 1, 50, 70 u. 247.

16 Simmel (1977), 59 u. 181.

17 Simmel (1977), 106, 234, 272, 281 u. 551; diese zentrale Metapher entstammt Johann Friedrich Herbarts Psychologie, auf die Simmel a.a.O., 534, anspielt: „Wenn wir von Vorstellungen sprechen und ihrer Verbindung, von ihrem Aufsteigen in das Bewußtsein und ihrem Sinken unter die Schwelle desselben, von inneren Neigungen und Widerständen, von der Stimmung mit ihren Erhebungen und Tiefständen, so ist jeder dieser und unzähliger Ausdrücke des gleichen Gebietes ersichtlich äußerlichen Wahrnehmbarkeiten entnommen.“ Diese Ausführungen stehen in systematischem Zusammenhang mit der „Lehre von der Assoziation der Vorstellungen“, die Simmel 1884 in seiner Probevorlesung behandelt hatte, vgl. Landmann (1993), 21.

18 Simmel (1977), 21.

19 Simmel (1977), 273ff., 280, 282.

20 Freud (1989).

21 Bernfeld/Cassirer-Bernfeld (1981), 54ff.

22 Freud (1989).

23 Freud (1925), 86: „Ich war immer für die Ideen G. Th. Fechners zugänglich und habe mich auch in wichtigen Punkten an diesen Denker angelehnt.“ Vgl. auch Nitzschke (1989).

liger Interpretation zum Ausgangspunkt der Konstruktion eines psychischen Apparates erhob. Es handelt sich um den von der Wundt-Schule wiederholt bestrittenen Satz, (Radestock 1879, 83; Weygandt 1893, 5) daß „der Schauplatz der Träume ein anderer sei als der des wachen Vorstellungslebens“ (Freud 1900, 512 u. 72; Fechner 1907 Bd. 2, 512). Damit sind wir bei unserem nächsten Stichwort.

Traum

Vom Traum spricht Simmel in der *Philosophie des Geldes* nur einmal, und zwar im Sinne von Utopie, wenn es heißt, daß der „Traum Platos, die Wissenschaft zur Herrscherin des Lebens zu machen“ (Simmel 1977, 549), nahezu verwirklicht sei. Aus der Rezension von Ferdinand Maria Wendts Schrift über *Die Seele des Weibes*, die Simmel in der *Zeitschrift für Psychologie und Physiologie der Sinnesorgane* 1891 publiziert hatte, geht es hervor, daß er zumindest dessen „ausführliche Traumtheorie“ wahrgenommen hat.[24] Interessanter ist allerdings, daß ihm zwei Autoren persönlich bekannt waren, die historisch bzw. theoretisch über den Traum gearbeitet hatten. Es handelt sich zum einen um den Direktor des von Simmel in Berlin besuchten Friedrichs-Werderschen Gymnasiums, Bernhard Büchsenschütz (Köhnke 1996, 31f.), der eine Schrift über *Traum und Traumdeutung im Altertum* (1868) verfaßt hatte, zum andern um Paul Radestock, der mit einer Monographie über *Schlaf und Traum* (1879) bei Wilhelm Wundt und Max Heinze in Leipzig promoviert worden war. Paul Radestock hatte zusammen mit Richard Salinger, einem engeren Freund Simmels, in Leipzig (1876/7) Philosophie studiert. 1881 wählte Salinger Simmel und Radestock, der in dieser Zeit auch mit Moritz Lazarus und Berthold Auerbach verkehrte[25], zu den Opponenten seiner Dissertation über *Spinozas Lehre von der Selbsterhaltung*[26].

Als Freud daran ging, den Stand der Traumforschung Ende des

[24] Simmel (1891), 251; Wendt (1891), 89-116; zu einem überlieferten Traum Simmels, vgl. H. Simmel (1976), 259.

[25] Zu Radestocks Biographie vgl. demnächst mein Buch über Freud und die Traumforschung des 19. Jahrhunderts.

[26] Köhnke (1996), 87 u. 89. Im Januar 1881 war Salinger seinerseits als Opponent von Simmels Dissertationsthesen aufgetreten (a.a.O, 78).

19. Jahrhunderts darzustellen, diente ihm Radestocks Arbeit als reiche Fundgrube, aus der er das schon vorstrukturierte Belegmaterial bequem abrufen konnte. Hier entlehnte er die Traumauffassungen der Antike, fand Hinweise auf die Wunschtheorie des Traums und bestritt mit Radestocks Material den größten Teil des Abschnittes über die „Beziehungen zwischen Traum und Geisteskrankheiten“ (Freud 1900, 35, 151 u. 109ff.).

Bislang können wir festhalten, erstens, daß Simmel und Freud sich z.T. auf dieselbe, den Denkstil (Fleck) prägende, wissenschaftliche Literatur beziehen, und zweitens, daß Simmel Autoren persönlich nähertritt, deren Werke auch Freud studiert oder später durcharbeiten wird. Die zeitgenössische Traumtheorie lernt Simmel über Ferdinand Maria Wendt[27] kennen. Dieser eher drittrangige Autor war allerdings in Leipzig ein Schüler von Ludwig Strümpell, der in den 70er Jahren einen grundlegenden Beitrag zur Traumforschung vorgelegt hatte, den Freud dankbar als „Wegweiser in die Traumprobleme“[28] nutzte. Während Simmel 1891 die Konjunktur der Traumforschung nur marginal reflektiert, sehen wir hingegen zwei Jahre später Freud in seinem Bibliothekszimmer die eigenen Träume notieren (Gay 1992, 194). Wie schon erwähnt, erschien Simmels lakonische Buchbesprechung in der *Zeitschrift für Psychologie und Physiologie der Sinnesorgane*[29], in welcher sowohl Simmels als auch Freuds frühe Schriften sich rezensiert finden.[30] Am Rande sei schließlich notiert, daß einer der Rezen-

[27] Ferdinand Maria Wendt (1839-1904) studierte als ausgebildeter Lehrer in Leipzig in den frühen 70er Jahren unter Strümpell, Drobisch, Ziller und Masius Psychologie und Pädagogik, und unter Fechner, Overbeck und Jordan Ästhetik und Kunstgeschichte. 1875 promovierte er mit einer Arbeit über die Willensbildung. Er gilt als einer der Hauptvertreter der von Strümpell begründeten psychologischen Pädagogik und pädagogischen Pathologie; s. Hinrichsen (1891), 1379-1380; Wendt (1891), 89.

[28] Freud (1900), 49; zu Strümpells Einfluß auf Freud vgl. Goldmann (1999), 16.

[29] In dieser Zeitschrift, die mit dem zweiten Band (1891) eine Rubrik für 'Sozialpsychologie' einrichtete, publizierte Simmel die „Skizze einer Willenstheorie“ (9 [1895], 206-220) und rezensierte folgende Werke: G. Tarde: Le lois de l'imitation (2 [1891], 141f.); Oelzelt-Newin: Über sittliche Dispositionen (5 [1893], 144); Theodor Elsenhans: Wesen und Entstehung des Gewissens (9 [1896], 301f.); Karl Bücher: Arbeit und Rhythmus (15 [1897], 321); wiederabgedruckt in Simmel (2000), 248f., 294f., 361f., 379f.

[30] Simmel: Zur Psychologie der Frauen (2 [1891], 302-304); Über soziale Differenzierung (2 [1891], 423-425); Einleitung in die Moralwissenschaft Bd. 1 (4

senten, Hugo Liepmann[31], der sich in Berlin zum Psychiater ausbildete und in Simmels Haus verkehrte, sowohl Simmels Aufsatz über die *Psychologie der Frauen* als auch Freuds kritische Studie *Zur Auffassung der Aphasien* in dieser Zeitschrift[32] besprochen hat.

Affektableitung – Triebbefriedigung – psychische Realität

In dem bedeutenden ersten analytischen Kapitel der *Philosophie des Geldes* erörtert Simmel den Differenzierungsprozeß des Ichs. Ausgehend von einer Mutter-Kind-Dyade, „eine[r] ungebrochene[n] seelische[n] Einheit [...] – deren erstes Beispiel wohl das Trinken des Kindes an der Mutterbrust ist"[33], schildert er den Prozeß der Triebdifferenzierung, der zur Wahrnehmung und Wertung der Objekte führt. „Erst durch Hindernis, Versagung und Aufschub" wird die noch undifferenzierte seelische Einheit „in Subjekt und Objekt gespalten [...]. Mit demselben Prozeß der Hemmung und Distanzierung, von dem das gefühlte und vorgestellte Ich mit seiner Bedeutsamkeit den Dingen gegenüber ausgeht,

---

[1893], 393ff.); Die Probleme der Geschichtsphilosophie (6 [1894], S. 77-79); Einleitung in die Moralwissenschaft Bd. 2 (10 [1896], 473-480); Über eine Beziehung der Selektionslehre zur Erkenntnistheorie (11 [1896], 447-448). – Freud: Zur Auffassung der Aphasien (4 [1893], 386-388); Ein Fall von hypnotischer Heilung nebst Bemerkungen über die Entstehung hysterischer Symptome durch den 'Gegenwillen' (durchgängiger Druckfehler: Sigmund Freund!) (6 [1894], 72f.); (Freud/Breuer) Über den psychischen Mechanismus hysterischer Phänomene (5 [1893], 374); Quelques considérations pour une étude des paralysies motrices organiques et hystériques (8 [1895], 157f.); Die Abwehr-Neuropsychosen (8 [1895], 466f.); (Freud/Breuer) Studien über Hysterie (10 [1896], 308); L'hérédité et l'étiologie des névroses (13 [1897], 150f.); Über Deckerinnerungen (23 [1900], 233-34); Die Traumdeutung (26 [1901], 130-133).

31 Hugo Liepmann (1863-1925), geboren und aufgewachsen in Berlin, studierte Philosophie und Naturwissenschaften in Berlin, Freiburg und Leipzig, wo er 1885 zum Dr. phil. promoviert wurde. 1889-95 studierte er Medizin in Berlin. Nach seiner Assistenz bei Wernicke in Breslau habilitierte er sich 1900 für Psychiatrie und Neurologie in Berlin. Der Ernennung zum Direktor der städtischen Irrenanstalt Herzberg in Berlin-Lichtenberg (1914) folgte die zum ordentlichen Professor (1918).

32 Vgl. Anm. 50; Freuds *Traumdeutung* rezensierte Liepmann in der *Monatsschrift für Psychiatrie und Neurologie* 10 (1901), 237-239.

33 Simmel (1900), 20. Dieser Satz ist in der zweiten Auflage gestrichen.

hebt auch die Schätzung dieser selbst, das Interesse für das Objekt als solches an“ (ebd.). In diesem Kontext bietet Simmel ein weiteres Beispiel für den Objektivationsprozeß des Ichs, wenn er schreibt: „Das Sichaussprechenkönnen ist eines der mächtigsten Dämpfungsmittel der Affekte. In dem Worte projiziert sich der innere Vorgang gleichsam nach außen, man hat ihn nun als ein wahrnehmbares Gebilde sich gegenüber und damit die Heftigkeit des Affektes abgeleitet.“[34] Man mag darüber spekulieren, inwiefern dieser Satz eine Reminiszenz an die 1895 von Breuer und Freud publizierten *Studien über Hysterie* enthält.[35] Tatsache ist, daß ein dort entwickelter Grundgedanke besagt, daß durch Aussprechen Affekte abgeleitet bzw. traumatisierende Erlebnisse durch affektkräftiges Erinnern abreagiert werden. Während Freud im Anschluß an die Katharsislehre des Aristoteles (wie sie Jacob Bernays, der Onkel seiner Frau, formulierte) die enge Beziehung zwischen Sprache und Affekt im Rahmen der Therapie anwendet, interpretiert Simmel diesen traditionsreichen Grundgedanken[36] im Lichte der Phylo- und Ontogenese. Die Schwächung des Triebes durch Distanzierung und Differenzierung („innere Arbeitsteilung“[37]) treibt den Individuations- wie den Kulturprozeß, mithin die Wertung der Objekte, voran.

Simmels *Philosophie des Geldes* beginnt mit der Skizze einer Trieblehre. Er erörtert ausführlich die „Differenzierung des Triebes“ (Simmel 1977, 17), spricht von der „Mischung der Triebe“ (Simmel 1977, 251) und dem „Mechanismus des Trieblebens“ (Simmel 1977, 206). Da unser kulturelles Gedächtnis, ganz im Gegensatz zum lexikographischen Befund, Begriff und Analyse des Triebes mit Freuds Namen fest assoziiert, verblüfft es, daß zuerst Simmel den Begriff der „Triebbefriedigung“[38] gebraucht hat, und

[34] Simmel (1977), 18. In diesem Kapitel neigt Simmel zu Wortkonstruktionen wie „Sichaussprechenkönnen“, „Sichselbstgegenübertreten“ (a.a.O., 14), „Sichübersichselbsterheben“ (a.a.O., 15).

[35] Simmels Interesse an Hypnose, Suggestion und der Beziehungsdynamik zwischen Hypnotiseur und Hypnotisiertem geht aus einer späteren Bemerkung hervor (a.a.O., 34).

[36] Vgl. auch Herder (o.J.), Bd. 10, 118: „Nur die Sprache hat den Menschen menschlich gemacht, indem sie die ungeheure Fluth seiner Affekten in Dämme einschloß und ihr durch Worte vernünftige Denkmale setzte.“

[37] Simmel (1977), 333.

[38] Simmel (1977), 17. u. 26; vgl. Grimm (1991), Bd. 22, Sp. 450: „triebbefrie-

zwar acht Jahre vor Freud[39], der dann aber eine systematische Trieblehre entwirft, die detailliert zwischen Quelle und Objekt, Ziel und Repräsentanz der Triebe unterscheiden wird (Laplanche/Pontalis 1972, Bd. 2, 525ff.).[40]

Simmel verwendet nicht nur den Begriff der Triebbefriedigung, den er selbst geprägt hat, sondern auch den der „psychischen Realität“: Im Kontext von Selbsttäuschungen über Art und Maß unserer eigenen Gefühle und Selbstmißverständnisse über die eigene psychische Befindlichkeit schreibt Simmel: „Wie oft knüpfen sich an die Illusion, daß wir einen Menschen lieben, oder daß er uns gleichgültig sei, sekundäre Gefühls- und Willensfolgen von großer Stärke, bis irgend ein Anstoß uns belehrt, daß die letzte Instanz in uns ja ganz anders entschieden hat. In welcher Weise dieser merkwürdige Prozeß eigentlich stattfindet, in dem eine imaginäre Größe sich mit den Kräften einer ganz anders gerichteten psychischen Realität ausstattet – das können wir des näheren nicht beschreiben“ (Simmel 1900, 12). Freud diskutiert das Verhältnis von faktischer und psychischer Realität erstmals in *Totem und Tabu* (Freud 1912/13, 442-444). Die dort gefundene Formulierung, die er wiederholt in gerade entstehende Texte einfügt (Freud 1913, 400 1914, 56), verwendet er 1914 als krönenden Abschluß der *Traumdeutung*. In der Erstausgabe, die den Begriff der „psychischen Realität“ noch nicht kennt,

digung“. Zwei weitere Belege, „triebesbeschaffenheit“ und „triebgefühl“, sind Simmels „Einleitung in die Moralwissenschaft“ (1892) entnommen (a.a.O., Sp. 449 u. 450f.). Natürlich ist die Formulierung im 19. Jahrhundert geläufig, daß „Triebe befriedigt“ werden; vgl. z. B. Fichte (1864), Bd. 1, 175 sowie den in der Bildung von neuen Komposita bedeutendsten Triebtheoretiker Karl Fortlage (1855), Bd. 1, 300: „Die Lustempfindung heißt die Befriedigung des Triebes.“

39 Freud (1908), 18; Freud (1911), 22; Freud (1912), 179; diese Chronologie von Freuds Wortgebrauch verdanke ich Gerhard Fichtner, Tübingen.

40 Legt Simmel seiner *Philosophie des Geldes* eine Trieblehre zugrunde, so greift Freud zur Veranschaulichung seiner Traumpsychologie, d.h. des unbewußten Wunsches als Triebkraft des Traumes, zu einem Gleichnis aus dem Wirtschaftsleben: „Es ist sehr wohl möglich, daß ein Tagesgedanke die Rolle des *Unternehmers* für den Traum spielt; aber der Unternehmer, der, wie man sagt, die Idee hat und den Drang, sie in die Tat umzusetzen, kann doch ohne Kapital nichts machen; er braucht einen *Kapitalisten*, der den Aufwand bestreitete, und dieser Kapitalist, der den psychischen Aufwand für den Traum beistellt, ist alle Male und unweigerlich, was immer auch der Tagesgedanke sein mag, *ein Wunsch aus dem Unbewußten* Freud (1900), 534f.

schreibt Freud: „Hat man die unbewußten Wünsche, auf ihren letzten und wahrsten Ausdruck gebracht, vor sich, so muß man sich wohl erinnern, daß auch dem psychisch Realen mehr als nur eine Existenzform zukommt“ (Freud 1900a, 370). Vierzehn Jahre später verändert er den zweiten Teil des Satzes wie folgt: „[...], so muß man wohl sagen, daß die *psychische* Realität eine besondere Existenzform ist, welche mit der *faktischen*[41] Realität nicht verwechselt werden soll“ (Freud 1900, 587). Nun soll hier weder bewiesen noch suggeriert werden, daß Freud von Simmel den Begriff der „psychischen Realität“ übernommen habe. Bei Simmel selbst scheint es sich um eine Gelegenheitsbildung zu handeln, vielleicht auch um eine Entlehnung aus Dilthey[42], mit dem er sich unterschwellig immer wieder auseinandergesetzt hat. Man wird aber sagen dürfen, daß Simmel in der Fülle seiner essayistischen, gesichtspunktreichen Schreibweise, zu Wortbildungen findet, die später einmal in der Psychoanalyse in einem stärker systematisierten Zusammenhang erscheinen.[43] Des weiteren ist bemerkenswert, daß Simmel 1907, bei der Überarbeitung der Erstauflage seiner *Philosophie des Geldes*, nicht nur den Begriff der „psychischen Realität“ streicht[44], sondern auch die Formulierung von der „ungebrochene[n] seelische[n] Einheit dieser primären Vorgänge – deren erstes Beispiel wohl das Trinken des Kindes an der Mutterbrust ist“. Da Simmel ein Jahr später bemüht ist, die Soziologie von der Psychologie abzugrenzen (Simmel 1983, 16-19), darf man vermuten, daß er beide Stellen, die einen „psychologistischen“ Standpunkt bezeichnen, dem soziologischen Blick opferte. Bezogen auf unser Beziehungsgeflecht kann man sagen, daß an Stellen, an denen Simmel und Freud thematisch und begrifflich einander berühren, Simmel den Wortlaut nachträglich korrigiert und sein

[41] 1919 ersetzt er „*faktischen*“ durch „*materiellen*“.

[42] Dilthey (1990), 262; vgl. auch Anm. 27.

[43] Auch Edmund Husserl, das sei am Rande angemerkt, wurde zu seinem 60. Geburtstag mit der „psychischen Realität“ konfrontiert, als ihm Moritz Geiger (1921) ein „Fragment über den Begriff des Unbewußten und die psychische Realität“ widmete. Am Schluß heißt es darin (Geiger 1921, 137): „Eine derartige Psychologie, die das Seelenleben unter dem Gesichtspunkt der psychischen Realität ansieht, ist heute nur Postulat.“

[44] Dafür spricht er an anderer Stelle von „physische[r] und psychische[r] Nichtrealität“ (Simmel [1977], 13).

Beobachtungsmaterial streicht, so daß einem möglichen Dialog mit der Psychoanalyse schon im weiten Vorfeld der Boden entzogen wird.

Psychische Arbeit

In dem Kapitel über *Das Geldäquivalent personaler Werte* kommt Simmel auf den Begriff der „psychischen Arbeit“ zu sprechen, den auch Freud, allerdings in gänzlich anderen Sinn- und Bedeutungszusammenhängen, verwendet (Simmel 1977, 460, 467, 472; Freud 1900, 190f.). Simmel zufolge gelangen Körper und Geist des Menschen gerade in der Arbeit zur Einheit. Er sucht nach einem einheitlichen Arbeitsbegriff, der ein Wertmaß für körperliche und geistige Arbeit zugleich bildet. Da es zur Überwindung von Unlustgefühlen und inneren Hemmungen eines psychischen Kraftaufwandes bedarf, folgert er, daß auch Muskelarbeit im Grunde „psychische Arbeit“ sei (Simmel 1977, 473f.). In dem werteproduzierenden „Tun der Seele“ erhalten die physische und psychische Arbeit „einen gemeinsamen wertbegründenden Unterbau“ (Simmel 1977, 475).

Mit der Erörterung des Begriffs der „psychischen Arbeit“ knüpft Simmel an eine Diskussion an, die Ende des 19. Jahrhunderts in Wien geführt wurde. Geprägt hatte ihn der Wiener Gymnasiallehrer und Philosoph Alois Höfler (1853-1922)[45], um vage Ausdrücke wie „psychische Tätigkeiten“ oder „Operationen“ zu ersetzen.[46] Höflers Freund und philosophischer Gesprächspartner Benno Kerry (1859-1889)[47] entfaltete ihn daraufhin in einer achtteiligen Arti-

45 Höfler setzte sich vehement für die philosophische Propädeutik und damit für die Integration der Psychologie in den Lehrplan der Gymnasien Österreichs ein. Vgl. Reichmayr (1983); s.a. Höflers philosophische Selbstdarstellung (1921).

46 Siehe Kerry (1885), 437, Anm. 1; Kerry (1890); Höfler (1885), 356, Anm. 1 u. (1894), 1; vgl. auch Eisler (1922), 53-54.

47 Benno Kerry (1859-1889) hatte in Wien und Straßburg studiert. 1881 promovierte er in Wien, 1885 habilitierte er sich in Straßburg (Höfler 1892, 230). Wie Höfler, der ihm den Begriff der „psychischen Arbeit“ 1882 gesprächsweise mitteilte, war er ein Schüler Brentanos. Edmund Husserl, Gottlob Frege und Georg Cantor haben sich mit Kerrys Arbeiten auseinandergesetzt; vgl. Höfler (1892); Peckhaus (1994); Picardi (1994).

kelserie *Über Anschauung und ihre psychische Verarbeitung*, die er in der *Vierteljahrsschrift für wissenschaftliche Philosophie* (1885-1891) erscheinen ließ.[48] Mit einer Schrift über „Psychische Arbeit", die in der *Zeitschrift für Psychologie und Physiologie der Sinnesorgane* und zugleich als Separatdruck veröffentlicht wurde, habilitierte sich Höfler 1895 in Wien.[49] Da Simmel in beide Zeitschriften Rezensionen einlieferte[50], darf man davon ausgehen, daß er diese Studien zur „psychischen Arbeit" kannte.

Höflers Absicht ist es, den Begriff der psychischen Arbeit in Analogie zum physikalischen Arbeitsbegriff als einen fruchtbaren Grundbegriff der Psychologie aufzustellen (Höfler 1894, 12). Da sich psychische Arbeit – beispielsweise beim Aufmerken, Vergleichen und Urteilen – in einem Gefühl der Anstrengung äußert, überträgt er die Terminologie der Mechanik auf Bewußtseinsvorgänge. In genauer Analogiebildung diskutiert er die Überwindung des Widerstandes (Höfler 1894, 4 u. 66), die „psychische Spannung bei Motivenkonflikten" (Höfler 1894, 36) und die Spannung beim Drängen des Wunsches.[51] Anhangsweise formuliert er „Thesen über die Beziehungen des Begriffes psychische Arbeit zu den Begriffen Apperzeption, Schlaf, Hypnose, psychische Störungen, zur Charakterologie und zur Pädagogik" (Höfler 1894, 107). Er betont – und darin wird ihm Simmel folgen, daß psychische Arbeit primär sei und der physischen Arbeit zugrunde liege (Höfler 1894, 125f.). Kerry wiederum bedenkt die

48 Kerry diskutiert die psychische Arbeit folgender Denkvorgänge: Auswahl, Entschluß, Urteil, Anzahl, Akte der Aufmerksamkeit, Abstraktion, Synthese und Reproduktion.

49 Höfler (1894), 21 u. 125, erwähnt, daß sowohl Hermann Ebbinghaus als auch Theodor Meynert einmal beiläufig von „psychischer Arbeit" gesprochen haben; vgl. Ebbinghaus (1885), 44: „Welche Art des Messens die richtigere sei, d.h. ein adäquateres Maß der aufgewandten psychischen Arbeit, läßt sich a priori nicht ausmachen." – Meynert (1892), 4: „Nöthig mußte ... das Gehirn zu psychischer Arbeit sein."

50 Simmel besprach in der *Vierteljahrsschrift für wissenschaftliche Philosophie* H. Steinthal: Allgemeine Ethik (1885); B. Carneri: Entwicklung und Glückseligkeit (1886); wiederabgedruckt in: Simmel (2000), 192ff. u. 211ff.; zu Simmels Rezensionen in der *Zeitschrift für Psychologie und Physiologie der Sinnesorgane* s. Anm. 49.

51 Höfler (1894), 39: Es läßt sich nicht verkennen, „daß auch der leiseste, hoffnungsloseste, unthätigste Wunsch noch ein Element des Hin- oder Wegdrängens, der Zug- oder Druckspannung aufweist."

Möglichkeit, psychische Arbeit zu ersparen oder als psychische Energie zu speichern, Überlegungen, die unter den Gesichtspunkten der „Ökonomie des Denkens“[52] und des Gesetzes der Energieerhaltung[53] zu erörtern sind.[54]

Die in Wien geführte und von Simmel rezipierte Diskussion um den Begriff der psychischen Arbeit stellt nun auch den gleichlautenden Begriff, den Breuer und Freud ein Jahr nach Höflers Publikation in den *Studien über Hysterie* (1895) eingeführt haben, in helleres Licht. Was bislang als eine anverwandelte Übersetzung und Ausarbeitung einer Charcotschen Formulierung[55] gelesen werden konnte, erweist sich nun als eine weiterführende Antwort auf eine lokale Debatte. Wie Höfler übertragen Breuer und Freud den physikalischen Arbeitsbegriff in die Psychologie.[56] Während

52 Vgl. auch Höfler (1894), 123; das Prinzip der Denkökonomie formulierte Ernst Mach in seiner Mechanik (1883).

53 Höfler (1894), 122, stellt die Frage, ob „es ein *Gesetz der Erhaltung intellektueller* und überhaupt *psychischer Energie*“ gebe.

54 Zur Begriffsübertragung aus dem Bereich der Physik in den der Psychologie vgl. auch Nadejde (1912), 18: „Eine psychische Arbeit ist um so größer, je größer der überwundene Widerstand oder die dafür verbrauchte Energie und je größer die Anzahl der überwundenen Hemmungen oder Wiederholungen derselben Arbeitseinheit ist.“ Diese Formel entspricht dem physikalischen Satz: „Die geleistete Arbeit ist um so größer, je größer der Widerstand oder die dafür verbrauchte Energie ist und je größer der durchlaufene Weg.“ Demetrius Nadejde, geboren 1876 in Rumänien, studierte erst in Bukarest, dann, als ausgebildeter Gymnasialprofessor, bei Theodor Lipps in München, wo er 1905 promoviert wurde. Bei Abfassung der zitierten Schrift war er Philosophieprofessor in Bukarest; Eisler (1910), 90: „Psychische Arbeit besteht in der Überwindung von Hindernissen, die sich der psychischen (logischen, Willens-) Betätigung entgegenstellen.“

55 Nach Charcot gibt es eine „Zeit der psychischen Ausarbeitung“ oder Inkubation, vgl. Freud/Breuer (1975), 108, 172 u. 105; Laplanche/Pontalis (1972), Bd. 2, 409. Wörtlich schreibt Charcot (1892a), 99: „... une sorte d'élaboration mentale que j'ai désigné quelquefois du nom de méditation.“ Freud übersetzt in freier Weise: „Dieser psychische Process bedarf einer gewissen Zeit zur Ausarbeitung, die ich auch als Inkubationszeit bezeichnet habe.“ (Charcot 1892b, 100) Eine Kopie dieser Passagen verdanke ich Gerhard Fichtner, Tübingen.

56 In Höflers Nachlaß befinden sich mehrere Briefe und Manuskripte von Breuer aus den Jahren 1902 bis 1912, darunter die Korrekturfahnen des von Breuer 1902 gehaltenen Vortrags über „Die Krisis des Darwinismus und die Teleologie“ sowie ein fünfzehn Seiten umfassender Brief vom 18.11.1902, in welchem Breuer sich kritisch mit Höflers Schrift und Begriff der „Psychischen Arbeit“ auseinandersetzt (Freundliche Mitteilung von Ulf Höfer, Forschungsstelle und Dokumentationszentrum für österreichische Philosophie, Graz). Von Höfler

der in ein Problem versunkene Forscher und der phantasierende Dichter „energisch psychische Arbeit“ leisten und dabei die freiwerdende Erregung des Nervensystems verbrauchen, gibt es gewisse Zustände, in denen „ein hohes Niveau der intrazerebralen Erregung“ nicht durch „psychische Arbeit verbraucht“ werden kann und deshalb anomalen Leistungen wie der hysterischen Konversion zur Verfügung steht.[57]

Für Freud ist der Begriff der psychischen Arbeit zum einen ein Synonym für Denkarbeit.[58] Sie äußert sich zudem als Erinnerungsarbeit und Assoziationsarbeit[59], die der mitarbeitende Patient innerhalb der kathartischen Kur leisten soll. Zum andern stellt Freud in Anlehnung an den physikalischen Begriff der Arbeit einen engen Zusammenhang zwischen Widerstand und psychischer Arbeit her: Er nahm an, daß die pathogenen Vorstellungsreihen auf Seiten des Patienten durch bloßes Drängen des Therapeuten zum Vorschein gebracht werden könnten, „und da dieses Drängen mich Anstrengung kostete und mir die Deutung nahelegte, ich hätte einen Widerstand zu überwinden, so setzte sich der Sachverhalt mir ohne weiteres in die Theorie um, *daß ich durch meine psychische Arbeit eine psychische Kraft bei dem Patienten zu überwinden habe, die sich dem Bewußtwerden (Erinnern) der pathogenen Vorstellung widersetze.*“[60] Der systematisch auf den Widerstand be-

---

wird berichtet, daß er sich gegen die Psychoanalyse ausgesprochen habe (Fallend 1995, 179). 1915 promovierte er Siegfried Bernfeld (a.a.O., 283), dessen gemeinsam mit Feitelberg unternommene Studien „Über psychische Energie, Libido und deren Meßbarkeit“ (1930; 1934) die hier in Frage stehenden Traditionen der Psychophysik und der psychischen Arbeit fortsetzen. Zum Vorbild der Analogiebildung dient Breuer „eine vielverzweigte elektrische Anlage“, in der Spannung und Widerstände herrschen (Freud/Breuer 1975, 156). Auch Höfler greift zur Erläuterung psychischer Vorgänge auf elektrotechnische Analogien zurück und spricht einmal von „Stromarbeit“ (Höfler 1894, 17, 19 u. 126).

57 Freud/Breuer (1975), 176. Psychische Arbeit eignet ein energetischer Aspekt (Konstanzprinzip) und ein ökonomischer (z.B. werden Erinnerungen erspart; a.a.O., 134); vgl. auch Anm. 89 u. 90.

58 Freud/Breuer (1975), 16, 70 u. 83.

59 Freud/Breuer (1975), 132 u. 63; vgl. auch den von Anna O. gebrauchten Ausdruck „recognising work“ (a.a.O., 24).

60 Freud/Breuer (1975), 215 u. 216: „Die Aufgabe des Therapeuten bestand darin, diesen *Assoziationswiderstand* durch psychische Arbeit zu überwinden.“ Und in der *Traumdeutung* (1900), 495: „*Was immer die Fortsetzung der Arbeit stört, ist ein Widerstand.*“ Zum Arbeitsbegriff in der Psychoanalyse vgl.

zogene Begriff der psychischen Arbeit wird in einem Beziehungsraum entwickelt, in welchem die Gesetze der Mechanik beobachtet und zugleich in Form physischer „Druckprozedur“ und verbalen „Drängens“ therapeutisch angewandt werden.

Begriffe der Mechanik wie Widerstand, Spannung und Arbeit (Arbeit = Kraft mal Weg), die sich im 19. Jahrhundert auch als Fachtermini der Elektrotechnik durchsetzen, werden von dort auf psychische Vorgänge übertragen. Höfler, Breuer und Freud beteiligen sich an diesem Transformationsprozeß. Als Bewußtseinspsychologe lehnt Höfler allerdings „Vorstellungen unter der Schwelle des Bewußtseins“ (Höfler 1894, 78) entschieden ab. Er distanziert sich von Herbarts Vorstellungsmechanik und grenzt Assoziationen aus dem Bereich psychischer Arbeit aus. Assoziation, Empfindung, Erinnerungsbilder und das Vorstellungsleben im Schlaf, den Traum, definiert Höfler als „psychische Nichtarbeit“ (Höfler 1894, 80, 107f., 125). An dieser Stelle setzt Freud ein, der den Begriff der psychischen Arbeit, wie wir gesehen haben, gerade auf diese ausgegrenzten psychischen Vorgänge anwendet. In der *Traumdeutung* wird der Begriff der psychischen Arbeit ganz von dem der „Traumarbeit“ absorbiert. Anhand der „Traumarbeit“ erläutert Freud paradigmatisch die Arbeitsweise des seelischen Apparates. Nur ein einziges Mal gebraucht Freud in der *Traumdeutung* den Ausdruck „psychische Arbeit“, und zwar genau in dem Augenblick, in dem er sich von der Traumtheorie Roberts, der den Begriff „Traumarbeit“ in die Traumforschung eingeführt hatte (Ellenberger 1973, Bd. 1, 432), abgrenzt: „Wenn der Traum wirklich die Aufgabe hätte, unser Gedächtnis durch besondere psychische Arbeit von den 'Schlacken' der Tageserinnerung zu befreien, so müßte unser Schlafen gequälter sein und auf angestrengtere Arbeit verwendet werden, als wir es von unserem wachen Geistesleben behaupten können.“[61]

Ausgehend von dem gemeinsamen Erscheinungsjahr, das die Titelblätter von Simmels *Philosophie des Geldes* und Freuds *Traumdeutung* ziert, haben wir gesehen, daß beide auf gleiche, den Zeit-

Heimann (1966); Reichmayr (1975); Dörr/Karlson (1996).

61 Freud (1900), 190f. Zum weiteren Sprachgebrauch vgl. z.B. *Der Witz und seine Beziehung zum Unbewußten* (1905), 113, 214 u. 219, wo der ökonomische Aspekt des Ersparens hervorgehoben wird.

geist und den Denkstil prägende Quellen rekurrieren.[62] In seinem essayistischen Stil gelangt Simmel zu Gelegenheitsbildungen, die in Freuds Werk zu zentralen Begriffen avancieren. Die Nähe, die sich dadurch ergibt, wird allerdings 1907 durch Simmels Überarbeitung jener Stellen, die seine Philosophie dem Psychologismusverdacht aussetzen, selbst durchkreuzt. Unser stichprobenartiger Vergleich beider Autoren führt uns somit zu der Erkenntnis der Unvereinbarkeit ihrer intellektuellen Ausrichtung und Physiognomie. Während Simmel als scharfsinniger Dialektiker Begriffsanalyse betreibt, Gegensätze aufstellt und sie in ihrer Wechselwirkung untersucht, experimentiert Freud theoriegeleitet in der therapeutischen Praxis mit der menschlichen Seele (Freud 1889, 135), wobei er das Sprachmaterial, den Verlauf und genauen Wortlaut der Assoziationen stärker berücksichtigt. Diese kategoriale Unvereinbarkeit beider Denkansätze haben schon die Zeitgenossen wahrgenommen. Kurt Hiller schrieb in seinen Erinnerungen über Simmel, den er zu den großen deutschen Denkern nach Nietzsche zählt: „Die Subtilität und Sauberkeit seiner begrifflichen Analyse, die unwidersprüchliche Koexistenz von Kritik und Psychologie bei ihm, kurz sein denkstilistisches Niveau ist von ganz wenigen erreicht, von niemandem überstiegen worden. [...]; vielleicht war Sigmund Freud der tiefere, entdeckungsmächtigere Psycholog, dann reichte er doch im Begriffsanalytischen und auch hinsichtlich der Fülle der Thematik (welche für Simmel kaum Grenzen kannte) nicht an diesen heran, keineswegs freilich einer Schwäche, einer Enge, einem Mangel zufolge, doch weil sein Wille ihm Aufgaben nicht gestellt hatte, die Simmel als Aufgabe empfand“ (Hiller 1957, 257). Und Margarete Susman, die ebenfalls einen Vergleich zwischen Simmel und Freud zieht, erinnert sich, daß Simmel „sein in die Tiefe des Psychischen vorstoßender Zeitgenosse Freud so fremd geblieben,

[62] Unberücksichtigt bleibt der Einfluß der Einfühlungsästhetik und deren Symbolbegriff auf beide Denker. Wenn Simmel darauf hinweist, daß wir die Einheitsform unseres Ichs den Objekten außer uns leihen und die Gefühle der physisch-psychischen Spannung in die Dinge hineinprojizieren (Simmel 1977, 535), dann greift er auf Gedanken von Friedrich Theodor Vischer und dessen Sohn Robert Vischer (1873, unpag. Vorwort) zurück. Robert Vischer entwickelte den Begriff der „Einfühlung“, der unbewußten, unwillkürlichen „Übertragung“ unserer Seelenstimmungen und Leibform auf die Objekte, vor dem Hintergrund der von Freud ausführlich rezipierten Traumtheorie Karl Albert Scherners.

daß er von der Ödipus-Sage nur das Ungeheuerliche des Geschehens begriff. So sagte er, als Hofmannsthals Elektra-Übersetzung erschienen war: 'Dieser ganze Sagenkreis ist unserer Zeit zu fremd, zu übermäßig geworden, um heute noch gestaltet zu werden. Was sollen wir heute mit einem Menschen anfangen, der seinen Vater erschlägt und seine Mutter heiratet'“ (Susman 1957, 279f.)? Über diese Grenze des Verstehens klagt auch Lou Andreas-Salomé, die noch in den 90er Jahren an der Seite ihres Mannes Simmel in Berlin kennengelernt hatte.[63] Als Freud ihr 1918 mitteilt, daß die Psychoanalyse mit Ernst Simmels Forschungen zur Kriegsneurose breite Anerkennung findet, fühlt sie sich durch die Namensgleichheit des Berliner Arztes Ernst Simmel[64] mit Georg Simmel, die durch kein verwandtschaftliches Verhältnis gestützt wird, Freud gegenüber zu folgender Äußerung veranlaßt: „Auf die Lektüre von Ernst Simmel freue ich mich – hoffe, es möchte Prof. Georg Simmel's Sohn sein (der Arzt geworden ist) und so endlich auch der Vater sich mit Ps[ycho-]A[nalyse] beschäftigen, worauf ich schon lange warte, denn ich schätze ihn hoch ein, und *um seinetwillen* hat es zu erfolgen“ (Freud/Andreas-Salomé (1966), 85). Ein halbes Jahr später erlag Georg Simmel einem Leberkrebsleiden.

Literatur

Bernfeld, Siegfried, Cassirer-Bernfeld Suzanne (1981), Bausteine der Freud-Biographik (hg. von Ilse Grubrich-Simitis). Frankfurt/M.: Suhrkamp.

Bernfeld, Siegfried, Feitelberg, Sergei (1930), Über psychische Energie, Libido und deren Meßbarkeit. In: Imago 16, S. 66-118.

Bernfeld, Siegfried, Feitelberg, Sergei (1934), Bericht über einige psycho-physiologische Arbeiten. In: Imago 20, S. 224-231.

Böhringer, Hannes (1976), Spuren von spekulativem Atomismus in Simmels formaler Soziologie. In: ders., Karlfried Gründer (Hg.), Ästhetik und Soziologie um die Jahrhundertwende: Georg Simmel. Frankfurt/M.: Klostermann, S. 71-83.

Charcot, Jean Martin (1892a), Leçons du mardi à la Salpêtrière. Policlinique 1887-1888. Bd.´1. Paris: Louis Battaille

Charcot, Jean Martin (1892b), Poliklinische Vorträge. Schuljahr

[63] Gassen/Landmann (1993), 119; ein Tagebucheintrag zu Simmel findet sich in ihrem Briefwechsel mit Rilke; Rilke/Andreas-Salomé (1979), 534.

[64] Vgl. die biographische Einleitung zu Ernst Simmel (1993), 9-12.

1887/88 (übers. von Sigmund Freud). Bd. 1. Leipzig, Wien: Deuticke
Dilthey, Wilhelm (1990), Einleitung in die Geisteswissenschaften. Versuch einer Grundlegung für das Studium der Gesellschaft und der Geschichte. In: ders., Gesammelte Schriften. Bd. Stuttgart: Teubner, Göttingen: Vandenhoeck & Ruprecht
Dörr, Margareta, Karlson, Martin (1996), Zum Arbeitsbegriff im psychoanalytischen Kontext. In: Georg Bruns (Hg.), Psychoanalyse im Kontext. Opladen: Westdeutscher Verlag, S. 195-238.
Dritter internationaler Congress für Psychologie in München vom 4. bis 7. August 1896 (1897). München: Lehmann.
Ebbinghaus, Hermann (1885), Über das Gedächtnis. Untersuchungen zur experimentellen Psychologie. Leipzig: Duncker & Humblot.
Eisler, Rudolf (1910), Wörterbuch der philosophischen Begriffe Bd. 1. Berlin: Mittler & Sohn
Eisler, Rudolf (1922), Handwörterbuch der Philosophie (hg. von Richard Müller-Freienfels). Berlin: Mittler & Sohn.
Ellenberger, Henry F. (1973), Die Entdeckung des Unbewußten. Bd. 1. Bern: Huber,
Fallend, Karl (1995), Sonderlinge, Träumer, Sensitive. Psychoanalyse auf dem Weg zur Institution und Profession. Protokolle der Wiener Psychoanalytischen Vereinigung und biographische Studien. Wien: Jugend & Volk.
Fechner, Gustav Theodor (1907), Elemente der Psychophysik. Leipzig: Breitkopf & Härtel
Fichte, Immanuel Hermann (1864), Psychologie. Die Lehre vom bewußten Geiste des Menschen, oder Entwickelungsgeschichte des Bewußtseins, begründet auf Anthropologie und innerer Erfahrung. Bd. 1. Leipzig: Brockhaus
Fortlage, Karl (1855), System der Psychologie als empirischer Wissenschaft aus der Beobachtung des innern Sinnes. Bd. 1. Leipzig: Brockhaus
Freud, Sigmund (1889), Rezension von Auguste Forel, Der Hypnotismus. In: ders. (1987), Gesammelte Werke. Nachtragsband (hg. von Angela Richards, Ilse Grubrich-Simitis). Frankfurt/M.: Fischer, S. 123-139.
Freud, Sigmund (1900), Die Traumdeutung. Studienausgabe (hg. von Alexander Mitscherlich e.a.). Bd. 2. Frankfurt/M.: Fischer
Freud, Sigmund (1900a), Die Traumdeutung. Leipzig, Wien: Deuticke (Reprint [1999], Frankfurt/M.: Fischer).
Freud, Sigmund (1905), Der Witz und seine Beziehung zum Unbewußten. In: ders., Studienausgabe (hg. von Alexander Mitscherlich e.a.). Bd. 6. Frankfurt/M.: Fischer, S. 9-219.

Freud, Sigmund (1908), Die 'kulturelle' Sexualmoral und die moderne Nervosität. In: ders., Studienausgabe (hg. von Alexander Mitscherlich e.a.). Bd. 9. Frankfurt/M.: Fischer, S. 9-32.

Freud, Sigmund (1911), Formulierungen über die zwei Prinzipien des psychischen Geschehens. In: ders., Studienausgabe (hg. von Alexander Mitscherlich e.a.). Bd. 3. Frankfurt/M.: Fischer, S. 13-24.

Freud, Sigmund (1912), Ratschläge für den Arzt bei der psychoanalytischen Behandlung. In: ders., Studienausgabe. (hg. von Alexander Mitscherlich e.a.). Ergänzungsband. Frankfurt/M.: Fischer, S. 169-180.

Freud, Sigmund (1912/13), Totem und Tabu. Einige Übereinstimmungen im Seelenleben der Wilden und der Neurotiker. In: ders., Studienausgabe (hg. von Alexander Mitscherlich e.a.). Bd. 9. Frankfurt/M.: Fischer, S. 287-444.

Freud, Sigmund (1913), Interesse an der Psychoanalyse. In: ders., Gesammelte Werke (hg. von Anna Freud e.a.). Bd. 8. Frankfurt/M.: Fischer, S. 389-420.

Freud, Sigmund (1914), Zur Geschichte der psychoanalytischen Bewegung. In: ders., Gesammelte Werke (hg. von Anna Freud e.a.). Bd. 10. Frankfurt/M.: Fischer, S. 43-113.

Freud, Sigmund (1925), Selbstdarstellung. In: ders., Gesammelte Werke (hg. von Anna Freud e.a.). Bd. 11. Frankfurt/M.: Fischer, S. 31-96.

Freud, Sigmund (1968), Briefe 1873-1939 (hg. von Ernst und Lucie Freud). Frankfurt/M.: Fischer.

Freud, Sigmund (1986), Briefe an Wilhelm Fliess 1887-1904 (hg. von Jeffrey Moussaieff Masson. Bearbeitung der deutschen Fassung von Michael Schröter. Transkription von Gerhard Fichtner). Frankfurt/M.: Fischer.

Freud, Sigmund (1989), Jugendbriefe an Eduard Silberstein 1871-1881 (hg. von Walter Boehlich). Frankfurt/M.: Fischer.

Freud, Sigmund, Breuer, Josef (1975), Studien über Hysterie. Frankfurt/M.: Fischer.

Freud, Sigmund, Andreas-Salomé, Lou (1966), Briefwechsel, (hg. von Ernst Pfeiffer). Frankfurt/M.: Fischer.

Frisby, David (Hg.) (2000), Georg Simmel in Wien. Texte und Kontexte aus dem Wien der Jahrhundertwende. Wien: WUV-Universitätsverlag.

Gassen, Kurt (1993), Georg Simmel-Bibliographie. In: ders., Landmann Michael (Hg.), Buch des Dankes an Georg Simmel. Briefe, Erinnerungen, Bibliographie. Berlin: Duncker & Humblot, S. 309-365.

Gassen, Kurt, Landmann, Michael (Hg.) (1993), Buch des Dankes an Georg Simmel. Briefe, Erinnerungen, Bibliographie. Zu seinem 100. Geburtstag am 1. März 1958. Berlin: Duncker & Humblot.

Gay, Peter (1992), Freud entziffern. Frankfurt/M.: Fischer.
Geiger, Moritz (1921), Fragment über den Begriff des Unbewußten und die psychische Realität. In: Jahrbuch für Philosophie und phänomenologische Forschung 4, S. 1-138.
Goldmann, Stefan (1999), Freuds Traumterminologie zwischen Tradition und Innovation. In: Luzifer-Amor 12, H. 24, S. 7-24.
Grimm, Jacob, Grimm, Wilhelm (1991), Deutsches Wörterbuch. Bd. 22. München: dtv.
Grözinger, Gerd (2000), Von der Philosophie zur Psychoanalyse des Geldes: Georg Simmel & Sigmund Freud. In: Jürgen G. Backhaus, Hans-Joachim Stadermann (Hg.), Georg Simmels Philosophie des Geldes. Einhundert Jahre danach. Marburg: Metropolis, S. 143-184.
Heimann, Paula (1966), Bemerkungen zum Arbeitsbegriff in der Psychoanalyse. Psyche 20, 321-361.
Herder, Johann Gottfried (o.J.), Ideen zur Philosophie der Geschichte der Menschheit. In: ders., Werke (hg. von Heinrich Düntzer). Berlin: Hempel, Bd. 9-12.
Hiller, Kurt (1957), Erinnerungen an Simmel. In: Kurt Gassen , Michael Landmann (Hg.) (1993), Buch des Dankes an Georg Simmel. Briefe, Erinnerungen, Bibliographie. Berlin: Duncker & Humblot, S. 257-262.
Hinrichsen, Adolf (1891), Das literarische Deutschland. Berlin: Literarisches Deutschland.
Höfler, Alois (1885), Anzeige von K. Kroman: Unsere Naturerkenntnis (1883). Vierteljahrsschrift für wissenschaftliche Philosophie 9, S. 353-368.
Höfler, Alois (1892), Anzeige von B. Kerry: System einer Theorie der Grenzbegriffe (1890). Vierteljahrsschrift für wissenschaftliche Philosophie 16, S. 230-242.
Höfler, Alois (1894), Psychische Arbeit. Hamburg, Leipzig: Voss.
Höfler, Alois (1921), Die Philosophie des Alois Höfler. In: Schmidt Raymund (Hg.), Die deutsche Philosophie der Gegenwart in Selbstdarstellungen. Leipzig: Meiner, Bd. 2, S. 117-160.
Jodl, Friedrich (1896), Lehrbuch der Psychologie. Stuttgart: Cotta.
Kerry, Benno (1885), Über Anschauung und ihre psychische Verarbeitung. Vierteljahrsschrift für wissenschaftliche Psychologie 9, S. 433-493.
Kerry, Benno (1890), System einer Theorie der Grenzbegriffe. Ein Beitrag zur Erkenntnistheorie (hg. von Gustav Krohn). Leipzig, Wien: Deuticke, Bd. 1.
Köhnke, Klaus Christian (1996), Der junge Simmel in Theoriebeziehungen und sozialen Bewegungen. Frankfurt/M.: Suhrkamp.
Landmann, Michael (1976), Arthur Steins Erinnerungen an Georg Sim-

mel. In: Hannes Böhringer, Karlfried Gründer (Hg.), Ästhetik und Soziologie um die Jahrhundertwende: Georg Simmel. Frankfurt/M.: Klostermann, S. 272-276.

Landmann, Michael (1993), Bausteine zur Biographie. In: Kurt Gassen, Michael Landmann (Hg.), Buch des Dankes an Georg Simmel. Briefe, Erinnerungen, Bibliographie. Berlin: Duncker & Humblot, S. 11-33.

Laplanche, Jean, Pontalis, J.-B. (1972), Das Vokabular der Psychoanalyse. Frankfurt/M.: Suhrkamp, 2 Bde.

Meynert, Theodor (1892), Sammlung von populär-wissenschaftlichen Vorträgen über den Bau und die Leistungen des Gehirns. Wien, Leipzig: Braumüller.

Müller, Lothar (1995), Georg Simmel. Die Soziologie und das Seelenleben. In: Jüttemann Gerd (Hg.), Wegbereiter der Psychologie. Der geisteswissenschaftliche Zugang von Leibniz bis Foucault. Weinheim: Psychologie Verlags Union, S. 84-96.

Nadejde, Demetrius (1912), Über die quantitative Bestimmung der psychischen Arbeit. Wien, Leipzig: Braumüller.

Nitzschke, Bernd (1989), Freud und Fechner. Einige Anmerkungen zu den psychoanalytischen Konzepten 'Lustprinzip' und 'Todestrieb'. In: ders. (Hg.), Freud und die akademische Psychologie. Beiträge zu einer historischen Kontroverse. München: Psychologie Verlags Union, S. 80-96.

Peckhaus, Volker (1994), Benno Kerry. Beiträge zu seiner Biographie. History and Philosophy of Logic 15, 1-8.

Pfoser, Alfred e.a. (1993), Schnitzlers 'Reigen'. Der Skandal. Analysen und Dokumente. Frankfurt/M.: Fischer, Bd. 1.

Picardi, Eva (1994), Kerry und Frege über Begriff und Gegenstand. History and Philosophy of Logic 15, S. 9-32.

Prechtl, Peter (1998), Edmund Husserl zur Einführung. Hamburg: Junius.

Radestock, Paul (1879), Schlaf und Traum. Eine physiologisch-psychologische Untersuchung. Leipzig: Breitkopf & Härtel.

Rammstedt, Otthein (1993), Simmels Philosophie des Geldes. In: Jeff Kintzelé, Peter Schneider (Hg.), Georg Simmels Philosophie des Geldes. Frankfurt/M.: Hain, S. 13-46.

Reichmayr, Johannes (1975), Der Begriff der Arbeit in der Psychoanalyse Sigmund Freuds. Salzburg, phil. Diss.

Reichmayr, Johannes (1983), Vom 'Existenzminimum an Psychologie' oder was heißt: 'Ein Seelenleben führen...'? Bemerkungen zur Psychologie im österreichischen Gymnasium um die Jahrhundertwende. Zeitschrift für Didaktik der Philosophie 5, 79-88.

Rilke, Rainer Maria, Andreas-Salomé Lou (1979), Briefwechsel (hg. von

Ernst Pfeiffer). Frankfurt/M.: Insel.
Scheerer, Eckart, Hildebrandt Helmut (1988), Was Fechner an eminent psychologist? In: Josef Brozek, Horst Gundlach (Hg.), G. T. Fechner and Psychology. Passau: Passavia Universitätsverlag, S. 269-281.
Schnitzler, Arthur (1984), Briefe 1913-1931 (hg. von Peter Michael Braunwarth e.a.). Frankfurt/M.: Fischer.
Schur, Max (1977), Sigmund Freud. Leben und Sterben. Frankfurt/M.: Suhrkamp.
Simmel, Ernst (1993), Psychoanalyse und ihre Anwendungen. Ausgewählte Schriften (hg. von Ludger M. Hermanns, Ulrich Schultz-Venrath). Frankfurt/M.: Fischer.
Simmel, Georg (1891), Rezension von: Ferdinand Maria Wendt: Die Seele des Weibes. Versuch einer Frauenpsychologie. In: ders. (2000), Gesamtausgabe (hg. von Otthein Rammstedt). Frankfurt/M.: Suhrkamp, Bd. 1, S. 251.
Simmel, Georg (1900), Philosophie des Geldes. Leipzig: Duncker & Humblot.
Simmel, Georg (1977), Philosophie des Geldes. Berlin: Duncker & Humblot.
Simmel, Georg (1983), Soziologie. Untersuchungen über die Formen der Vergesellschaftung. Berlin: Duncker & Humblot.
Simmel, Georg (2000), Gesamtausgabe (hg. von Otthein Rammstedt). Frankfurt/M.: Suhrkamp, Bd. 1.
Simmel, Hans (1976), Auszüge aus den Lebenserinnerungen. In: Böhringer Hannes, Gründer Karlfried (Hg.), Ästhetik und Soziologie um die Jahrhundertwende: Georg Simmel. Frankfurt/M.: Klostermann, S. 247-268.
Susman, Margarete (1957), Erinnerungen an Simmel. In: Kurt Gassen, Michael Landmann (Hg.) (1993), Buch des Dankes an Georg Simmel. Briefe, Erinnerungen, Bibliographie. Berlin: Duncker & Humblot, S. 278-291.
Vischer, Robert (1873), Über das optische Formgefühl. Ein Beitrag zur Ästhetik. Leipzig: Credner.
Wendt, Ferdinand Maria (1891), Die Seele des Weibes. Versuch einer Frauen-Psychologie. Korneuburg: Kühkopf.
Weygandt, Wilhelm (1893), Entstehung der Träume. Leipzig: Grubel & Sommerlatte.
Wundt, Wilhelm (1874), Grundzüge der physiologischen Psychologie. Leipzig: Engelmann.
Zöllner, Johann Carl Friedrich (1872), Über die Natur der Cometen. Beiträge zur Geschichte und Theorie der Erkenntniss. Leipzig: Engelmann.

Volatilität. Das Triebleben in den Finanzmärkten

Matthias Kettner

I. Die herakliteische Wirklichkeit der Finanzmärkte

Von Parteigängern der wirtschaftlichen Globalisierung, jedenfalls von den „Neoliberalisten" unter denselben, ist folgendes Argumentationsmuster zu hören: Es kommt politisch nicht nur darauf an, alle Menschen (politisch) gleichzustellen, als Bürger in national-territorialen Rechtsstaaten oder anderen demokratischer Gemeinwesen; es kommt vielmehr darauf an, sie (materiell) langfristig und insgesamt immer besserzustellen, als Produzenten und Konsumenten in einem weltumspannenden Wirtschaftssystem. Nur Politik, die sich von diesem Fernziel leiten lässt, ist letztlich gute Politik. Wenn die ökonomische Globalisierung, die von dieser Politik angestrebt wird, auch Schattenseiten zeigt und unerwünschte Nebenfolgen hat, so hilft gegen diese am besten noch mehr Globalisierung. Allerorten, auch in den Ländern der Dritten Welt, sind die Konsumenten die eigentlichen Globalisierungsgewinnler.

Offenbar sind Neoliberalisten nicht nur Optimisten hinsichtlich der Versorgung der Weltbevölkerung mit Bedarfsgütern, sondern auch bezüglich der globalisierten Finanzmärkte. Was sind Finanzmärkte? Und was sind sie gemäß dem neoliberalistischen Credo?

Finanzmärkte funktionieren erstens als *Finanzierungsmärkte*, auf denen sich vor allem Unternehmen die z.B. für Investitionen nötigen Kredite besorgen können, zweitens als *Sekundär- oder Handelsmärkte*, auf denen mit Aktien, Anleihen, Krediten, Optionen, Devisen, Derivaten und anderen bestehenden Finanztiteln gehandelt wird.

Beschleunigung aller Transaktionen, Ablösung von der stofflichen Basis der Güterproduktion und ein märchenhaft anmutendes Wachstum des Wertvolumens (man denke an die sprichwörtlichen „zwei Billionen Dollar Tagesumsatz auf den Devisenmärkten") kennzeichnen besonders diese zweite Funktion moderner Finanzmärkte. Technisch und politisch ermöglicht durch Digitalisierung und Vernetzung, liegt ihre Haupttendenz in der anscheinend unbegrenzten Entstofflichung, Verflüssigung und Beschleunigung, mit der die Finanzanleger, besonders die großen institutionellen Akteure, sich bereichern können.

Aber gemäß dem neoliberalistischen Credo ist auch das entschieden zu begrüßen: Auch in der, ja gerade in der „Spekulation", der strategischen Nutzung von Erwartungen über die Erwartungen von zukünftigen Preisentwicklungen der Finanztitel, walte die seit Adam Smith bekannte, unsichtbare und wohlfahrtsdienliche Hand. Spekulation sondiere und zähme finanzielle Risiken, und wenn spekulativ angetriebene große Bewegungen auf Finanzmärkten Nationalökonomien und ganze Regionen in Krisen stürzen (wie 1997 in Asien, 1998 in Brasilien usw.), so testen sie doch nur deren wirtschaftliche Gesundheit. *Per aspera ad astra.*

Finanzmärkte, das sind die avanciertesten Formen der Geldwirtschaft in unserer bisherigen kapitalistischen Kulturgeschichte. Wie die sogenannten Crashes an den Börsen immer wieder zeigen, sind es ungeheuer unbändige Märkte. Und wie die großflächigen und langdauenden Wirtschaftskrisen, die zwar als Asien- und Brasilienkrise firmieren, tatsächlich aber Krisen des Weltmarkts sind, drastisch vor Augen führten, sind es ungeheuer mächtige Märkte. Im zeitlich engeren und kausal kleineren Ausschnitt, gleichsam im Fernsehspielformat, stellen die Börsen der Welt das Spiel dieser Märkte zur Schau.

Das Steigen und Fallen der Werte, Kurse, und Notierungen grundiert zusehends unsere Lebensführung. Die existenzielle Bedeutung, die dieses Geschehen gewinnt, drängt immer weiter in die öffentlichen Räume vor. (Schalten Sie fünf Nachrichtensendungen ein, und mit Sicherheit werden in vieren die eingeblendeten Börsenkurse am laufenden Band einen permanenten Subtext zum Weltgeschehen bilden.) Sie dringen in die Frühstücksgespräch und persönlichen Alltagsverrichtungen ein.[1] Der Deutsche Akti-

[1] Die Bedeutsamkeit der Finanzmärkte reicht bereits in flüchtige Regungen des individuellen Seelenlebens hinein: Am Abend vor 2 Tagen spazierte ich von unserem Hotel in Richtung der U-Bahnstation Spittelau. Meine Aufmerksamkeit war von dem dortigen wundersam bunten, stilistisch postmodernen Kraftwerk in Anspruch genommen. Fernwärme Wien. Es handelt sich um Friedrich Hundertwassers größten und umstrittensten Versuch seiner Kunst am Bau. Als ich an der belebten Kreuzung unvorsichtig vor Autos über die Straße eilte, fiel mein Blick auf eine große, am Zufahrtsweg zum Kraftwert aufgerichtete elektronische Tafel, die einige rotleuchtende Balkengraphiken

en Index (DAX), eingeführt 1988, wird während der in Frankfurt achteinhalb stündigen Börsenzeit 510 mal neu berechnet, (jede Minute) und bündelt 30 ausgesuchte Aktienwerte, die sich breiter Marktstreuung und reger Umsatztätigkeit an der Börse erfreuen. Sie sollen den Vitalzustand der gesamten deutschen Volkswirtschaft bestmöglich repräsentatieren. Der Dow Jones Index wurde zuerst 1889 im neu gegründeten „Wall Street Journal" veröffentlicht. 100 Jahre nach der Französischen Revolution überschreibt er gleichsam deren politische Losungen mit der marktwirtschaftlichen Verheißung, daß die ungesellige Geselligkeit der Märkte, in denen alle Teilnehmer als Anbieter oder Nachfrager gleich sind, der Weg zur größten Freiheit jedes Einzelnen sei.

Wärme? Strom? Geld? Alles fließt, und alles fließt „im Begriff des Liquiden zusammen, und die Liquidität sucht sich ihr Medium. Seit die beiden Genfer Physikstudenten Tim Berners-Lee und Robert Cailliau 1990 mit dem HTML-Code eine allgemein zugängliche Sprache für das Internet erfanden, muß auch dem verstocktesten Konservativen klar sein, daß die Verschmelzung von Informations-und Geldwirtschaft nicht aufzuhalten ist. Nicht mehr ans Diktat vorhandener Edelmetallvorräte gebunden und nicht länger ins Korsett fixer Wechselkursverhältnisse gezwängt, hatte Geld schon zwei Befreiungsschläge hinter sich, bevor es end-

---

anzeigt. Darüber erhaschte ich die Überschrift „Emissionswerte MVK Wien", und mir schoß durch den Kopf: „Ist ja unglaublich, jetzt fangen Großunternehmen schon damit an, am Werkstor *online* mit ihren Aktienkursen zu prunken." Da las ich weitere Worte, wie CO2, NO2, HCL, und Staub. Wie hatte ich auch nur einen Moment lang die öffentliche Anzeige der Luftverschmutzungswerte des Kraftwerks für Börsennotierungen halten können? Gewiß, es war schon dämmerig. Und sicher war ich in Gedanken auch mit meinem Vortragsthema beschäftigt. Aber das konnte nicht alles sein. Als ich dann überlegte, wie ich zu dieser Fehlleistung gekommen war, fiel mir auf, daß ich an besagter Kreuzung auch ein Cafe passiert hatte, das „Bulls and Bears" hieß– ein Namen im Börsenidiom, denn als Bear oder Baissier bezeichnet man den Spekulanten, der glaubt, daß die Preise zu hoch sind und ein Preissturz folgen wird, Bull ist das Gegenteil von Bear und bezeichnet in der englischen Börsensprache den Haussier. Und dann fiel mir wieder ein, was ich quasi als letzten bemerkenswerten Eindruck aus Frankfurt mitgenommen hatte, bevor ich am Frankfurter Hautbahnhof in den Nachtzug nach Wien eingestiegen war: Eine riesige, an einer Hochhauswand angebrachte elektronische Bildwand, auf der kurze Reklame-Videoclips laufen und zwischendrin immer wieder: die neuesten magischen Zahlen der bedeutenden Börsenindices, des Dow Jones, des NASDAQ, des DAX.

lich zu seinem wahren Aggregatzustand finden konnte. In den Geldbörsen der meisten Menschen trocknet es immer noch periodisch aus, und auf den Scheinen der nationalen Notenbanken gefriert es zu fixen Einheiten. Im Kern jedoch pulsiert es als elektrischer Strom durch's planetare Datennetz" (Zaster 1999, 52).

Wie Hegels Begriff, ist es an sich selbst Bewegung. Die bis zur Umwertung aller Werte reizbare Beweglichkeit geldbezogener Werte, möchte ich, noch ganz untechnisch, seine *Volatilität* nennen.

Wie ist diese herakliteische Realität entstanden? Was ist ihre allgemeine Kulturbedeutung? Was konnte Simmel - und was könnte womöglich auch Freud - uns hierüber sagen, aus dem Abstand von 100 Jahren?

II. Drei Psychogramme des Geldverkehrs

War der junge Freud darauf aus, Hunger und Liebe als „der Welt Getriebe" zu erweisen – Schillers und Freuds erste triebdualistische Weltformel, Freuds späteste Version wird dann auf Thanatos und Eros lauten –, so setzt der junge Simmel darauf, im Geld und vom Gelde her das Leben und die Welt zu verstehen. Simmels ökonomische Weltformel heißt *Wertrelativismus.* Auch sie ist in sich zwiespältig – zwar nicht bipolar (wie bei Freud), aber komplementär, denn Simmel erkennt dem Geld zwei grundverschiedene Rollen zu. Zum einen spielt das Geld die Rolle eines zeitlosen Zeichens, das, selber wertlos, einen Wertunterschied nur bezeichnet, aber nicht macht. Zweitens hat das Geld dann aber auch die Rolle von etwas, was selber einen Wert in der Zeit hat, der andere Wertunterschiede in der Zeit macht. Simmel nennt das die Doppelrolle des Geldes.

Hören wir, wie Simmel das Erkenntnisinteresse seiner *Philosophie des Geldes* in dem heute ein wenig verquast wirkenden philosophischen Jargon der Jahrhundertwende beschreibt. Simmel möchte zeigen, wie die Geldwirtschaft „sich nicht nur in den ganzen Umfang der Welt tragend und getragen, verwebt, sondern sich als Symbol der wesentlichen Bewegungsformen derselben offenbart" (Simmel 1989, 12). Es geht um nichts weniger als eine kulturelle Tiefenanalyse. Sie soll ihrer Betrachtungsweise nach ökonomisch sein, hat aber *als solche* zugleich auch eine psychologische Komponente:

„In methodischer Hinsicht kann man [die Absicht] so ausdrücken: dem historischen Materialismus ein Stockwerk unterzubauen, derart, daß der Einbeziehung des wirtschaftlichen Lebens in die Ursachen der geistigen Kultur ihr Erklärungswert gewahrt wird, aber eben jene wirtschaftlichen Formen selbst als das Ergebnis tieferer Wertungen und Strömungen, psychologischer, ja, metaphysischer Voraussetzungen erkannt werden. [Das heißt:] An jede Deutung eines ideellen Gebildes durch ein ökonomisches muß sich die Forderung schließen, dieses seinerseits aus ideelleren Tiefen zu begreifen, während für diese wiederum der allgemein ökonomische Unterbau zu finden ist, und so fort ins unbegrenzte" (Simmel 1989, 13).

Meine Intepretationshypothese ist nun die folgende: Simmel hat in seine ökonomische Kulturtiefenanalyse genau die richtige psychologische Komponente eingebaut, die uns erlaubt, psychoanalytische Beschreibungen in Anschlag zu bringen, mit deren Hilfe wir das Triebleben in den Finanzmärkten erkennen können.

Wie ist diese psychologische Komponente in Simmels Ansatz näher zu charakterisieren? Sie besteht, kurz gesagt, in einem Übertragungsangebot, welches das Geld macht. Hierin liegt ein Doppelsinn: Das Übertragungsangebot wird sozusagen vom Geld selber gemacht – überall unter Menschen, wo es Geld gibt –; und zugleich könnte es nirgends Geld geben, wenn nicht die Menschen einander dieses Übertragungsangebot machten.

Es ist das Angebot, Wertschätzungen von etwas auf etwas anderes zu übertragen. Geld bietet sich als ein Wertschätzungsübertragungsmittel an. Von diesem Übertragungsangebot fällt etwas zurück auf das Angebot selber und macht das angebotene Mittel selber wertvoll. Simmel meint: „In dem ganzen Gewebe des menschlichen Zweckhandelns gibt es vielleicht kein Mittelglied, an dem [der] psychologische Zug des Auswachsens des Mittels zum Zwecke so rein hervorträte wie am Gelde; nie ist ein Wert, den ein Gegenstand nur durch seine Umsetzbarkeit in andere, definitiv wertvolle, besitzt, so vollständig auch auf diesen selbst übertragen worden" (Simmel 1989, 522).

Das ist ein erster psychologischer Zug in Simmels Ansatz. Nennen wir ihn das Geldpsychogramm Nr 1: *Im Übertragungsangebot, das Geld macht, liegt eine unwiderstehliche Versuchung, zweckdienliche Mittel in scheinbar intrinsisch wertvolle Zwecke (Selbstzwecke) zu verwandeln.*

Wenn tendenziell alles mögliche in Beziehung auf alles mögliche andere wertgeschätzt werden kann und wenn alle Ergebnisse solcher vergleichsweiser, d.h. relativer Wertschätzungen mittels Geld als Zeichen bezeichnet werden können, „dann wird erst das innere Wesen des Geldes verständlich. Denn in ihm hat der Wert der Dinge, als ihre wirtschaftliche Wechselwirkung verstanden, seinen reinsten Ausdruck und Gipfel gefunden“ (Simmel 1989, 121).

Weil aber der Wert der Dinge, der solcherart seinen reinsten Ausdruck und Gipfel gefunden hat, ein immer nur relativer, nämlich von Vergleichen abhängiger Wert ist, kann der Begriff des Geldes für Simmel zum Statthalter einer metaphysischen, auf's Weltganze gemünzten Meinung werden, einer Weltformel. So spricht Simmel als die „philosophische Bedeutung des Geldes“ aus: „daß es innerhalb der praktischen Welt die entscheidenste Sichtbarkeit, die deutlichste Wirklichkeit der[jenigen] Formel des allgemeinen Seins ist, nach der die Dinge ihren Sinn aneinander finden und die Gegenseitigkeit der Verhältnisse, in denen sie schweben, ihr Sein und Sosein ausmacht“ (Simmel 1989, 46).

Im Geld, kurz gesagt, manifestiert sich die Relativität alles Wertvollen. – Soviel zum philosophischen Überstieg. Doch geben wir Kleingeld. Mit Blick auf Geldpsychogramm Nr.1 bedeutet die zunehmende Durchdringung aller Lebensverhältnisse mit dem Geldmittel auch, daß dieses Mittel zugleich immer stärkeren Selbstzweckcharakter gewinnt. Simmel argumentiert so: „Indem sein Wert als *Mittel* steigt, steigt sein *Wert* als Mittel, und zwar so hoch, dass es als Wert schlechthin gilt und das Zweckbewußtsein an ihm definitiv Halt macht“ (Simmel 1989, 298). „So steigt das Geld im Bewußtsein vom Mittel zum Zweck auf, weil die allgemeine Lebenszweckmäßigkeit“ (Simmel 1989, 296) es gebietet, sich auf die Mittel zu konzentrieren, und die Geldwirtschaft gerade dadurch sich entfaltet, daß sie ein allgemeines Mittel für alle Zwecke hervorbringt.

Wir können nun die Kulturbedeutung, die Geld im Licht von Geldpsychogramm Nr. 1 annimmt, präzisieren. Sie besagt nun, *daß Geld sich allseits, allerorten und in jeder Beziehung zur*

Wertschätzung empfiehlt.

Bleiben wir noch einen Moment bei der semiotisch-semantischen Rolle von Geld als Bezeichnungsmittel für Tauschwert innerhalb einer Gesellschaft. „Wenn [...] der wirtschaftliche Wert der Objekte in dem gegenseitigen Verhältnis besteht, daß sie, als tauschbare eingehen, so ist das Geld also der zur Selbständigkeit gelangte Ausdruck dieses Verhältnisses" (Simmel 1989, 122). Der Sinn des Geldes ist demnach, „nichts als der Ausdruck dieser Relativität" (Simmel 1989, 131) zu sein, „die Relativität der begehrten Dinge [...] in sich darzustellen" (Simmel 1989, 138). Geld ist „seinem reinen Begriff nach [...] nichts als die reine Form der Tauschbarkeit" (ebd.), die es „zu einem für sich bestehenden Gebilde kristallisiert" (Simmel 1989, 209).

Geld, wohlgemerkt, ist bei Simmel funktional definiert, durch seine Rolle, und nicht substanziell – z.B. ob Geld aus Baumrinde oder Papier, Edelmetall oder Plastik besteht oder aus binär codierten Zeichenstrings, wie e-money. Als Geld zählt Simmel daher "auch alle durch den Kredit und Giroverkehr ermöglichten Geldsubstitute" (Simmel 1989, 150). Somit fallen auch neuartige Finanzinstrumente unter Simmels Geldbegriff – heute z.B. die Derivate (Optionen, Optionsscheine und Futures), mit denen man nicht nur an steigenden sondern auch an fallenden Börsenkursen verdienen kann.

Nun kommt die Tausend-Dollar-Frage: Wie bestimmt sich Simmel zufolge ein ökonomischer Wert? Wie bildet sich Wert? In der wirtschaftswissenschaftlichen Literatur gibt es und hat es immer hierzu viele verschiedene Auffassungen gegeben. Simmel bezieht hier eine radikal nachfrage-kontraktualistische Position, deren Meriten ich hier nicht diskutieren kann. Simmels Position ist, daß der Tausch selbst erst den ökonomischen Wert, also den Tauschwert, hervorbringt und daß es außer dem faktischen Tausch, außer der faktischen Einwilligung beider Tauschpartner im Augenblick des Tauschs, kein Kriterium gibt, um die Gleichheit der ausgetauschten Güter zu überprüfen. Was als Element in den ökonomischen Tauschhandel hineingezogen wird, geht nicht schon mit einem Wert ausgestattet hinein, der dann verglichen würde, sondern der Wert wird den ausgetauschten Elementen im Tausch zugemessen.

„Innerhalb der Wirtschaft", so meint Simmel, sei „der Inhalt des Opfers oder Verzichtes, der sich zwischen den Menschen und den Gegenstand seines Begehrens stellt, zugleich der Gegenstand des Begehrens eines Anderen": „der erste muß auf einen Besitz oder Genuß verzichten, den der andere begehrt, um diesen zum Verzicht auf das von ihm Besessene, aber von jenem Begehrte zu bewegen. [...] Es verschlingen sich also zwei Wertbildungen ineinander, es muß ein Wert eingesetzt werden, um einen Wert zu gewinnen. Dadurch verläuft die Erscheinung so, als ob die Dinge sich ihren Wert gegenseitig bestimmten. Denn indem sie gegeneinander ausgetauscht werden, gewinnt jeder die praktische Verwirklichung und das Maß seines Wertes an dem anderen" (Simmel 1989, 52f.).

Ökonomischer Wert bildet sich also nicht etwa auf der Basis von Gebrauchswert, Nützlichkeit, Grundbedürfnisse, Arbeitsaufwand o.ä., sondern aus Nachfrage, d.h. auf der Basis von Begehrtheit. Nicht alles Brauchbare wird auch begehrt, und gewiß ist nicht alles, was begehrt wird, auch brauchbar. Aber ohne Begehrtheit ist alles ökonomisch nichts (Simmel 1989, 75f.). Das nicht umstandslos befriedigbare Begehren, das Begehren von Knappem, dessen Knappheit sich aber womöglich irgendwie aufheben läßt, das und genau nur das markiert den Ort, wo der ökonomische Bedarf, der gedeckt werden will, erscheint, bzw. die Begehrtheit. Simmels Begriff des Begehrens ist ungebunden, frei, arbiträr, und als solcher „von vornherein auf eine Aktivität, eben das aktive Wirtschaften, ausgerichtet" (Flotow 1992, 74). *Das wertbildende Begehren ist phantastisch plastisch.* Das ist das Geldpsychogramm Nr. 2.

Soviel zur ersten, radikal subjektivistischen Hälfte von Simmels Auflösung des Rätsels wirtschaftlicher Wertbildung. Noch handelt es sich gewissermaßen um eine dyadische, eine 2-Personen Tauschökonomik. Aber in einem weiteren Gedankengang holt Simmel nun den anonymen Vielpersonentausch herein, den Marktmechanismus mit vielen Anbietern und vielen Nachfragern, die sämtlich um Dinge, die einen Preis haben, konkurrieren. Das genau kennzeichnet ja die Märkte im Kapitalismus. Hier bilden sich die Preise auf eine systemische, weil hochaggregierte Weise, die die Einzelnen normalerweise – anders als beim einfachen Tausch – nicht unter persönlicher Kontrolle haben. Sie sind am Markt nicht mehr Herr im eigenen Zweipersonen-Haus. Simmel macht die folgende, stark idealisierende Behauptung: „So würde sich [...] die Erscheinung einer vollkommen ausgebildeten Wirtschaft darbieten. In dieser zirkulieren die Gegenstände nach Normen und Maßen, die in jedem gegebenen Augenblick festgestellt sind, und mit denen sie dem Einzelnen als ein objektives Reich gegenüberstehen; er kann an diesem teilhaben oder nicht teilhaben, wenn er es aber will, so kann er es nur als Träger oder Ausführender dieser ihm jenseitigen Bestimmtheiten. Die Wirtschaft strebt einer – nirgends völlig unwirklichen und nirgends völlig verwirklichten – Ausbildungsstufe zu, in der sich die Dinge ihre Wertmaße wie durch einen selbständigen Mechanismus gegenseitig bestimmen – unbeschadet der Frage, wieviel subjektives Fühlen dieser Mechanismus als seine Vorbedingung oder als sein Material in sich aufgenommen hat“ (Simmel 1989, 55).

Hier, wo es um die Wertbildung am Markt, also um den Marktpreis geht, argumentiert Simmel geradezu umgekehrt wie da, wo es um die Wertbildung durch Tausch, also um den Tauschwert geht. Der Tauschwert bilde sich subjektivistisch, der Marktwert aber durch Systeme konkurrierender generalisierter Anderer.

Diese Systeme wirken subjektlos – sie erscheinen wie von allen guten Geistern verlassen. Simmels Ideal der perfekten, der „vollkommen ausgebildeten Wirtschaft“ überlappt hier übrigens mit dem Credo heutiger Neoliberalisten. Simmel gesteht zwar zu, daß der Marktmechanismus im Sinne vollkommener Konkurrenz eine idealtypische Konstruktion ist, die nicht vollständig realisiert werden kann. Er leitet daraus aber nicht ab, daß die faktischen Preise an einem unter idealtypischen Bedingungen zustandegekommenen Preis gemessen bzw. kritisiert werden können. Es ist demnach auch nicht zulässig, aus dem „schnellen Wechsel“ (Simmel 1989, 82) der Preise – der hohen Volatilität – „darauf zu schließen, daß diesem Schwanken irgendein“ bestimmter Wert als der sein*sollende* gegenübergestellt werden sollte. (Zu diesem Punkt vgl. Flotow 1992, 107f.) Simmel zufolge kann es keinen bestimmten Preis und kein Kurs-Gewinn-Verhältnis geben, die als die *eigentlich* angemessenen oder etwa als moralische Forderungen daherkommen könnten. Simmel zufolge gibt es keine Argumente, die die in jedem Augenblick gegebene „Äquivalenz von Wert und Preis“ (Simmel 1989, 81) in Zweifel ziehen könnten. *Jeder* Preis, den der Markt hergibt, ist angemessen. Das kann aber nur heißen: Alle Preise sind gerecht. Damit greift Simmel zwar das Plädoyer aller Marktökonomen klassischer wie neoklassischer Provenienz auf, in die Marktkräfte zu vertrauen. Nur ist er vor 100 Jahren bereits neoliberaler als die Neoliberalisten von heute.

Doch zurück zur Psychogrammatik des Geldverkehrs. Wir sagten: Geld ist Zeichen für Wert, aber auch selber etwas von Wert. Widmen wir dieser zweiten Rolle des Geldes – Geld nicht bloß als ein Wertzeichen sondern als etwas, das selber einen Wert in der Zeit hat, der andere Wertunterschiede in der Zeit macht – noch eine Betrachtung, um noch ein drittes Geldpsychogramm zu entwickeln.

Lakonisch bringt Simmel die Dopplung auf den Punkt, wenn er sagt, daß das Geld in Wirklichkeit nicht nur „Relation *ist*, sondern Relation *hat*" (Simmel 1989, 131). Schließlich wird innerhalb einer Geldwirtschaft nicht nur Ware gegen Ware, sondern Ware gegen Geld und Geld gegen Ware etc. getauscht. Dann hat das Geld Relation, nämlich die Geld-Ware-Relation. So gesehen reflektiert das Geld nicht das Ergebnis des abgeschlossenen Wertbildungsprozesses, sondern ist selbst Teil dieses Prozesses.

Hierzu stellt Simmel viele interessante, aber hier nicht rekapitulierbare Betrachtungen an. Ich begnüge mich mit dem Hinweis, daß Simmel dem Geld als prozessierendem Wert eine Reihe von Funktionserfüllungen zuschreibt, vor allem die der Mobilisierung, die der Verkehrserleichterung, die der Kondensierung von Werten und die der Konstanthaltung eines Wertmaßes über die Zeit. Hiermit hängt die Möglichkeit der Verzinsung von Geld zusammen. Simmel unterstreicht die Tatsache, daß Geld auch Kapital sein kann und daß man aus Geld Kapital schaffen kann. Es kommt zu „Akkumulierungen des Geldkapitals" (Simmel 1989, 610), indem der Zins immer wieder zu Kapital wird.

Diesem Kreisprozeß ist keine prinzipielle Grenze gesetzt. Daher gehört zur Geldwirtschaft, jedenfalls zur Geldwirtschaft in ihrer entwickelten Form, das Psychogramm Nr. 3: *die „Schrankenlosigkeit des Begehrens"* (Simmel 1989, 327). Simmel meint, daß die Geldwirtschaft, indem sie wächst, das Begehren der Menschen nach Gütern und Geld, das sie antreibt, zugleich immer weiter entgrenzt.

Die drei Geldpsychogramme, die wir in Simmels ökonomischer Kulturtiefenanalyse aufgewiesen haben, sind 1. das Übertragungsangebot universellen Begehrtwerdens, 2. die phantastische Plastizität des Begehrens und 3. die Schrankenlosigkeit des Begehrens. Hier fehlt nur noch ein kleiner Schritt zu dem

Punkt, wo die Expansivität der modernen Geldwirtschaft, und d.h. die kapitalistische Marktwirtschaft, deren *high end* die globalen Finanzmärkte sind, als ein Analogon im Feld sozialer Strukturbildung zu jener Schaffung immer größerer Einheiten erscheinen kann, die Freud im Feld des Seelenlebens Eros genannt hat.

Geldwirtschaft ist ihrer Idee nach in bezug auf die Größe der Gruppe unbegrenzt. Entscheidend ist allein, ob das Geld vom anderen als gültig akzeptiert wird. Je allgemeiner aber diese Akzeptanz des Geldes ist, desto mehr wird das Geld seiner Funktion gerecht, allgemeines, d.h. universales Mittel zu sein. Die „*Möglichkeit* unbegrenzter Verwendung“ (Simmel 1989, 267) des Geldes drängt nach unbegrenzter Gültigkeit, auch im Hinblick auf den sozialen Raum der Verwendungsmöglichkeit. Hierin sieht Simmel den sachlichen Grund für tiefe innere Beziehungen zwischen Geldwirtschaft und Handelsfreiheit sowie die historische Entwicklungstendenz des Großkapitals zur ökonomischen Globalisierung.

Warum will ich überhaupt im Rekurs auf Simmel und Freud psychodynamische Beschreibungen – allgemeiner: intentionalistisches Vokabular – in die Beschreibungen von Grundoperationen der Geldwirtschaft (wie Tauschwertbildung und Marktpreisbildung) einarbeiten? Ich meine: Wenn man großformatige Praktiken, wie die, die uns hier interessieren – entwickelte Märkte im Kapitalismus – sowie die durch sie bestimmten Aktivitäten überhaupt mit intentionalistischem Vokabular beschreiben will, werdem sie in der Beschreibungsperspektive zu korporativen oder jedenfalls kollektiven Akteuren (Kettner 2001) stilisiert. Diese Stilisierung beinhaltet dann aber auch, daß man bereits die allgemeinsten Operationen, die für diese Praxis und die durch sie bestimmten Aktivitäten eine spezifische Bedeutung haben, mit intentionalistischem Vokabular beschreiben können muß. Simmels ökonomischer Kulturtiefenanalyse legt uns nahe, als solche Operationen, die eine für den gesamten Komplex von Praktiken der Geldwirtschaft spezifische Allgemeinheit haben, die Operationen der Wertbildung (im marktförmigen und im nichtmarkförmigen Tausch) zu betrachten.[2]

[2] Ob diese Operationen auch nur innerhalb des Simmelschen Theorierahmens die einzigen sind, oder ob weitere hinzugenommen werden müßten; ob ein anderer Theorierahmen als der Simmelsche eine andere Liste solcher Operationen ergeben würde; diese Fragen muß ich hier jetzt offenlassen.

III. Volatilität und Restunerklärlichkeit

Die drei Geldpsychogramme erklären, wie Märkte, insbesonders Finanzmärkte, weitab von ihrer technisch-funktionalen Spezialisierung auf medieneigene Programme und Codes, wie sie die Systemtheorie analysiert, zu symbolischen Medien werden, in denen ein breites Repertoire kollektiver Affekte und anderer intentionaler Zustände in öffentlichen Formen zum Ausdruck gebracht werden. Der entwickelte Markt ist gleichsam für die Gesellschaft, was Buchstaben für die Literatur[3] sind: ein Vehikel der in ihr kursierenden Strebungen, Hoffnungen, Befürchtungen, Ängste, Wünsche und Vorstellungen. Oder - und das wäre meine Analogie, die in die Psychoanalyse hinüberreicht - er ist gleichsam für die Gesellschaft das, was Objekt- und Objektbeziehungsrepräsentanzen, Objektvorstellungen und ihre Besetzungen für das Seelenleben der Einzelpersonen sind: ein Vehikel der es durchwaltenden libidinösen Ökonomie. Kurswertbewegungen wären, um bei meiner Analogie zu bleiben, mit Gefühlsbewegungen und überhaupt mit Triebregungen und ihren Abkömmlingen zu vergleichen. Macht das Sinn? Oder ist es „bloß eine Analogie"?

Der beste Beweis ist der Gegenbeweis. Mein Rekonzeptualisierungsversuch würde sicher dann *keinen* Sinn machen, wenn die dafür zuständigen Theorien, von den vorwissenschaftlichen Alltagstheorien bis hin zur Disziplin der Ökonomik, die Märkte und die Dynamik des Markgeschehens restlos aufzuklären wären. Das ist aber nicht der Fall.

Um zu sehen, warum dies nicht der Fall ist, müssen wir jetzt den Begriff der Volatilität etwas genauer einführen. Volatilität ist, wie bereits gesagt, ein Maß für die erwartete oder tatsächliche Bandbreite, in der der Kurs eines Wertpapieres oder eines Indexes schwankt – Kursschwankungsintensität, Ausschlagsfreudigkeit- oder mit Simmel müssten wir sagen: Marktpreisschwankungsausmaß.

Volatilität ist der Prozentsatz der Preisänderung, bezogen auf den Ausgangspreis des Optionsgegenstandes, der innerhalb einer bestimmten Zeit, z.B. innerhalb eines Jahres, eingetreten ist oder erwartet wird. Hohe Volatilität stellt für Anleger ein erhöhtes Ri-

[3] Der Vergleich stammt von Zaster (1999), 143.

siko dar, kann schnelle Gewinne aber auch schnelle Verluste bedeuten.

Kapitalmarkttheoretisch ist Volatitliät also der Inbegriff bestimmter Arten von Risiken. Drei Arten der Volatilität werden gewöhnlich unterschieden: Die *historische* Volatilität wird aufgrund der vergangenen Preisentwicklung ermittelt. Sie bestimmt sich statistisch als Standardabweichung oder Varianz der festgestellten Preise. Die Standardabweichung mißt die Streuung der möglichen Werte einer Variablen um ihren Mittelwert. Die *implizite* Volatilität wird vom aktuellen Marktgeschehen zum jetzigen Zeitpunkt erwartet und kann zumindest indirekt (nämlich über Optionspreise) statistisch berechnet werden; die *künftige* Volatilität wird zu einem zukünftigen Zeitpunkt vorblickend antizipiert und kann überhaupt nicht errechnet werden.

Wie wird nun zwischen einem begründeten, erwartungsgemäßen, realistischen, normalen Preisschwankungsausmaß auf der einen Seite, einem grundlosen, überraschenden, unrealistischen, exzessiven Preisschwankungsausmaß auf der anderen Seite unterschieden?

An dieser Stelle springen in der Ökonomik rationale Referenzmodelle ein, die den Märkten in idealisierender Weise eine Superrationalität unterstellen. In der Literatur wird häufig z.B. das sogenannte Barwert-Modell (*present-value model, efficient market model*) herangezogen, wonach für Aktien deren heutiger Kurs dem Barwert aller zukünftig erwarteten Dividenden entspricht. Die Schätzung aller zukünftig erwarteten Dividenden würde unter Einbezug aller Information über sogenannte Fundamentalfaktoren zu erfolgen haben. Fundamentalfaktoren sind Faktoren, die den Aktienkurs wegen ihrer offensichtlichen Relevanz direkt bestimmten sollten. Die Superrationalität des Marktes, jedenfalls eines ideal effizienten, wäre die Rationalität eines umfassenden informationsverarbeitenden Netzes.

Dieses idealisierende und normativ-rationale Modell wird aber, wie andere seiner Art, durch zahlreiche empirische Befunde in Frage gestellt (Shiller 1998; Carey 1996). In der Sicht der Idealmodellkonstrukteure wird die wilde Volatilität zwar als eine Anomalie abgekanzelt. Exzessvolatilität, das sind irrationale Ausreißer. Aber aus der Sicht von mehr empirischen, weniger idealisierenden, die normativen Anforderungen realistisch ermäßigenden Ansätzen verhaltenswissenschaftlicher Art – so gibt es z.B. ein *Behavioral Finance* Paradigma – müßte man sagen: um so schlimmer für die stark normativ-rationalen Modelle. *Sie* sind die Anomalie.

Die Unterscheidung von offensichtlich relevanten „Fundamentaldaten" einerseits, prima facie irrelevanten und nichtfundamentalen Informationen andererseits, wird brüchig. Die normalerweise relevanten Informationen sind stets nur ein Teil der von den Märkten irgendwie prozessierten Informationen oder Gründe. Die angeblich „fundamentalen" Gründe sind einfach nur diejenigen Gründe, die in der Selbstbeschreibung der Märkte, im literarischen Genre der Börsenberichte, Konjunktur und Kursanalysen normalerweise herbeizitiert werden. Und auch unter diesen sind so manche, die, um ein Bild von Freud aus der Traumdeutung zu variieren, wie durch eine Nabelschnur mit den undurchdringlichen Gefilden kultureller Gedächtnisse und Archive zusammenhängen und kommunizieren. Z.B. beschreibt der DIT (Deutsche Investment Trust) den Kapitalmarkt im Oktober 2000 folgendermaßen (kursive Hervorhebungen von mir, M.K.):

„An den europäischen Aktienmärkten setzte sich die Konsolidierungsphase bis zuletzt fort. Der Ausblick bleibt langfristig positiv. Die guten Aussichten sind neben dem wirtschaftlichen Aufschwung in strukturellen *Veränderungen der Altersvorsorge*, Unternehmensrestrukturierungen, Fusionen und Übernahmen sowie Unternehmenssteuerreformen begründet. Es ist zu erwarten, daß der positive Gewinntrend mit den aufgehellten gesamtwirtschaftlichen Perspektiven intakt bleibt, sofern sich der höhere Ölpreis nicht signifikant negativ auf die Margen auswirkt. Zur Zeit beträgt das *erwartete Gewinnwachstum* für das Jahr 2000 etwa fünfzehn Prozent. Kurzfristig *rechnen wir* im Umfeld steigender Leitzinsen mit einer Fortsetzung der Konsolidierungsphase bei weiterhin hoher Volatilität. – In den USA befindet sich der Markt nach einer *kleinen Sommerrallye* ausgelöst durch *gute Ergebniszahlen* für das zweite Quartal, mittlerweile wieder in einer Korrekturphase. Steigende Ölpreise, ein fester Dollar und *Sorgen* über die weitere Entwicklung der Unternehmensgewinne belasten derzeit den Markt. Zu den positiven Faktoren zählen die Fusions- und Übernahmeaktivitäten. Zudem belastet die Notenbankpolitik momentan nicht so stark, da für dieses Jahr allgemein mit keiner weiteren Anhebung der Leitzinsen gerechnet wird."

Vergleichen wir das mit einem interessanten Schattengenre von Marktbeobachtung, nämlich der Börsen-Astrologie. Im Internet finden sich viele astrologische Finanzmarktanalysen. Das folgenden Belegstücke verschafft einen kleinen Eindruck. Es stammt aus der *Astrologischen Praxis Uwe M. Kraus Finanz-Astrologie Beratung*: „Wenn Sie ein bestimmte Aktie interessiert, kann dafür eine individuelle Basis-Aktienanalyse erstellt werden. Hierbei werden die astrologischen Faktoren bezogen auf das Emissionsdatum berücksichtigt. Die prognostische Analyse der astrologischen Faktoren für ein Jahr kostet 100 DM. Die Variante mit der Aktualisierung des AT Indikators für diese Aktie kostet 200 DM. Hierbei werden Sie automatisch ein Jahr lang per E-Mail oder Fax benachrichtigt, sobald sich die Indikatoren astrologisch und charttechnisch verändern."

Hier ist das Editorial des *Astrotrade-Letters Nr. 1*: „Liebe Leserin, lieber Leser, dies ist die erste Seite des Astrotrade Letters April 2000. Zwei Jahre ist das Konzept gereift. Oberstes Ziel ist die Anwendbarkeit und der konkrete Nutzen für Sie, den Leser bzw. Leserin. Es werden relevante Märkte und Aktien analysier und konkrete Signale geliefert. Wie im Börsen-Astrologiebuch dargestellt, basiert das Ganze auf dem Konzept der Synthese verschiedener Analyseformen. Als da wären – fundamentale Faktoren, Chart und Indexsignale, mundanastrologische und astrologische Signale von einzelnen Aktien bzw. Indizes. In der Vergangenheit hat sich gezeigt, daß Einzelsysteme bei einer Prognosegenauigkeit von 50 Prozent, zum Teil auch bei nur 40 Prozent lagen. Die Aussage dieses Letters ist, daß die Kombination zu einem höheren Prozentsatz als 50 Prozent in der Vorhersage kommt."

Vergleichen wir den oben bereits zitierten „seriösen" Oktoberkommentar mit dem kuriosen Astrofinanzkommentar für Februar:

„Der wieder deutlich schwächer als erwartete Verlauf des DJI letzte Woche veranlasste mich, die astrologischen Konstellationen dieser und der nächsten Tage etwas genauer zu untersuchen. Der starke Kursverlust vom Freitag ging einher mit einem Vollmond, der das Gebiet um 18 Grad Löwe durchlief. Dies ist der Punkt, an dem im August letzten Jahres die totale Sonnenfinsternis stattfand. Nun lief der Mond seit dieser Zeit schon öfter durch dieses Gebiet, was ist also diesmal anders? Auffallend ist dabei u.a. die Position des Planeten Uranus, zur Zeit im Zeichen Wassermann, wo er sich eigentlich 'zu Hause fühlen' kann. Nun bewegt er sich aber auf die genaue Opposition zum o.a. Punkt bei 18 Grad Wassermann zu. Dazu gesellt sich in den nächsten Tagen Venus und am 3. März der Mond. Also drei 'Planeten' in Konjunktion, welche für das Börsengeschehen zunächst nicht sonderlich bedrohlich erscheint. Da diese 'Vereinigung' aber genau in Opposition zur letzten Sonnenfinsternis stattfindet, sollte die Situation hinsichtlich der „Uranischen Prinzipien" genauer untersucht werden. Bei der Recherche stieß ich auf eine Geschichte der griechischen Mythologie, die die 'Zeitqualität' der kommenden Tage möglicherweise gut umschreibt: Hephaistos, ein Urenkel Uranos, Sohn von Zeus und Hera, wird aufgrund seiner mickrigen Gestalt verschämt von seiner Mutter vom Olymp herunter gestoßen. Den tiefen Fall überlebt er unverletzt im Meer, von den Göttinen Thetis und Eurynome gefunden, wächst er in einer Meeresgrotte heran. In seiner Schmiede schafft er außergewöhnliche Gebrauchsgegenstände und Kunstwerke. Mit der Entdeckung dieser Genialität holt Hera ihn auf den Olymp zurück. Sein sehnlichster Wunsch, die Ehe (Konjunktion) mit Aphrodite (Venus) erfüllt sich dort, während er den Aufstand (Opposition) seiner Mutter Hera gegen Zeus unterstützt. Erzürnt wirft Zeus ihn ein zweites Mal vom Olymp. Diesmal verletzt er sich beim Fall beide Unterschenkel und lahmt und hinkt fortan. Was hat das mit den Börsen zu tun? Nun, die Prinzipien des Uranus entsprechen meiner Ansicht nach unter anderem den Technologiewerten. Seit Uranus sich im Sternzeichen Wassermann befindet, (seit ca. 4 Jahren) haben die Technologiewerte (Internet) einen historisch außergewöhnlichen Aufschwung erfahren. Der Höhepunkt sollte aber bereits überschritten sein. Mit der o.a. Konstellation zeichnet sich ein uraltes prinzipielles Szenario ab. Nach meiner momentanen Einschätzung kann mit einem starken Fall der Technologiewerte in der nächsten Zeit, möglicherweise am 3.März 2000, gerechnet werden."

Ein hervorstechendes Merkmal dieses finanzastrologischen Argumentationsmusters sind die Analogiebildungen zwischen Semantiken und Erklärungszusammenhängen, die dadurch in einen heterogenen Zusammenhang gebracht werden. Wäre bei Uranos an die Technologiewerte in der Neuen Ökonomie zu denken, so könnten Thetis und Euronyme als metaphorische Repräsentanten von Start-Ups und Risikokapitalisten erscheinen, Hera stünde ein für die Anleger, und Zeus erschiene als die Machtinstanz der Old Economy, usw. Ob diese Konstruktion schon die prägnanteste ist, sei dahingestellt. Entscheidend ist, daß jenes „usw." ausgeführt, präzisiert, reinterpretiert und irgendwie glaubhaft gemacht werden kann – jedenfalls für Personen, die nicht von vornherein die Vorstellung ablehnen, daß gewisse in astrologischer Einstellung erfassbare Bedeutungszusammenhänge wenigstens partial aufschlußreiche Gedankenmodelle zur Modellierung von Bedeutungszusammenhängen ergeben können, die unmittelbar aus ganz andersartigen Operationen (z.B. Operationen des Geldverkehrs) zu entspringen scheinen. Um diese Vorstellung mit guten Gründen abzulehnen, genügen jedenfalls *nicht* wohlfeile Hinweise des Kalibers, daß es Götter nicht gebe und daß Erklärungen in terms der Ökonomik nicht auf Erklärungen in terms der Astrophysik reduziert werden können. Wer denkt im Ernst, daß intentionale Zustände von Göttern oder Sternbewegungen Finanzmarktbewegungen *verursachen*? Dafür, daß sich aus Geschichten von Göttern oder Sternen womöglich etwas Gleichsinniges ablesen läßt, wie aus Geschichten von Finanzmarktbewegungen, genügt die kausal weit weniger steile Annahme, daß Geschichten der ersten Art und Geschichten der zweiten Art in einem einzigen und gleichartigen, wenngleich hyperkomplexen Gesamtzusammenhang menschlicher Intentionalität – des Sichverhaltens und Sichverstehens – zusammengeschlossen sind. In diesem Gesamtzusammenhang ist es möglich, daß in Geschichten der ersten *und* der zweiten Art bestimmte *vergleichbare* Motivierungen Eingang und Ausdruck finden. Womöglich ergeben die drei Psychogramme des Geldverkehrs, die wir in Simmels Analyse der Kulturbedeutung des Geldes hervorheben konnten, Richtungsanzeigen dahin, wo Motivierungen, die in dieser Hinsicht relevant sind, gesucht werden können. Der Unterschied, ob sich solche Motivierungen in die terms mythischer Narrative (s.o.) oder in die terms von Tagesschauereignissen einkleiden („Die Nachricht von der Erkrankung des Präsidenten sorgte heute für eine deutliche Abwärtsbewegung an den Aktienmärkten.") ist gewiß ein Unterschied. Aber vielleicht ist dieser Unterschied geringer, als es uns scheinen will.

IV. Ein spekulatives Fazit mit Freud

Wenn die Volatilität der Finanzmärkte aus ökonomischen Fundamentaldaten nicht erklärt und in terms ökonomisch rationaler Entscheidungen nicht modelliert werden kann, ohne daß ein substantieller Rest unerklärlicher Lücken und Brüche übrig bleibt, dann besteht Grund für gedankliche Umkonzeptualisierungsversuche des Systems selber, dessen Operationen interessieren. Ich habe vorgeschlagen, technisch und realabstraktiv sehr weit entwickelte Märkte (wie die Finanzmärkte) nicht nur als *anonyme* (und hierin ökonomisch-rational erfassbare) Abläufe zu behandeln, sondern auch als *animierte* (und hierin psychodynamisch-rational erfassbare) Prozesse. Dieser Vorschlag ist methodologisch, nicht ontologisch. Eigensinnig verselbständigte Märkte wie die Finanzmärkte als Vehikel einer Triebhaftigkeit zu behandeln, die das Seelenleben-in-Gesellschaft ähnlich durchwalte wie Objekt- und Objektbeziehungsrepräsentanzen, Objektvorstellungen und ihre Besetzungen das Seelenleben-in-einer-Einzelperson, heißt weder, sich die Gesellschaft wie eine große Person vorzustellen, noch finanztechnische Operationen und Zustände mit mentalen Operationen und Zuständen gleichzusetzen.

Was heißt es aber dann? Wie kann die Tragweite des methodologischen Vorschlags ausgelotet werden? Ein reizvolles (wenn auch sicher nicht das einzig mögliche) heuristische Modell, um Volatilität als das Triebleben in den Finanzmärkten zu begreifen zu versuchen, liefert Freud im 6. Kapitel der Traumdeutung. Freud spezifiziert dort anhand einer Fülle von dokumentiertem Traummaterial Gruppen von hermeneutischen Regeln, die den Interpreten des manifesten Trauminhalts von diesem zu den latenten Traumgedanken führen, aus denen er ursprünglich sogar erst durch gewisse konstruktive Arbeiten hervorgegangen sein soll: durch Verdichtungsarbeit und Verschiebungsarbeit, durch die Rücksicht auf Darstellbarkeit unter den Beschränkungen der medialen Besonderheiten des Traummedium, und durch „sekundäre Bearbeitung“, eine gezielte Zensurarbeit am Inhalt des manifesten Traumtexts.

„Das erste, was dem Untersucher bei der Vergleichung von Trauminhalt und Traumgedanken klar wird, ist, daß hier eine großartige Verdichtungsarbeit geleistet wurde. Der Traum ist knapp, armselig, lakonisch im Vergleich zu dem Umfang und zur Reichhaltigkeit der Traumgedanken“ (Freud 1900, 284). „Wir konnten bemerken, daß die Elemente, welche im Trauminhalt sich als die wesentlichen Bestandteile hervordrängen, in den Traumgedanken keineswegs die gleiche Rolle spielen. [Und umgekehrt gilt: Und] was in den Traumgedanken offenbar der wesentliche Inhalt ist, braucht im Traum gar nicht vertreten zu sein. Der Traum ist gleichsam anders zentriert, sein Inhalt um andere Elemente als Mittelpunkt geordnet als die Traumgedanken“ (Freud 1900, 310).

Ich meine, es würde sich lohnen, das, was Ökonomen, Finanzanalysten und Börsenkommentatoren über die volatilen Finanzmärkte erzählen, einmal wie einen manifesten Traum (Trauminhalt) zu behandeln, zu dem wir die jeweils zugehörigen latenten Traumgedanken aufzusuchen hätten. Hiefür ist eine begriffliche Verknüpfung von ökonomischen Werten und libidinösen Wertigkeiten erforderlich. Wie kann sie angesetzt werden? Mit meiner Re-Analyse von Simmels Analyse der Kulturbedeutung des Geldes wollte ich plausibel machen, daß die Grundlage dieser Verknüpfung in Einsichten darüber bestehen kann, wie das Geldmedium bestimmte Züge an unserem Begehren hervortreten läßt und unterstützt – z.B. seine Schrankenlosigkeit, seine phantastische Plastizität, sein intrinsisch wertvolles Übertragungsangebot.

Literatur

Carey, Philippe (1996), Übermäßige Volatilität am Aktienmarkt. Erklärungsansätze auf der Grundlage verhaltenswissenschaftlich fundierter Erwartungsbildung. (Dissertation) Köln: Wirtschafts- und Sozialwissenschaftliche Fakultät.

Flotow, Paschen von (1992), Georg Simmels „Philosophie des Geldes“ als ökonomisches Werk. Bamberg: Difo-Druck.

Freud, Sigmund (1900), Die Traumdeutung. GW, Bd. 2/3. Frankfurt: S. Fischer.

Kettner, Matthias (2001), Moralische Verantwortung in individueller und kollektiver Form. In: J. Wieland (Hg.), Wirtschaftsethik und Moralverantwortung. Heidelberg: Physica-Verlag, S. 146-170.

Simmel, Georg (1989), Philosophie des Geldes. Frankfurt: Suhrkamp.

AutorInnen und HerausgeberInnen

Heinrich Deserno, Facharzt für Psychotherapeutische Medizin, Psychoanalytiker (IPA). Psychoanalytische Grundlagenforschung, Therapieprozeßforschung, Traumforschung insbesondere zum Verhältnis von Traum, Übertragung und Erinnerung. Publikationen (Auswahl): Dream Reader. Psychoanalytic Articles on Dreams. (Hg. mit T. Alston & R. Calogeras; Madison 1993); Das Jahrhundert der Traumdeutung. (Hg.; Stuttgart 1999).
e-mail: SFI-H.Deserno@t-online.de

Ferdinand Fellmann, Professor für Philosophie, seit 1993 an der TU-Chemnitz. Publikationen (Auswahl): Die Angst des Ethiklehrers vor der Klasse. Ist Moral lehrbar? (Stuttgart 2000); Orientierung Philosophie. Was sie kann, was sie will. (2. Aufl. Reinbek bei Hamburg 2001); Lebensphilosophie. Elemente einer Theorie der Selbsterfahrung. (Reinbek bei Hamburg 1993); Georg Simmels Persönlichkeitsbegriff als Beitrag zur Theorie der Moderne. In: E.W. Orth/H. Holzhey (Hg.), Neukantianismus. Perspektiven und Probleme. Würzburg 1994, S. 309-328.
e-mail: ferdinand.fellmann@phil.tu-chemnitz.de

Günter Gödde, Diplom-Psychologe, jur. Assessor. Frei praktizierender Psychotherapeut sowie Dozent, Supervisor und Lehrtherapeut in der Therapeutenausbildung. Arbeitsschwerpunkte: Theorie und Praxis der Tiefenpsychologie, Geschichte der Psychoanalyse, Verbindungen zwischen Psychoanalyse und Philosophie, Kulturanalyse. Letzte große Publikation: Traditionslinien des 'Unbewußten'. Schopenhauer, Nietzsche, Freud. (Tübingen 1999).

Stefan Goldmann, Literaturwissenschafter. Publikationen (Auswahl): kulturwissenschaftliche Aufsätze u.a. zur antiken Gedächtniskunst und zum Topik-Begriff, Herausgeber von Sigmund Freuds Briefen an die frühe Patientin Anna von Vest (in: Jahrbuch der Psychoanalyse 1985, Bd. 17, S. 269-337); Freuds Traumterminologie zwischen Tradition und Innovation. In: Luzifer-Amor 1999, H. 24, S. 7-24. Studie zur Vorgeschichte von Freuds Traumtheorie, Buch über Freud und die Traumforschung im 19. Jahrhundert in Vorbereitung.
e-mail: Dytman@aol.com

Ulrike Kadi, Lehrbeauftragte am Institut für Philosophie der Universität Wien, Ärztin. Arbeitsschwerpunkte: Psychoanalyse nach Jacques Lacan, Phänomenologie, Sprachanalyse. Mitherausgeberin des Journal Phänomenologie. Publikationen (Auswahl): Bilderwahn: Ar-

beit am Imaginären. (Wien 1999); Der Mann mit den Messern oder ob es eine richtige Diagnose geben kann. In: texte psychoanalyse.ästehtik.kulturkritik 4/00.
e-mail: Ulrike.Kadi@univie.ac.at

Brigitta Keintzel, Lektorin für Philosophie/Universität Wien und Wissenschaftshistorikerin zur Geschichte der Psychiatrie. Publikationen (Auswahl): Bewegliche Ziele. Positionen zur Philosophie der Gefuehle. (Hg.; Wien 1998); Gründe der Seele. Wiener Psychiatrie im 20. Jahrhundert. (Mithg., Wien 1999); Psychosen – Zugänge, Therapiemodelle, Probleme. (Mithg., Wien 2000, i.Dr.).
e-mail: Brigitta.Keintzel@univie.ac.at

Matthias Kettner, Privatdozent für Philosophie und Diplompsychologe. Publikationen (Auswahl): Sachzwang. Über eine kritische Kategorie der Wirtschaftsethik. In: Peter Koslowski (Hg.), Wirtschaftsethik – Wo ist die Philosophie? (Heidelberg: Physica-Verlag, 2001); Zur Semiotik der Deutungsarbeit. Wie sich Freud mit Peirce gegen Grünbaum verteidigen läßt. In: PSYCHE 7 (1998); Globalisierung, Diskursethik und der Terror der Ökonomie. In: Thomas Maak und York Lunau (Hg.), Weltwirtschaftsethik. Globalisierung auf dem Prüfstand der Lebensdienlichkeit. (Bern: Haupt Verlag, 1998).
e-mail: kettner@em.uni-frankfurt.de

Christian Möckel, Privatdozent für Philosophie, Institut für Philosophie, Humboldt-Universität zu Berlin. Arbeitsschwerpunkte: Phänomenologie, Lebensphilosophie, Neukantianismus. Publikationen (Auswahl): Einführung in die transzendentale Phänomenologie. (München 1998); Platon als 'Gewährsmann' Husserls? Zur Platonrezeption im Husserlschen Werk. In: Recherches Husserliennes, Bruxelles, vol. 12 (décembre 1999), S. 77-111; Die anschauliche Natur des ideierend abstrahierten Allgemeinen. Zu einer Kontroverse zwischen Edmund Husserl und Ernst Cassirer. Erscheint in: Phänomenologische Forschungen, Neue Folge 6, 1/2. Hb. 2001.
e-mail: christian.moeckel@t-online.de

Ludwig Nagl, Ao. Universitätsprofessor, Institut für Philosophie der Universität Wien. Gastprofessuren an den Universitäten Jena und Innsbruck. Forschungsaufenhalte an der Harvard University, Cambridge, Mass., USA (1987; 1996). Publikationen (Auswahl): Wo steht die Analytische Philosophie heute? (Mithg.; Wien/München 1986); Die Philosophen und Freud. (Mithg.; Wien/München 1988); Philosophie und Psychoanalyse. (Mithg.; Giessen 1990; 2. Auflage 1997); Charles San-

ders Peirce. (Frankfurt/M. 1992); Pragmatismus (Frankfurt/M./New York 1998); Nach der Philosophie. Essays von Stanley Cavell. (Mithg.; 2., erweiterte Aufl., Berlin 2001); Wittgenstein's Legacy: Pragmatism or Deconstruction. (Mithg., Frankfurt/M. e.a. 2001); Essays zu Jacques Derrida and Gianni Vattimo, Religion. (Hg.; Frankfurt/M. e.a. 2001).
e-mail: ludwig.nagl@univie.ac.at

Sonja Rinofner-Kreidl, Univ.-Ass. am Institut für Philosophie der Universität Graz. Arbeitsschwerpunkte: Phänomenologie, Geschichte der Philosophie der Neuzeit (18.-20. Jh.), Wissenschaftstheorie der Sozial- und Geisteswissenschaften, Sozialphilosophie. Publikationen (Auswahl): Edmund Husserl. Zeitlichkeit und Intentionalität. (Freiburg/München 2000); Über Pluralismus und die Weltanschauung des Fragmentarischen. Denkprobleme im Horizont einer metaphysikkritischen (Post-)Moderne. In: Hildegard Kernmayer (Hg.), Zerfall und Rekonstruktion. Identitäten und ihre Repräsentation in der Österreichischen Moderne. Wien 1999, S. 327-369.
e-mail: srinofne@email.kfunigraz.ac.at

Hans-Rainer Sepp, Philosoph, Mitarbeiter am Zentrum für Phänomenologische Forschung Prag und an der Prager Karls-Universität. Arbeitsschwerpunkte: Phänomenologische Philosophie, Ethik, Ästhetik und Philosophie der Kunst, Interkulturelle Philosophie, Philosophie des 19. und 20. Jahrhunderts. Publikationen (Auswahl): Praxis und Theoria. Husserls transzendentalphänomenologische Rekonstruktion des Lebens. (Freiburg/München 1997); Jan Patocka: Texte – Dokumente – Bibliographien. (Hg. mit L. Hagedorn; Freiburg/München/Prag 1999); Metamorphose der Phänomenologie. Dreizehn Stadien von Husserl aus. (Hg.; Freiburg/München 1999).

Peter Stastny, Associate Professor of Psychiatry, Albert Einstein College of Medicine Bronx, New York. Senior Psychiatrist, New York State Office of Mental Health, Privatpraxis in New York. Arbeitsgebiete: Selbsthilfe und Empowerment, Psychosebehandlung, subjektive Perspektiven, jüdische Geschichten. Publikationen (Auswahl): Eyes Wide Shut – eine Orgie falscher Signifikanten. In: RISS Zeitschrift für Psychoanalyse, 48/2000-2, S. 140-148. A Monkey on My Back – Grenzgänge zwischen Mensch und Tier. In: Gegenworte. (Berlin 1999); Filme (Auswahl): Nervenkriege. Video – Dokumentarfilm über die Bewegung von Psychiatrie-Betroffenen. (Österreich 1995). Gespräch im Gebirg. Nach einer Erzählung von Paul Celan. (Österreich 1999).
e-mail: pstastny@attglobal.net

Andreas Steffens, Philosoph und Schriftsteller, Privatdozent für Philosophie mit den Schwerpunkten Kulturtheorie, Anthropologie und Ästhetik an der GhK, Universität/Gesamthochschule Kassel, Tätigkeit als Galerist und Kritiker. 1987 Preis der Stiftung zur Förderung der Philosophie; 1987-1990 Redakteur und Mitherausgeber der zeitmitschrift. Journal für Ästhetik und Politik, Düsseldorf; Publikationen (Auswahl): Nach der Postmoderne. (Hg.; Düsseldorf 1992); Poetik der Welt. (Hamburg 1995); Philosophie des 20. Jahrhunderts oder Die Wiederkehr des Menschen. (Leipzig 1999).
e-mail: AndreasSteffens@t-online.de

Helmuth Vetter, Professor am Institut für Philosophie der Universität Wien, Präsident der Öst. Ges. f. Phänomenologie. Zahlreiche Publikationen zu Fragen der Phänomenologie und Hermeneutik (namentlich zu Heidegger) und zur Geschichte der Philosophie sowie Herausgeber von bisher 20 Sammelbänden. Begründer und Herausgeber der Reihe der Öst. Ges. f. Phänomenologie (bisher 7 Bände).
e-mail: helmuth.vetter@univie.ac.at